金字塔底层创业

田　宇　袁明达　龙海军　著

本书受国家自然科学基金（71662012）、国家社会科学基金（16CGL009）、湖南省社会科学基金（14YBX047）、中山大学中国企业管理创新科研平台、中山大学工商管理品牌专业建设项目资助。

科 学 出 版 社

北 京

内 容 简 介

本书以武陵山片区、罗霄山片区及部分发达地区的外来务工创业者为样本，借助案例研究和实证分析等方法，从市场特征、制度环境、本地能力、价值链约束、创业者"关系"及组织合法性等角度，系统深入地考察了上述金字塔底层区域及人群的商业模式创新和创业问题。作为国内第一本立足金字塔底层情境而展开的有关商业模式创新和创业问题的系统性著述，本书不仅具有较高的实践借鉴意义，同时也具有较强的理论补充价值。

本书既可为从事创业管理研究的理论工作者提供重要参考，同时也可作为工商管理、创业管理等专业的课程阅读材料，还可为政府部门及社会团体建立健全创业相关政策、法规与规范提供有益借鉴。

图书在版编目（CIP）数据

金字塔底层创业/田宇，袁明达，龙海军著. —北京：科学出版社，2016.12

  ISBN 978-7-03-051255-0

  Ⅰ.①金⋯ Ⅱ.①田⋯ ②袁⋯ ③龙⋯ Ⅲ.①创业—研究—中国 Ⅳ.①F249.214

中国版本图书馆 CIP 数据核字（2016）第 314374 号

责任编辑：方小丽 李 莉 陶 璇 / 责任校对：刘亚琦
责任印制：徐晓晨 / 封面设计：无极书装

科学出版社 出版
北京东黄城根北街 16 号
邮政编码：100717
http://www.sciencep.com

北京虎彩文化传播有限公司 印刷
科学出版社发行 各地新华书店经销

*

2016 年 12 月第 一 版 开本：720 × 1000 1/16
2018 年 6 月第二次印刷 印张：12 1/4
字数：247 000

定价：72.00 元
（如有印装质量问题，我社负责调换）

前　　言

　　21 世纪以来，金字塔底层所蕴藏的巨大创业潜能及商业机会，无论是在普拉哈拉德等学者的理论研究层面，还是在微软、飞利浦电子、联合利华等企业的社会实践领域，都已被广泛证实。金字塔底层作为有独特价值需求的消费者、有特殊本地能力的生产者，以及有无限创造活力的创业者，正日益受到世界各国政府及研究人员的关注，我国也不例外。

　　结合我国实际来看，我国目前的金字塔底层现状主要具有以下三方面特征：一是金字塔底层地域分布广。2011 年 12 月中共中央、国务院印发的《中国农村扶贫开发纲要（2011—2020）》将六盘山区、秦巴山区、武陵山区、乌蒙山区、滇桂黔石漠化区、滇西边境山区、大兴安岭南麓山区、燕山-太行山区、吕梁山区、大别山区、罗霄山区 11 个区域确立为新一轮扶贫开发的重点区域，加之已在实施特殊政策的西藏、四省藏区、新疆南疆三地州，共有 14 个区域成为我国当前扶贫攻坚的主战场，这些散布于中华大地各处的贫困地区无疑都是典型的金字塔底层区域。二是金字塔底层人口数量多。从最底层需要社会救助的人数来看，截至2015 年年底，民政部公布的数字为 7 192 万人。从世界银行 2015 年最新定义的贫困人口标准（生活费低于 1.90 美元/天）来看，我国还有近 2 亿贫困人口。从主要来自于金字塔底层区域的农民工数量来看，截至 2015 年年底，其数量达 27 747万人。无论从哪个角度来分析，当前我国处于金字塔底层的人口数量都十分庞大。三是金字塔底层人群流动大。改革开放以来，来自前述各金字塔底层区域的外来务工者大量涌向东部沿海发达地区，并且长期工作生活在发达地区。这些外来务工者在生活方式、行为模式及消费习惯等许多方面都具有不同于发达地区当地民众的独有特征，他们是当前我国东部发达地区人口的重要构成，更是这些发达地区最具代表性的金字塔底层人群。

　　鉴于上述几方面特征，积极开展立足区域独特情境的金字塔底层创业及商业模式创新研究在我国就显得尤为必要。遗憾的是，截至目前，我国成体系的类似研究还很少，这也正是本书撰写的初衷。

　　本书以武陵山片区和罗霄山片区这两个金字塔底层区域及部分发达地区外来务工创业者为样本，通过大量的问卷调查与实地走访，获得了许多相关第一手数据资源。基于这些数据资料，本书各章节展开了较为系统和深入的金字塔底层创业及商业模式创新的案例研究和实证分析，从中得到了许多具有重要参考价值的结论与启示。本书对于指导我国其他金字塔底层区域及金字塔底层人群的创业和商业模式创新具有很好的借鉴意义，同时在很大程度上丰富和完善了我国金字塔底层创业及商业模式创新的相关理论研究。

本书是集体智慧的结晶。各章撰写人员分工如下：第一章和第二章由郑雁玲（中山大学管理学院）撰写；第三章由李娜（中山大学管理学院）撰写；第四章和第九章由田宇（中山大学管理学院/吉首大学商学院）、杨艳玲（中山大学管理学院）、卢芬芬（中山大学管理学院）撰写；第五章由田宇、卢芬芬撰写；第六章由田宇、卢芬芬、张怀英（吉首大学商学院）撰写；第七章由田宇、卢芬芬、于正东（吉首大学商学院）撰写；第八章由龙海军（吉首大学商学院）撰写；第十章由袁明达（吉首大学商学院）撰写；第十一章由陈建兰（广州工商学院）撰写；第十二章由罗涛（广东建设职业技术学院）撰写。全书由袁明达负责编辑整理，最后由田宇总纂、定稿。

目　　录

第一章　金字塔底层市场

自人类社会诞生开始，贫困问题就一直伴随左右，这一问题在我国尤为突出，我国历朝历代的统治者都将贫困治理作为治国理政的一项重要内容。《礼记·礼运篇》对于理想中大同世界的描述就是"使老有所终，壮有所用，幼有所长，矜寡孤独废疾者，皆有所养"。《礼记·月令》这部记述政府在一年12个月中的祭祀礼仪、法令、禁令的典籍中就记载："季春之月……天子布德行惠，命有司发仓廪，赐贫穷，振乏绝，开府库，出币帛，周天下。"《管子》一书从国家安定角度提出政府应设立贫困救助管理机构，"修饥馑，救灾害"。唐朝时的贫困救助主要表现为税赋减免，《新唐书》记载："若老及男废疾、笃疾、寡妻妾……，不课。"北宋的时候开始出现制度性的常设福利机构。宋哲宗元符元年（公元 1098 年），北宋政府颁行《居养法》，命令各路地方政府设立公办居养院（南宋以后也称养济院）、安济坊，"鳏寡孤独贫乏不能自存者，以官屋居之，月给米豆，疾病者仍给医药"。在国家常规救济体系之外，宋朝的民间救济体系在此时也非常活跃，对贫困人口的覆盖面更为广泛。历史上第一个有记载的村规民约，即北宋理学家张载的弟子吕大均在陕西蓝田创立的《吕氏乡约》，要求"德业相劝，过失相规，礼俗相交，患难相恤"，通过民间互助实现教化、救济等基层治理的功能，以"成吾里仁之美"。在政府和乡规民约的鼓励倡导下，很多士大夫、商人等经济富裕阶层纷纷自愿捐献财物，设立针对贫困弱势群体的民间自救互济机构。这一官方与民间社会力量相互配合的贫困救助制度一直延续到明清，可以说扶贫济困既是传统儒家仁爱思想的内在要求，也是贯穿整个封建时代的一项基本政策。毫不夸张地说，一部中国史就是一部同贫困抗争的历史。

从新中国成立到 1977 年改革开放之前，由于我国经济基础薄弱，生活水平普遍不高，政府曾提出以"共同富裕"的方式来消除贫困，但这一时期对于我国贫困问题的系统认识还未形成，因此也没有专门针对性的政策安排（黄承伟和刘欣，2016）。1978 年，我国开始以人均年纯收入低于 100 元作为贫困线，依照这一标准当年的贫困人口有 2.5 亿人。20 世纪 80 年代国家开始实施大规模的扶贫战略，主要以救济方式为主，用国家财政为低收入群体提供兜底保障。这一思路与国际上在过去近半个世纪的做法一致，即将贫困视为社会责任，世界银行、各国中央政府、国际援助机构，以及民间社团组织等应基于慈善动机以援助方式消除贫困，但遗憾的是无一达到目标。

　　鉴于传统的救济输血式扶贫无法成功消除贫困，C. K. Prahalad 在 2002 年提出了一项革命性的理念。在他的著作《金字塔底层的财富》（*The Fortune at the Bottom of the Pyramid*）一书中提出，人们应改变将贫困群体看做社会负担的想法，他们有可能是富有活力和创造力的企业家，或者是有潜力的消费者。通过服务金字塔底层的贫困群体，新的商业机会可能被企业和消费者共同创造出来。以这一思路解决贫困问题可以实现经济效益和社会效益的双赢。"金字塔底层"这一概念由此进入人们的视野，并迅速引发学术界和企业家的极大兴趣。

第一节　金字塔底层含义

　　经济学意义上的金字塔一般是指财富金字塔。从历年统计可以看到，财富与人口数量为反向关系，即少数人占有多数的财富，而占人口多数的底层人群只拥有少量的财富。瑞信（Credit Suisse）2013 年发布的全球财富报告指出，截至 2012 年，只占全球成年人口 0.7%的金字塔顶端拥有超过 40%的全球家庭财富，而超过成年人口 2/3 的金字塔底层只拥有全球家庭财富的 3%（图 1-1）[①]。

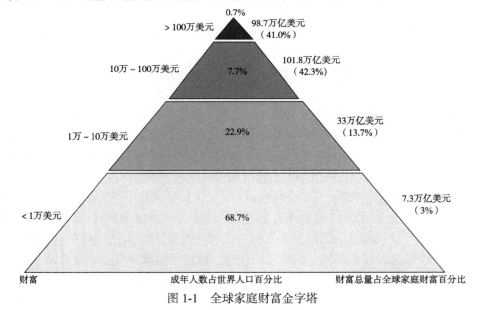

图 1-1　全球家庭财富金字塔

　　① Credit Suisse Research Institute. Global Wealth Report 2013. https://www.credit-suisse.com/us/en/about-us/research/ research-institute/publications.html，2016-07-28.

由此可见，从财富和人口数量两个维度，金字塔底层（bottom of the pyramid，也称 base of the pyramid，BOP）意味着以下几方面内容。

第一，收入低。贫困是个相对的概念。纯粹从物质角度看，今天的人均财富是过去的很多倍。随着生产力的发展，人们的生活水平不断提高，社会财富的总量也持续增长。但只要人类社会还存在阶层的分化，贫困就不会消失。即使社会整体的绝对收入提高，处于金字塔底层的群体还是属于整个社会的相对贫困阶层。衡量贫困的标准也会随着社会整体生活水平的变化而变化，早期的贫困主要是指吃不饱穿不暖，当温饱问题基本解决之后，贫困则更多意味着衣食住行的质量与社会平均水平存在显著差距。由于社会阶层的分化在近期内不会消失，因此贫困也会随着社会阶层的存在而存在下去。从这个意义上讲贫困不会消失，扶贫是文明社会不变的主题。另外，对于中国这样正处于转型过程中的国家，贫困的相对性还源于社会阶层的不稳定，目前贫困的人可能由于适时把握了机会窗步入中产乃至富裕阶层，而现在富裕或中产阶层也可能因病或因家庭变故、产业调整等原因而骤然返贫。

尽管贫困的标准会随着社会发展水平不断变化，但为了管理效率的需要，将有限的资源用于最需要的人群，扶贫工作首先需要确定一个贫困线，即低于这一标准的都算贫困人口。这个标准一般基于消费或收入的数额，是一条绝对贫困线，但它会随着社会总体生活水平的变化而适时调整。例如，联合国千年发展目标确定极端贫困标准为日生活费不足 1 美元，世界银行 2008 年根据 2005 年购买力平价将贫困线调整为 1.25 美元/天（Ravallion et al.，2008），到 2015 年 10 月为了更好地反映物价水平的变化，该标准又被调整为 1.90 美元/天，生活费低于该标准则属于世界银行所定义的贫困人口。

在我国，由于贫困人口主要集中在农村地区，国家统计局发布的政府贫困标准目前主要针对农村，称为农村贫困标准，这一标准是全国农村适用的。全国城市贫困标准目前还未正式公布，由各城市根据本地经济水平确定。1978 年最初确定的农村贫困线为人均年收入低于 100 元，1986 年国家开始执行大规模扶贫战略，当时划定贫困线为 206 元，到 2005 年这一标准调整为 625 元，2008 年年底，扶贫标准提高至人均年收入 1 067 元，2009 年根据物价指数调整为 1 196 元。目前使用的扶贫线标准是 2011 年确定的每人每年 2 300 元（按 2010 年不变价），约每天 6.3 元。这一标准按直接汇率换算约为 1 美元，有人因此认为我国的贫困标准远低于国际标准的绝对贫困线，也有研究者认为考虑城乡差异等因素该标准相当于每天 1.6 美元，已相当接近国际标准（王萍萍等，2015）。但是如果考虑中国经济近年的快速增长，无论是否接近或达到国际标准，与全国平均水平相比，这一数值仍然是极低的。例如，根据 2014 年国家统计局的数据，扶贫标准按物价水平调整为 2 800 元，而同期全国居民人均可支配收入为 20 167 元，相差超过 7 倍。

第二，人数众多。根据瑞信 2013 年的分析，金字塔底层人均财富不到 1 万美元的全球成年人口有 32 亿之多，在全球都有分布，主要集中在亚洲、非洲和拉丁美洲等发展中国家和地区，北美和欧洲则相对较少，其中中国和印度作为人口最多的两个发展中大国，占了全世界低收入人口的约 40%[①]。

中国究竟有多少贫困人口，目前还没有完整公开的官方统计数据。我国曾于 1994 年实施"八七"扶贫攻坚计划，目标是解决 8 000 万贫困人口的温饱问题。该项目 2000 年结束后政府宣布已基本解决贫困人口的温饱问题。这似乎给公众暗示我国已没有贫困人口，但同年民政部的数据显示，截至 2000 年年底，我国农村仍有社会救济对象 5 907.8 万人（民政部，2001）。这两个数据看似矛盾，实际都有其客观性。与改革开放前的社会普遍贫困，很多人甚至吃不饱饭相比，2000 年这一状况已极大缓解，但随着国家整体经济水平的提升，相对低收入阶层仍然是存在的，只是贫困的程度与改革开放前已不可同日而语。

贫困是个相对概念，贫困人口的多少与贫困线的水平有直接关系，标准低，贫困人口就少，标准高，贫困人口就多。由图 1-2 可知，1978 年最初划定贫困线为人均收入 100 元，此后随物价水平不断调整，到 2000 年调整为 625 元，贫困人口总数随着经济发展不断减少。2008 年随着世界银行将贫困线划定为 1.25 美元/（人·天），考虑到我国原有贫困线与世界标准相差过于悬殊，为了更大范围地帮扶贫困人口，我国于 2009 年将贫困标准提升到 1 196 元，贫困人口也相应上升。到 2011 年贫困线确定为每人每年 2 300 元，社会保障所覆盖的贫困人口急剧增加，但这并不意味着经过这么多年扶贫底层人群反而越来越多，而是根据社会经济发展水平调整贫困线，使国家的扶贫战略惠及更多的人。

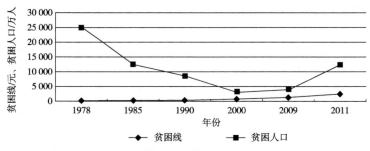

图 1-2　我国贫困线及贫困人口变化趋势图

按照民政部公开的数据，截至 2015 年年底我国社会救助对象包括以下几类：一是城市低保，即城市低保对象，有 1 701.1 万人，以及城市"三无"人员，有 6.8 万人。其中，2015 年全国城市低保平均标准为 451.1 元/（人·月），城市低保

---

① Credit Suisse Research Institute. Global Wealth Report 2013. https://www.credit-suisse.com/us/en/about-us/research/research-institute/publications.html，2016-07-28.

月人均补助水平为316.6元。二是农村低保，即农村低保对象，有4 903.6万人。2015年全国农村低保平均标准为3 177.6元/（人·年），年人均补助水平为1 766.5元。三是农村特困人员，即救助供养农村特困人员，有516.7万人。其中集中供养有162.3万人，年平均供养标准为6 025.7元/人，分散供养有354.4万人，年平均供养标准为4 490.1元/人。四是传统救济，2015年传统救济，有63.8万人。

以上四类社会救助对象共7 192万人，这一数据与习近平主席2015年在西雅图演讲时提到的"按照我们自己的标准，中国还有7 000多万贫困人口"比较吻合。本届政府的扶贫目标也是要在五年内（2015~2020年）让现有的7 000多万贫困人口全部脱贫。李克强总理在2015年十二届全国人大三次会议闭幕后会见中外记者时表示，尽管按照国际权威统计，中国是世界第二大经济体，但更重要的是，我国人均GDP排在世界80位之后；而且按照世界银行的标准，中国还有近2亿贫困人口，中国是实实在在的发展中国家。

无可否认，改革开放以来，我国的扶贫工作取得了巨大成就。如果按照世界银行的标准，20世纪80年代初我国的贫困发生率接近90%，经过三十多年的努力降低到现在约14%的水平，这个成绩是举世瞩目的。但也不必讳言随着经济的发展贫富差距越来越明显，社会阶层的分化使得底层的低收入问题会在一段时期内一直存在。无论是"按照我们自己的标准"的7 000多万，还是参照世界银行标准的2亿贫困人口，都是极其可观的数字。如何解决金字塔底层这部分低收入人群的贫困问题，将考验执政者、企业家和整个社会的智慧与担当。

第二节　金字塔底层市场特征

传统的二八定律认为，企业80%的利润来自于20%的客户，他们绝大多数属于金字塔中高端有消费意愿和消费能力的人群，企业应重点关注这部分消费者，想方设法地增加他们的消费；而剩余的80%属于金字塔低端的人群，由于购买力不足，消费意愿低，故而没有必要投入过多资源。也就是说，金字塔底层的大量人口长期不被视为企业目标市场。

一、金字塔底层市场理论

传统企业（其中大部分为跨国公司和本地大企业）在长期的核心业务发展过程中逐渐会形成一种以既有的、能为企业带来最大经济效益的客户为核心的思维方式，Prahalad和Hammond（2002）称之为占优逻辑（dominant logic）。它决定了企业在多种战略选择中的取舍，也令其在赢利模式上因循守旧，只关注传统的金字塔中高端消费人群；底层人群则被认为没有购买力，缺乏品牌意识，对于先进科技也不感兴趣，而且 BOP 市场的营销渠道很难建立，因此开发这个市场是无利可图的。囿于这一先入为主的占优逻辑，扶贫长期被视为属于政府的社会救济义务和非政府组织的慈善行为。人们普遍认为底层人群是社会的负担或经济发展的受害者，只能被动接受赠与，没有能力更没有意愿主动参与价值创造的过程。扶贫的过程由于缺乏企业的介入，没有按照市场和商业规则进行运作，大量的政府救助及国际机构和非政府组织的援助只能解一时之困，底层人群得到的捐赠财物仅仅被单纯地消耗掉，无法发挥资源的价值增值效用，更难以形成良性发展的循环。

鉴于救济输血式扶贫无法从根本上扭转金字塔底层的困境，Prahalad 和 Hammond（2002）提出人们必须改变观念。在商业上，金字塔底层并不是没有价值的、无利可图的，相反它是一个巨大的市场，蕴藏着极大的财富。按日收入不足 2 美元计，金字塔底层人口有 40 亿之多，占世界总人口的 65%。虽然人均收入低，但是巨大的人口基数足以使它的整体购买力相当可观。扶贫并不需要企业做慈善，只需要它们从利己的角度出发开发市场。由于底端市场还处在经济发展的早期阶段，许多领域相对空白，企业如果能够选择适当的市场创新策略，就有可能获得比在传统中高端市场更丰厚的利润，企业收入也会迅速增长。而且由于金字塔底层的劳动力成本低，企业可以降低成本，同时改善数以亿计的底层人群的生活，实现经济效益与社会效益的双赢。成功的案例（如印度利华）无一不是以市场为导向进行商业模式的创新，企业首先要关注如何为市场提供优质适用的产品，通过为金字塔底层提供买得起、方便买并且买得到的产品，创造消费能力。尽管金字塔底层产品的单位利润可能很低，但仍可以通过大规模的销售量实现经济价值。伴随着市场的成功，良好的社会形象随之树立起来，而这将进一步促进企业的成长。

二、金字塔底层市场特性

近年来，许多有社会责任感的企业和非政府组织发起 BOP 战略，试图通过市场化的手段帮助底层低收入人群提高收入，消除贫困，改善民生。然而在实际操作中，很多企业只是将以往在传统中高端市场的商业模式简单地复制到低端市场，却忽略了 BOP 市场是一个全新的市场环境。在这个市场环境里，贫困的表现是多方面的，不仅意味着可能没有足够的收入和资源来满足衣食住行等基本的生活必需品的要求，无法得到基本的公共服务（卫生、医疗、教育、安全饮用水等基础设施及安全保障），而且在政治、文化和社会上被孤立和边缘化（Karnani, 2011）。这几个方面相互交缠又互为因果，造就了金字塔底层市场的特殊性。理解金字塔底层市场的特性是精准扶贫的前提和基础。

（一）贫困人群个体特征

世界范围内贫困人口在城市和农村都有分布，如在印度和中国，约有 70% 的低收入人群生活在农村，而巴西的贫困人口则大部分居住在城市贫民窟（Prahalad，2012）。他们普遍受教育程度比较低，缺乏专业技能，拥有的资产也很少，只能从事进入门槛很低且竞争激烈的生产经营活动，生产效率低，无法进入具有一定竞争优势的专业化领域（Karnani，2007a）。农村贫困人口主要从事与农业有关的传统生产活动，自然经济色彩浓厚，对于自然灾害、市场波动等外部冲击的应对能力极其脆弱；城镇低收入群体多数从事的也是技能要求不高的工作。由于生产的低效，他们的收入很少，为了增加收入并分散分险，他们会选择从事数个临时性职业（Banerjee and Duflo，2006；Karnani，2007a；邢小强等，2015），时间可能都不长，导致他们的收入缺乏稳定性和可预见性（Dawar and Chattopdhyay，2002；Johnson，2007；Hammond et al.，2007），这使得贫困人口可支配收入低，不得不将收入的大部分用于生活必需品，对价格极度敏感，购买力也有限，每次交易的数量相对较小。

（二）市场环境

在成熟的市场经济体系中，廉洁的政府、高效的法律体系及发达的金融系统等良好的制度环境可以降低企业在市场中交易的风险（Busenitz et al.，2000；Peng et al.，2008），保障信息流通顺畅，使市场正常运转，有效发挥其资源配置作用（McMillan and Woodruff，2002），对企业发展有很大的推动作用（Beck et al.，2005）。然而，支持市场机制发挥作用的这些制度安排在金字塔底层时却往往疲软甚至缺失，致使法律法规的执行不力，偷税漏税、贪污腐败等不法行为盛行（Transparency International，2007），企业与个人的合法权益（如财产权和劳动者、消费者的权益）得不到充分保护（de Soto，2000；London and Hart，2004；Karnani，2007a）等。这种疲软不完善的制度环境无法提供推动经济活动所需的必要支持（UNCTAD，2006），造成贫困人口无法参与市场行为（Mair and Marti，2009），最终造成经济增长长期处于低水平（North，1990）。

贫困带来的生活不确定性使 BOP 人群高度依赖其社会关系网络来获得心理和物质的支持。而正式制度的缺失和不完善加剧了他们对本地社会规范和风俗习惯的依赖，令他们的社会化导向越发强烈（de Soto，2000），久而久之社群内的血缘、地缘、信仰等传统关系对人们的约束作用占据主导（Arnould and Mohr，2005；London and Hart，2004），商业活动的监管更多的是通过关系和网络，而不是严格依据法律合同。个人财产的保障借助于传统的社群规范可能比法律法规更有效（de Soto，2000；London and Hart，2004）。尽管这些社会规范并不具备法律效力，但却是长时间约定俗成并为人们所接受的。一旦面对争议，人们更倾向于采取非正式的解决方式（Ricart et al.，2004），哪怕本地的社会传统规范与法律法规发生冲突（Arnould and Mohr，2005；Johnson，2007）。因此 BOP 市场的交易并不是单纯的商业行为，其交易规则也不是纯粹的市场机制和法律法规，而是市场机制与社会规范交织的复合关系，本地社会关系网络在其中发挥着重要甚至决定性作用。

在地域上金字塔底层彼此之间比较分散且相互隔绝（Anderson and Markides，2007；Johnson，2007；Arnould and Mohr，2005），造成金字塔底层单个市场规模较小，外来企业进入这些市场的成本相对较高，难以形成显著的规模经济（Karnani，2007a）。而本地企业通常并未正式融入经济全球化，企业活动范围主要在非正式经济领域，即灰色乃至黑色市场地带（London and Hart，2010）。尽管这些本地企业通常数量少，规模小，大多不正规，产品也相对质次价高（Prahalad，2012；London and Hart，2010），但由于嵌入了浓厚的本地文化，与当地势力结合，成功地适应了本地的环境（de Soto，2000），它们在当地市场的竞争力较强，市场表现可能更好。

（三）消费文化

由于收入低且不稳定，BOP 人群消费的大部分是生活必需品，且对价格极度敏感，每次消费数额也很少（Prahalad，2005），但这并不意味着他们不追求生活品质，实际上，在可接受的一定价格范围内，对于他们认为可以真正提升生活品质的优质产品和服务，他们愿意支付更高的价格（邢小强等，2011a）。

BOP 市场相对孤立于中高端市场，表现在乡村与城市之间，城市贫民与主流社会之间很少存在社会联结（London and Hart，2004；Tigges and Green，1997），其消费文化与中高端市场的消费习惯的联系很少（Rivera-Santos and Rufín，2010）。贫困地区在地理上彼此之间的分离与隔绝经过长时间的演变（Anderson and Markides，2007；Johnson，2007；Arnould and Mohr，2005），久而久之会形成各自独特的具有较强本地色彩的消费文化（Arnould and Mohr，2005；Anderson and Markides，2007；Hammond and Prahalad，2004）。BOP 人群本身的高社会化导向又强化了他们对于这种基于传统关系的本地社群文化的认同，使他们的购买决策更容易受到本社区参照群体的影响。

由于普遍受教育程度较低，信息来源匮乏，BOP 人群对新产品和服务的评估与判断能力较弱，因此他们倾向于尽量避免接触自己不熟悉的产品或服务，对外来品牌采取怀疑的态度（Vachani and Smith，2008）。外来品牌要进入 BOP 市场必须深度嵌入本地网络。例如，印度利华通过招募本地妇女建立直销网络获得商业上的成功。

尽管收入和资源有限，底层人群的需求却不完全遵循马斯洛的需求层次理论从低到高依次递进。研究发现他们不仅仅满足于实现生存和生理需求，出于文化或补偿社会地位等原因，他们也会想方设法地满足更高阶的需求（Subrahmanyan and Arias，2008）。高社会化导向和对关系网络的依赖使他们有强烈的归属需要和遵循社会规范的动机。例如，许多贫困家庭宁可负债也要大办婚礼，只是因为那些地区的人们普遍认为不这样做家族就颜面无存（Visawanathan，2007）。社会地位（以财富或高端的职业等为标志）的缺失也会令底层人群对于自尊更加敏感，使他们倾向于消费一些被公认为身份象征的产品或服务（Fontes and Fan，2006），如服装、家居装饰、化妆品、高档食品，甚至烟酒等不健康商品，而不是将钱用于营养食品。Banerjee 和 Duflo（2006）通过对 13 个发展中国家低收入人口的消费模式的研究发现，即使是日收入低于 1 美元的极端贫困人口，其收入也有相当一部分用于节日、娱乐、同周围人的攀比，以及烟酒等非食物消费。因此，在满足了基本的生存和安全需要之外，有助于底层人群建立社会资本或满足自尊和自我实现等高阶需求的产品或服务在 BOP 市场也有相当大的盈利机会（Subrahmanyan and Arias，2008）。

（四）基础设施

多数金字塔底层地处偏远，人口居住地比较分散，经济基础设施（如水、电、能源供应及交通）、信息基础设施（如通信网络）、教育基础设施和医疗基础设施等的发展远远落后于经济发达地区。尤其我国还存在典型的"二元"经济结构，城乡之间是两套完全不同的公共产品供给体制。改革开放以来，我国城市快速发展，但农村社会经济发展仍然落后，导致城乡差距很大。基础设施不足使农村地区信息相对闭塞，传统的营销手段在这些地方可能无效。例如，在杂志或电视上打广告，贫困人口可能因为无法阅读或者没有电视根本接触不到这些信息。由于基础设施的落后，进入这些地区的企业还会面临较高的物流成本和分销成本，因此企业通常无法依靠传统的分销渠道进入 BOP 市场。

（五）价值链缺口

在商业环境上，金字塔底层普遍存在价值链的缺口（Anderson and Markides，2007；Wheeler et al.，2005）。在中高端市场，专业的市场参与者，如供应商、经销商、中介机构等，以及配套的基础设施都发展得非常成熟，企业的非核心业务或支持性服务，如融资、培训、分销等通常可以外包，通过自由市场交易获得。而在金字塔底层，由于人力资源的匮乏和基础设施的薄弱，市场上缺乏专业的供应商、经销商及中介机构（如融资、物流等机构）。这一方面使贫困人口没有渠道获得所需的市场信息（Schuster and Holtbrugge，2012），也令很多企业所必须的辅助支持活动无法进行自由交易，企业因此不得不进行横向或者纵向一体化来内化交易，寻求合作伙伴来填补价值链的空缺，或者将这些活动整合到自己的运营之中（Rivera-Santos and Rufin，2010）。

第三节　金字塔底层市场战略的演进

金字塔底层由大量的低收入人群组成，金字塔底层理论的核心是将这部分人视为富有潜力的市场，通过市场机制在实现企业盈利的同时帮助金字塔底层脱贫，为企业和底层人群共同创造价值。根据对低收入人群的战略定位的不同，BOP 市场战略依次可以分为以低收入人群为消费者、生产者和创业者的三种战略，反映了商业实践不断的创新和演进。

一、底层人群作为消费者

Prahalad 和 Hammond（2002）及 Prahalad 和 Hart（2002）认为金字塔底层市场不仅存在巨大的潜在盈利空间，而且跨国企业在获得商业利润的同时，还能通过优质的产品和服务提高底层人群的生活水平，最终帮助他们消除贫困，最初的 BOP 理论主要针对发达国家的跨国企业如何通过服务于低收入消费者开发非传统的金字塔底层市场，以获得商业利润。金字塔底层由于巨大的人口基数形成了一个潜力可观的市场，这一市场不仅需要生活必需品，也需要奢侈品。由于它尚处在经济发展的最初阶段，基本处于未开发状态，几乎不存在商业竞争，因此其价格、利润甚至可以高过以中产阶级消费者为主的成熟市场。通过向 BOP 市场提供符合当地消费者要求的产品或服务（如改换已有产品的包装为小包装，以底层人群可承受的较低价格进入 BOP 市场），企业在迅速扩大销售的同时，还能极大地改善数以亿计的贫困人口的生活，创造一个更加安定繁荣的世界（Prahalad and Hammond，2002；Prahalad and Hart，2002）。传统的以企业社会责任优先的 BOP 战略是行不通的，成功的 BOP 战略需遵循市场规律和商业原则，伴随着市场的成功，良好的社会影响会自然产生（Davidson，2009）。这个双赢的解决方案一经提出立刻引起了学术界和商业领域的浓厚兴趣，实践中也不乏一些商业上成功的案例，如联合利华、强生、雅芳等。它实际上是以跨国企业商业利益为中心，将发展中国家大量的低收入人群做为目标市场，通过提供满足底层人群需要的产品和服务刺激他们的消费，将金字塔底层视为解决西方国家产品销路的市场（Schrader et al.，2012）。

然而，随着实践的发展，有研究者提出了相反的意见，认为金字塔底层市场本身的结构使大企业要在此实现盈利是非常困难的；而且即便商业上可行，向贫困人口提供高质量的产品，对于减贫并没有多大意义，反而可能是对底层人群的剥削（Karnani，2007b），不符合企业的社会责任目标。

贫困人群近八成的收入被用于衣食等生活必需品消费，这一人群对价格非常敏感，储蓄率很低，因此不会有更多的资源进行奢侈品的消费。而且，地理上的分散和文化上的异质性造成单个 BOP 市场规模较小，进入这些地区很难获得规模效应，再加上薄弱的基础设施会更使进入的企业产生更大的物流及营销成本。有限的市场规模和封闭的文化造成在这些地区能够有好的表现的大多是本地企业。尽管这些企业数量少、规模小、不正规、产品也相对质次价高（Prahalad and Hart，2002；London and Hart，2004），但是它们能深刻地嵌入本地文化，成功地适应环境，由此产生的竞争力反而可能比外来企业更强。

从底层人群自身的消费者福利而言，受到认知水平和可接触信息的限制，底层人群不一定懂得如何做出对自己有利的消费选择，反而容易被诱导进行一些非必要的消费（如烟酒、个人护理用品等）。这类消费不但无法增加底层人群的福利，而且削减了他们在生活必需品上可以支出的份额。底层人群受制于认知水平，往往容易被情绪左右，自制力较差，经常会为了与周围人的攀比而进行消费。尽管这些问题在中高收入人群中也同样存在，但底层人群由于收入更低，不理性消费对其产生的影响会远远大于高收入人群。在我国，已有研究表明低收入地区、低收入人群的吸烟率高于高收入地区和高收入人群（刘国聪等，2009；令狐建生等，2005），而且低收入人群中以成年男性为主对高档香烟的消费并不鲜见（卷烟消费需求研究课题组，2015）。与之类似，我国白酒的核心消费者中低收入者占了将近五成（零点指标数据，2013）。对多地彩票购买的调查也显示，个人月收入低于 2 000 元者占了购彩者的四分之三以上，其相对投入显著高于中高收入者，即低收入者构成了彩票的购买主力（王毅和高文斌，2010）。即使一些看似有用的产品也不一定能增加底层人群的福利。为了使产品价格为低收入人群可承受，许多产品（如茶、咖啡、洗发水、护肤品等）被做成一次性小包装销售，这一策略确实有效地提高了销售量，负担不起一整瓶洗发水的底层人群在需要的时候也可以买小包装的使用。这种小包装策略令单价看上去便宜，更容易刺激冲动性消费，但实际上与大包装相比，单次使用的成本丝毫未减少，消费者效用也没有因产品包装的改换而真正增加。而且小包装还会带来包装废弃物的环境影响问题，在金字塔底层由于缺少垃圾收集处理设施，这一问题更加严重（Karnani，2007b）。此外，对于面向低端市场的产品，企业出于降低成本的考虑，有可能会选择低质甚至有害的原材料，如强生的低端洗发水就曾经被检出含有致癌物。尽管许多国家有强制标签标识的要求，低收入人群由于知识水平和资讯的限制，还是很难做出明智的消费选择。底层人群如果将原本有限的可支配收入用于这些非必要甚至是有害的消费，势必会减少这些家庭在营养品、教育、医疗等方面的投入。反之，如果他们减少在非必需品上的支出，则贫困家庭可以得到更多的生活保障，获得更充足的营养、更好的教育和医疗条件。

二、底层人群作为生产者

随着实践的发展，有研究者认为基于消费主义的 BOP 战略，即向底层人群进行销售（selling to the poor），实际上无法真正纾解贫困。贫困人群真正面临的问题是收入的匮乏，在这一资源约束下，即使市场上可选择的商品和服务的种类再丰富，也改变不了他们贫困的现状及由此造成的恶劣的生活条件，如缺少基本的卫生条件、营养不良等（Schrader et al.，2012）。因此扶贫不是将成熟市场的产品和服务稍加本地化，而是应该以提高底层人群的收入和生活水平为目标，认真倾听底层人群的需要，培养嵌入本地的能力，创造共享价值（creating mutual value）（Schrader et al.，2012；Mohr et al.，2012）。Karnani（2007a，2007b）认为扶贫唯一有效的方式是增加贫困人群的实际收入，要实现这一目的可以通过两个途径：一是降低产品价格，也就是实际上增加底层人群的消费效用；二是创造机会使他们得到更多的收入。让底层人群增加收入的关键是以底层人群为生产者，由企业向底层人群购买产品或服务，而不是反过来由底层人群购买企业推销的产品。

以底层人群作为生产者增加其收入的具体实施策略与企业自身所在行业的性质有关，即企业向市场推出的产品或服务是属于实用型还是享乐型。前者基本上是生活必需品，后者则是使人愉悦的奢侈品（Schrader et al.，2012）（一件商品究竟属于必需品还是奢侈品在很大程度上是相对于收入水平而言的。例如，电脑对于中高收入阶层也许是必需品，对于低收入阶层则是奢侈品。对于极端贫困群体而言，基本的食物、营养肯定比电脑更具实用价值）。例如，乳业企业达能（Danone）在孟加拉国与当地农民合作收购他们的牛奶，一方面使农民获得了稳定的收入，另一方面保证了达能有稳定充足的生产原料，能够以较低的价格出售奶制品，也改善了当地民众的营养状况。然而对于旅游娱乐行业而言，让底层人群购买只具备享乐或审美价值的产品或服务，只会令他们原本就很少的可支配收入更加捉襟见肘，甚至可能因此牺牲家庭生活必需品的消费。因此对于这类行业，可以通过一个比较有意义的扶贫方式为底层人群提供就业机会，从而增加他们的可支配收入。例如，广西巴马瑶族自治县围绕乡村旅游开展扶贫，引导贫困户从事导游、酒店服务、手工艺品制作等工作，带动了农民增收脱贫。

三、底层人群作为创业者

贫困的代际传递是造成贫困问题始终存在的根本原因之一。1981~2008 年，贫困人口仅从 25.9 亿下降到 24.7 亿（Chen and Ravallion，2012；Bruton et al.，2013），说明生活在低收入状态下的人群是相对稳定的。这部分人群无论被定位为消费者还是生产者，其中都隐含着一个假设前提，即金字塔底层存在一个可以随时进入的市场；然而实际情况却并非如此。现代意义的产品、服务及人力资源市场在许多金字塔底层仍是不同程度的空白。金字塔底层市场并不是已然存在，它需要企业或底层人群从头开始共同创造（Soto，2000；Tigger and Green，1997）。

创业从字面上看是创立一项事业，在这个意义上，许多低收入者，特别是金字塔底层的贫困者都可以被归为创业者，他们自我雇用、筹资、管理自己的事业并控制由此产生的收益，这也是 Prahalad 等将其归入"有活力和创造力的创业者"的原因之一。然而从熊彼特的创造性破坏理论出发，创业者是"经济发展的带头人"，他们创造性地打破了现有市场的均衡，赢得了获取超额利润的机会。创新性是创业精神的基本特征，如果以此为标准，金字塔底层所谓的自我雇用多数情况下是底层人群由于教育水平低，缺乏特殊技能不得已而为之的行为。他们从事的多是技能和资本要求很低的行业，这些行业的进入壁垒低、竞争激烈，所获得的收益也远远不足以使事业的所有者摆脱贫困（Karnani，2007a）。

熊彼特创新理论意义上的创业是识别机会、实现价值获得超额利润的过程，是打破贫困的代际传递和恶性循环的有效途径。实践中也出现了不少创业致富的商业模式。然而文献中与金字塔底层情境有关的创业研究目前大多数还是案例研究。多数研究从宏观视角出发，理论框架上关注较多的是制度环境对创业的影响，原因在于金字塔底层市场与中高端市场最明显的区别是普遍存在的制度空洞，商业交易很大程度上依赖于基于社会规范的非正式制度。除了 Benabou 和 Tirole（2006）提出的乐观是摆脱贫困的决定性因素。关于创业者个人特质、能力、态度等因素是如何影响创业的绩效的研究很少。除此之外，目前关于创业的文献集中在大型成熟企业高增长、高财富创造的业务方面，很少关注金字塔底层，而且绝大多数是定性研究，缺少基于大数据的定量分析（Bruton et al.，2013）。为了更好地诠释如何通过创业解决贫困问题，研究者有必要更进一步地探讨金字塔底层创业成功的机制，在已有的质性研究的基础上，用定量研究识别成功的关键因素，检验创业者个人特质与努力和外部环境如何相互作用影响创业的最终结果。

总之，贫困是世界性的难题，无论采取何种方式解决贫困问题，我们都必须认识到市场的力量无处不在，无论是将金字塔底层作为目标市场，还是为底层人群创造获得更多收入的机会，或者是通过创业解决贫困的代际传递，都需要以企业为扶贫的中坚力量，充分发挥市场的资源配置功能，通过企业与底层人群形成的利益共同体真正实现利益共享和企业社会责任的担当。

第二章　金字塔底层制度环境

第一节　金字塔底层制度环境概念

一、制度的定义

任何创业活动都是在一定的制度环境下开展的，制度环境对创业活动的影响贯穿始终，是决定性的外部因素，因此有关创业环境的研究文献都将制度环境作为首要的分析要素。

要理解制度环境首先必须明确何为制度。早在 20 世纪初，制度就已被近代制度学派的代表人物 T. B. Veblen 及 W. H. Hamilton 等引入经济管理研究范畴。早期的研究强调制度是人们的一种相对固定的思维方式。1919 年，Veblen 将制度定义为"一些具有持久性和流行性的行为或者思维方式，并且根植于团体的习惯或者人们的风俗之中"。W. H. Hamilton（1932）则提出，"制度意味着一些普遍的永久的思想行为方式，它渗透在一个团体的习惯中或一个民族的习俗中……制度强制性地规定了人们行为的可行范围"。

新制度经济学派的创始人物，诺贝尔经济学奖得主 D. C. North 的制度变迁理论将制度的研究带入质的飞跃。North（1990）认为，制度是"人为设定的决定人们之间相互关系的约束"，"制度提供框架，人类得以在里面相互影响。制度确立合作和竞争的关系，这些关系构成一个社会，……制度是一整套规则，应遵循的要求和合乎伦理道德的行为规范，用以约束个人的行为"。通过对经济史变迁的研究，North 论证了制度在经济变迁中的重要作用，认为决定经济增长的不仅是新古典经济学的三大基石：劳动、资本和技术进步，制度也是影响经济增长的源泉。显然，North 强调制度作为社会规则、规范对于人类行为乃至经济结果的影响。North（1990）后来又将制度进一步划分为正式制度和非正式制度。正式制度包括法律、法规和规则等成文的、形式明确的规定；非正式制度则主要是指不成文的限制，包括规范、文化、道德等要素。

从 North 的思想出发，许多学者将制度视为社会总体的活动规则，即约束社会成员之间交往的行为模式的规范系统（North，1990），并将之纳入经济学的研究视野。例如，青木昌彦（2000）从博弈论的角度概括了已有的关于制度的三种定义：一是博弈的参与者，尤其是组织；二是博弈所遵循的规则；三是博弈的均衡解。青木昌彦本人倾向于制度的第三种定义，并将此概念修正界定为关于博弈重复进行的主要方式的共有理念的自我维持系统。W. Kasper 和 M. E. Streit 在《制度经济学——社会秩序和公共政策》一书中认为，制度是人们制定的用于抑制人际交往过程中可能出现的随机行为和机会主义行为的各种规则，它使得人际交往中的行为可以更好地被预见（Kasper et al.，1998）。整体来看，制度经济学的视角重视非市场因素，立足于人际交往的互动来理解经济行为，认为个人不仅是追求物质利益的"经济人"，更是根植于其生活的社会文化环境，作为一种社会化存在的"社会人"，因此个人的选择不仅基于古典经济学给定的效用函数，真实的行为还要顾及社会规则、价值系统等非市场因素。作为人类行为约束性规范的制度是内生的，由社会的集体选择决定。它不仅体现为一个国家或地区的法律、经济及社会体制，而且在很大程度上决定着国家和地区之间繁荣程度的差异，对经济社会的发展有着举足轻重的影响（Acemoglu et al.，2005）。

制度不仅是制度经济学的研究对象，同时也是政治学、社会学等学科的研究热点。美国社会学家英格尔斯（1981）提出，社会学就是以社会制度为研究对象，"正像社会行为可以聚集为习俗一样，一组组这样的行为也可以被聚集为角色，围绕着某个中心活动或社会需要而组成更为复杂的角色结构也可以被聚集为制度"。美国政治学家 Huntinton（1989）认为，"制度就是稳定的、受珍重的和周期性发生的行为模式"。日本横山宁六（1983）则认为，广义的制度"是个人的行为受到来自主体以外的约束，并对个人的理念像给予一定框框似的，是一种'规范性的文化'，社会规范和制度对人们的行为指出一定的方向，形成一定的样式"。从以上界定可以看出，政治学和社会学在研究社会制度时，大多以组织秩序为目的，关注的是已经形成的社会行为规范和社会结构，总的来说并未深入到人类赖以生存和发展的经济活动来分析制度的起源和性质。

20 世纪 70 年代以前，关于制度的研究还限于个体层面，将制度视为人际互动的行为规范。70 年代后，制度被逐渐引入组织理论研究，最早源于 Meyer 和 Rowan（1977）提出的组织为什么会趋同这一问题。现实中不同性质的组织，如政府、企业、学校乃至福利机构，尽管各自目标、任务、技术条件差异很大，但它们不是根据效率规则采用适当的内部结构，或是集中关注组织自身目标而采取相应的行动，反而是采取科层制结构和组织形式，并且经常会花费资源参与一些与生产效率无关的活动（如公益活动）。DiMaggio 和 Powell（1983）沿着这一问题提出制度理论，分析了组织趋同的动力机制。他们认为，由于三种同构过程即管制、规范和模仿的存在，理性行为使组织行为越来越趋于相似。其中，管制压力通常体现为正式的法律法规和各种行业标准，通过制定规则、监督并奖惩行动来管制组织行为，管制意味着违规就会遭受处罚，这种力量可以帮助组织克服惯性；规范压力体现为行为规范与价值观。例如，消费者和市场的期望可以通过道德意识支配的方式约束企业采取适当行为；模仿压力是指组织面对不确定的市场环境，通过模仿同行或竞争对手已经存在且较为流行的经验和行为方式，获得自身行为的正当性和稳定化。与传统的组织权变理论强调管理实践应根据组织所处的环境和内部条件的变化而随机应变相比，制度理论关注更大范围的环境压力效能，认为三种制度力量使不同组织的规范与行为趋于一致，组织因此变得越来越同质，并因此获得正当性和资源支持。同时，Scott 和 Meyer（1983）也将组织中的制度界定为组织为获取合法性与外界支持所必须遵守的规则，并进一步指出制度主要由规制、认知及规范三个维度构成，是保障社会稳定发展的一种社会结构形式（Scott，1995）。

二、制度环境的概念及维度

随着制度概念从个体到组织的演进，对于制度环境的内容维度的研究也在不断深入。作为一个外延很大的抽象概念，研究者首先必须明确制度环境的构成要素。总体来说，目前对制度环境的测度和分析在现有文献中主要可以分为以下两类。

第一类主要依据 North（1990）提出的"正式制度"和"非正式制度"的分类，将制度环境分为正式制度环境（formal institutional environment）和非正式制度环境（informal institutional environment）。例如，Rivera-Santos 和 Rufín（2010）认为，正式制度是指有效的法律、法规或规定，还包括具有法律效力的商业合同或协议，以及对这些规范和协议的遵循；而非正式制度是指没有法律效力但约定俗成的规范，包括可能违反正式规则的行为（如偷税漏税等）。Manjula 和 John（2010）认为，正式和非正式的制度共同构成一个国家经济和社会体系的基础，其中正式制度包括法律、规定、政策及其他成文的规章；非正式制度则主要是长期积淀形成的文化、规范、信仰、惯例乃至习俗。国与国之间的制度环境很少相同，这正是造成国家之间差异的原因之一。正式制度环境包括法律法规、政府规章、所有权等，非正式制度环境则包括价值观、信仰、观念、行为等。罗党论和唐清泉（2009）在对我国民营上市公司的制度环境与绩效问题的研究中，把地区投资者保护水平、政府干预水平及地区金融发展水平作为制度环境中的正式部分，而将民营企业所形成的政治关系作为制度环境中的非正式存在。他们发现，在市场机制不完善时，正式制度越疲软，非正式制度也就是民营上市公司与政府形成的政治关系越容易盛行。

第二类则基于 DiMaggio 和 Powell（1983）与 Scott（1995）关于制度的管制、规范和认知的三种类型，将制度环境划分为管制（regulatory）、规范（normative）和认知（cognitive）三维度。管制维度通过法律法规的规定和管制的执行具有强制性，意味着如果违规就会受到处罚；规范维度来自社会文化规范和价值观，通过道德意识的方式影响网络成员的行为；认知维度反映公众对创业的普遍认识和知识水平。其中比较典型的有 Kosotva（1997）提出的"国家制度框架"（country institutional profile）模型，用这三个维度解释制度环境对一个国家商业行为的影响。其中制度环境的管制维度是指政府的政策，认知维度是指广泛共享的社会知识，规范维度则是指价值观系统。在此基础上，Busenitz 和 Spencer（2000）提出，从创业视角来看，制度环境的管制维度包括法律、法规及相关政府政策，这些规定如果对创业者有利，可以简化流程，以减少个人风险并有助于创业者从政府支持项目中获得财务支持及其他资源；制度环境的认知维度是指民众所拥有的关于创业和经营的知识和技能，在一些国家如何创立经营企业可能是众所周知的常识，而在其他国家和地区则可能很少有人理解；制度环境的规范维度是指民众是否普遍崇尚创业行为，重视创造性创新性思维。一个国家的文化、价值观、信仰和规范都有可能影响其民众的创业导向。他们由此开发了一个国家创业制度环境评价模型，包含以上三个维度共 13 个问题，对美国、瑞典、挪威、西班牙、意大利和德国六个国家的创业制度环境进行测量，最后发现该模型有很好的信度和效度，制度差异可以解释一些国家的创业者更有竞争优势的原因。此后，Busenitz 和 Spencer 的框架和量表被不同国家的学者借鉴，用于测量创业制度环境并得到验证。例如，Manolova 等（2008）用 Busenitz 和 Spencer 的量表测量了拉脱维亚、匈牙利和保加利亚三个东欧转型国家的创业制度环境，发现这些国家在制度环境的三个维度上存在重大差异，并比较了不同的制度环境对创业活动的影响。同样，林嵩等（2014）也基于 Kosotva 的三维度模型，借鉴 Busenitz 和 Spencer（2000）设计的量表，分析了中国的创业制度环境，结果表明：Busenitz 和 Spencer 的模型不仅适用于美国等发达国家的体制环境，而且也适用于中国的制度环境；无论是整体的创业制度环境，还是在管制、认知和规范这三个具体维度上，中国的制度环境都是最有利于创业的，甚至比美国和东欧国家的结果更好。

除了上述两类主要的关于制度环境的界定和分类，还有一些其他观点。例如，用市场化进程相对指数成分经济自由化指数作为综合指标，来衡量转型国家或地区制度环境（樊纲等，2011；吴一平和王健，2015）；从制度环境所涉及的范围将制度环境分为宏观制度层面、中间制度层面和个体/微观层面三个层次等。

总体来说，已有文献关于制度环境的主要界定和维度划分多基于 North（1990）的"正式"和"非正式"制度，或者 DiMaggio 和 Powell（1983）与 Scott（1995）的"管制"、"认知"和"规范"维度。前者认为正式制度主要包含成文的法律、法规及各种规定，这实际上与后者的管制维度有相当程度的重合。前者的非正式制度主要是指成文的法规之外的各种约定俗成的文化、道德规范，基本可对应后者的认知维度和规范维度。因此，两种观点其实存在许多交集。

三、金字塔底层制度环境

制度环境（包括法律、政府、金融体系、人力资本等方面）是企业正常运营的关键要素（陈凌和王昊，2013）。良好的制度环境，包括廉洁的政府、高效的法律体系和发达的金融系统，这种制度环境对企业发展有很大的推动作用（Beck et al.，2005），可以降低企业在市场中交易的风险（Busenitz and Spencer，2000；Peng et al.，2008），保障信息流通顺畅，使市场正常运转，有效发挥资源配置作用（Mcmillan and Woodruff，2002）。而疲软不完善的制度环境则无法提供推动经济活动所需的必要支持（UNCTAD，2006），最终导致低水平的经济增长（North，1990）。

金字塔底层之所以贫困，首先是由于居民的收入极低（国际通行标准 2 美元/天，中国贫困线年人均收入 2 300 元），主要从事与农业相关的生产，对于自然灾害、市场波动等外部冲击的应对能力极为脆弱，导致其收入缺乏稳定性和可预见性（Dawar and Chattopadhyay，2002；Johnson，2007；Hammond et al.，2007）；其次是在地理上，金字塔底层市场彼此之间比较分散且相互隔绝（Anderson and Markides，2007；Johnson，2007；Arnould and Mohr，2005），久而久之会形成各自独特的具有较强本地色彩的消费文化（Anderson and Markides，2007；Hammond and Prahalad，2004），这种文化可能与本国或国际消费者消费习惯的联系很少（Rivera-Santos and Rufín，2010）。

金字塔底层由于收入中的大部分用于生活必需品，可支配收入低，对价格极度敏感，购买力也有限，每次交易的数量相对较小。加上市场的分散与分隔，造成金字塔底层单个市场规模较小，外来企业进入这些市场的成本相对较高，难以形成显著的规模经济（Kamani，2007）。反而是本土的中小企业由于嵌入了浓厚的本地文化，在这些市场的表现可能更好。尽管这些本地企业数量少，规模小，而且大多不正规，产品也相对质次价高（London and Hart，2004；Prahalad and Hammond，2002），但是如果它们与当地势力相结合，成功地适应本地的环境，它们在本地市场的竞争力会很强（de Soto，2000）。

金字塔底层浓厚的本地文化往往伴随着正式制度不同程度的缺失，表现为法律法规的执行不力，偷税漏税、贪污腐败等行为盛行（Transparency International，2007），财产权、劳动者和消费者的权益得不到充分保护（de Soto，2000；London and Hart，2004；Karnani，2007）。Mair 和 Marti （2009）称之为制度空洞（institutional void），即由于支持市场体系有效运行的制度安排的缺失或疲软造成贫困人口无法参与市场行为。正式制度的缺失和不完善会使贫困人群更加高度依赖本地的社会规范和风俗习惯，社会化导向会越发强烈（de Soto，2000），从社会关系网络中获得心理和物质的支持。久而久之，社群内的血缘、地缘、信仰等传统关系取代了正式制度的功能（Arnould and Mohr，2005；London and Hart，2004），商业活动的监管更多是通过关系和网络，而不是严格依据法律合同。这些非正式制度尽管并不具备法律效力但却是长时间约定俗成并为人们所接受的。其中，个人财产的保障需要借助于传统的社群规范而不是法律法规（de Soto，2000；London and Hart，2004）；面对争议时，人们更倾向于非正式的解决方式（Ricart and Khanna，2004），甚至在非正式制度与正式制度发生冲突的情况下也是如此（Arnould and Mohr，2005；Johnson，2007）。

金字塔底层的企业需要改造其结构和战略以适应正式制度的不足。在这些地区，网络关系在一定程度上取代了正式制度的作用（Peng et al.，2008），同时，政府的扶持政策、融资支持及各种有关信息的提供对创业企业也有相当大的影响（Li and Zhang，2007）。对于创业企业而言，融入本地的非正式关系网络，并成为其中一员（Wheeler et al.，2005），以获得在当地的合法性，正是创业的首要任务之一。

第二节　金字塔底层关系网络结构特征

Prahalad 和 Hammond（2002）与 Prahalad 和 Hart（2002）提出的金字塔底层战略，认为广大的低收入人群并非社会的负担，其中蕴含着巨大的市场。早期战略主要研究跨国企业如何进行产品和市场的创新，是以贫困阶层为新兴市场，与消费者共同创造新的商业机会，通过对他们销售产品获得盈利，同时还有助于消除贫困。而近期的研究越来越重视将贫困人口视为潜在的创业者，关键是政府通过小微贷款等制度性扶持帮助脱贫，实现经济和社会的共享价值。

由于金字塔底层制度空洞的普遍存在，维持市场体系正常运行的正式制度无法完全履行其职能，社会关系网络在很大程度上取代了正式制度对商业活动的管控。按照 Provan 等（2007）的定义，关系网络是指"由三个或更多的组织为了有利于共同目标的实现而结合的群体"。关系网络的整体结构特征，包括集中度、线性程度、密度及结构洞等，均能影响网络功能并决定企业能否盈利。

一、集中度较低

集中度也称中心性，是指围绕特定行动者所凝聚的关系的数量。一个高度集中的关系网络中只有一个或少数核心企业与其他网络成员有直接联结，除此之外的大部分企业与其他成员之间的联结则极少（Wasserman and Faust，1994）。TOP（top of the pyramid）市场关系网络的组织一般倾向于以少数"领导者"为核心组建（Lorenzoni and Lipparini，1999；Mcguire and Dow，2003），通过关系网络将原本没有关系的人员联系在一起进行价值创造，越靠近网络中心的成员，资源和信息就越丰富，能够从网络中获得的好处也就比网络边缘成员更多（Ahuja，2000；Uzzi and Gillespie，2002）。

在商业环境上，金字塔底层普遍存在价值链的缺口（Anderson and Markides，2007；Wheeler et al.，2005），缺乏经济基础设施（如水、电、能源供应及交通）、信息基础设施（如通信网络）和专业的供应商、经销商及中介机构（如融资与物流）等提供的辅助支持活动。这意味着企业无法通过市场交易获得必要的战略资源，唯有嵌入本地关系网络，与利益相关者进行深度合作才有可能解决信息来源和质量的问题，改善运营效率并真正接触到新的市场（Hart and Sharma，2004；Seelos and Mair，2007）。因此，金字塔底层关系网络的关键成员除了传统的市场参与者，还可能包括本地的非政府组织、社团乃至政府等非市场参与者。这些非传统的市场参与者拥有企业经营所需的资源，同时也各自有其核心利益及为此而形成的关系，并且都深刻地嵌入了本地网络（Reed and Reed，2009），如非政府组织之间的关系、本地各级政府官员之间的联系等。这些关系网络彼此之间重合的机会很低，造成金字塔底层关系网络不是一个或几个中心，而是存在多个中心的结果。这种集中度较低的关系网络意味着企业可能无法在关系网络的运作过程中占据中心地位，而不得不与其他参与者共享主要的决策权力（Wheeler et al.，2005）。

二、线性度较低

线性度（linearity）反映的是生产过程的连续性（Porter，1980）。由于有效的正式制度（如完善的法律体系）的存在，TOP市场关系网络的交易本质上是商业化的，主要涉及市场参与者，即比较纯粹的供应商—消费者的关系，其中的价值创造过程很少受到非市场参与者的直接干扰。

而在金字塔底层，由于正式制度的缺失，交易不仅要考虑商业原则，社会资本、信任乃至政治上的考量可能同等重要。交易过程不再是按顺序进行的商业交易，而是一个复杂的混合了市场和非市场参与者的交互作用的过程。贫困人口由于普遍受教育程度较低，缺乏专业技能，拥有的资产也很少，只能从事进入门槛很低且竞争激烈的生产经营活动，生产效率低，也无法进入具有一定竞争优势的专业化领域（Karnani，2007a）。由于生产的低效，他们的收入很少，为了增加收入并分散分险，他们会选择从事数个职业，时间可能都不长，从而进一步降低走向专业化的动机（Banerjee and Duflo，2006；Karnani，2007a；邢小强等，2015）。因此，TOP 市场普遍存在的专业市场参与者（供应商、经销商、中介机构等）在金字塔底层可能不存在。作为配套基础设施的融资、培训、分销等支持性服务，在 TOP 市场经常可以外包，但在金字塔底层根本无法实现。基础设施供应（如供电等）也因经济状况而短缺。企业在金字塔底层无法通过自由市场交易获得的这些关键战略资源，只能经过企业自身横向或者纵向一体化来内化交易，寻求合作伙伴来填补价值链的空缺，或者将这些活动整合到自己的运营中（Rivera-Santos and Rufin，2010）。这一过程中 BOP 网络的非市场参与者（政府与社区组织等）的参与可以提高交易效率并化解交易风险（邢小强等，2015；Toledo-López，2012）。

三、内部密度较高，外部密度较低

关系网络结构的第三个重要特征是它的密度，密度反映的是网络行动者之间关系的紧密程度，用网络中实际连接数量与最大可能连接数量的比值来衡量。对于一个确定规模的网络而言，实际连接数量越多则密度越大，行动者之间关系越密切。从互动的紧密程度来看，网络成员间的互动关系越多，则网络密度越大（Reagans and Zuckerman，2001）。

金字塔底层环境特征对于社区内部和社区之间的关系网络密度的影响是截然不同的。首先在金字塔底层社区内部，由于正式制度的缺失，社区内部传统的、基于亲缘或半亲缘的联系占据主导地位，并替代了正式制度安排的功能（London and Hart，2004）。例如，在乡村地区，大家彼此熟识，基于信任而不需要正式契约进行相互交易。这种社会互动可以填补制度空洞，在市场机制不完善的条件下保证非正式协议的有效履行，使生产和交易在不完善的市场中得以顺利进行（Uzzi，1997；Ansari et al.，2012）。一方面，金字塔底层由于制度空洞难以形成正式的公平市场交易关系，只能通过非正式的制度约束来弥补，贫困社区内部的联结密度也因交易关系中非正式制度的重要性而进一步强化（de Soto，2000；Wheeler et al.，2005）。另一方面，由于金字塔底层市场相对孤立，城市与乡村、主流社会与城市贫民一般都不存在社会联结（London and Hart，2004；Tigges，Browne and Green，1997）。这种孤立和隔绝的状态使金字塔底层与外部社区的连接密度受到限制。也就是说金字塔底层社区内部的连接密度较高，而与其他社区之间的连接密度则较低。

网络密度对创业的影响主要体现在对创业所需的创新思维的激发和实施上，文献对此主要有线性正相关、负相关、倒"U"形关系等几种不同的研究结论。有的研究认为，紧密的社会互动可以使人们共享重要信息，就问题与目标达成共同理解，从而有助于产生并实施新的观点（Tsai and Ghoshal，1998），而且网络成员经常沟通有助于他们更有效地利用多样化的知识进行创造性活动（Kurtzberg and Teresa，2001），因此网络内部的密度越大，团队的生产率越高（Reagans and Zuekerman，2001）。但也有学者认为，高密度的网络中成员的互动关系频繁，为了维持这些关系会牺牲掉一部分原来可用于业务的时间和精力（Leenders et al.，2003）；而且高密度的网络中成员之间沟通过于频繁容易产生"社会化惰性"，使网络成员与外部的交往减少，不利于外部资源和信息的收集（Hansen et al.，2005），同时过多的互动使内部成员彼此间的看法、观念越来越相似，信息趋于同质，缺少差异性，也不利于创造性思想的培养（Burt，2004；Patrashkova and Mccomb，2004）。此外，低密度松散的网络中成员彼此互动过少，关系淡薄（Hansen，1999），缺乏交流和必要的思想碰撞，也不利于创造力的激发（王艳子等，2014）。也就是说，过于紧密和过于松散的网络都不利于创造创新绩效，唯有密度适中的网络通过适度水平的沟通才能够创造创新绩效（Roger et al.，2003；Krackhardt，1997；Roger et al.，2007）。

四、结构洞较多

关系网络结构的特征还包括关系网的结构洞（structural holes）的数量和分布（Ahuja，2000）。结构洞是关系网络中的空隙，空隙周围的行动者之间没有直接的联结，两个不相连部分的信息流通必须通过结构洞。如果某企业与彼此隔离的两个行动者形成合作关系，那么该企业就占据了结构洞的位置。联通结构洞的企业可以通过控制跨越该结构洞的信息流，担当联络（liaison）或桥接（bridging）的角色，从而在关系网络中获益。

TOP市场的许多关系网络是围绕着结构洞而建立的（Ahuja，2000），由于高度发达的中介市场和强大的企业家势力的存在，发达市场的结构洞相对较少（Rivera-Santos and Rufín，2010）。而在金字塔底层，由于经济资本和人力资本的限制，缺乏专业的中介机构，创业活动也比较落后，导致其关系网络内的结构洞较多（London and Hart，2004）。结构洞的存在也会迫使企业需要整合一些本来可以外包的功能，如在"公司+农户"的模式中，企业有时需要内化融资功能，以填补贷款机构和农户之间的结构洞。

金字塔底层关系网络中较多的结构洞体现为与外部社会联结不足，关于生产、销售、就业、资金等的信息匮乏，需要"经纪人"的联络和桥接来联通结构洞。占据结构洞意味着可以在获取网络外部信息并控制资源流动上取得优势（Burt，2004），对于金字塔底层创业者而言，这正是可能的创业机会。而创业的成功与否在很大程度上取决于能否寻找和把握创业机会（Mian and Hattab，2013）。占据结构洞的企业可以凭借结构优势获取成长空间（罗家德，2010）。Burt等（2013）从投资收益的角度提出"非冗余关系"是最优的合作关系，联通结构洞的企业正是可以减少关系网络中的冗余连接，有利于投资收益的实现（Burt et al.，2013）。张宝建等（2015）通过对我国新创企业的实证研究证明结构洞对创业绩效有积极显著影响，占据结构洞较多的企业的创业绩效更好。因此，结构洞的存在对于金字塔底层创业而言既是不足也是机遇。

第三节　金字塔底层关系网络连接特征

除了结构特征，关系网络还需要考察连接特征。根据关系网络理论学者所划分的维度，关系网络被归纳为三类，即关系网络的规模、界限与连接特征。其中，关系网络的规模包括网络成员的数量和组成；网络的界限是指网络内部活动涉及的范围大小和领域的多少；网络的连接特征分为静态连接和动态演化两个方面，前者是指连接的直接性、正式性和连接的频率，后者是指连接随时间变化的稳定性。

一、关系网络的规模特征

关系网络的规模可用网络中成员的数量来衡量。金字塔底层由于地理区域上的分散和与外界的隔绝（Anderson and Markides，2007；Johnson，2007；Arnould and Mohr，2005），会形成较强的基于血缘、地缘、信仰等传统关系的本地社群文化（Arnould and Mohr，2005；London and Hart，2004），而社群内部关系的牢固与社群之间根深蒂固的不信任乃至潜在的冲突是同时并存的一体两面（Rivera-Santos and Rufín，2010），这就造成金字塔底层的关系网络通常限于本区域内。相比 TOP 地区企业的关系网络可以基于全国甚至全球规模的商业活动，从而需要很大数量的关系网络合作伙伴（Burgers et al.，1993），金字塔底层关系网络成员的总体数量则由于区域性的限制，一般规模较小（Simanis et al.，2008）。

网络成员的组成方面，企业嵌入关系网络的目的之一是获得一些自身无法获得或者不想内化的资源和信息（Uzzi，1996），因此活跃的行动者会努力拓展关系网络，建立多样化的合作伙伴关系，以尽可能多地获得所需的资源和信息（Baum et al.，2000）。在正式制度有效运转的 TOP 地区，企业关系网络本质上是商业化的，一般会包括竞争者、供应商、分销商和补充者等（Rivera-Santos and Rufin，2010），尽管成员涉及多方，但仍以市场参与者为主。而在金字塔底层，因为缺乏专业的市场参与者，企业可能必须借助于非政府组织、政府部门等非市场参与者的力量来完成交易（London and Hart，2004；Wheeler et al.，2005；Chesbrough et al.，

2006），这就造成金字塔底层的关系网络会有更多样化的网络成员，不仅包括市场参与者，还涉及非市场参与者。

网络成员的多样化又称网络异质性。成员的角色或功能的差异越大，多样化程度越高，能够为创业企业提供的要素组合机会的选择就越多（解学梅，2010）。合作成员的异质性有助于企业获得多样性的资源，异质性越高的网络结构，外部联系也越广泛，就可以带来更多的外部资源和信息（Deborah et al.，1992）。Larcker 等（2013）认为异质性高的网络会带来更多的非冗余资源，使企业有更多的创新要素组合机会，从而有可能进行更多的创业活动（David et al.，2013）。同时，多样化的成员会带来更广泛的知识和不同的认知视角，在彼此互动和沟通的过程中更有可能接触到新的、不同的想法，影响行动者思考问题的方式和角度，从而激发更多的创新思维（王艳子等，2014；张宝建等，2015）。此外，金字塔底层高密度的网络联结导致信息趋于同质，而网络成员的异质性能够在一定程度上弥补信息同质的不足（张宝建等，2015；Burt，1995），有利于创业者获取创业建议和所需的信息、资源。

二、关系网络的界限特征

关系网络的界限是指关系网络内部活动的范围与领域，金字塔底层关系网络活动的范围较广，涉及的领域较多。TOP 地区由于竞争激烈，且补充性产品和服务普遍存在，企业为了追求效率，其关系网络趋于专业化，活动的范围较窄，专注于核心业务（Lorenzoni and Lipparini，1999；Rivera-Santos and Rufín，2010）。而在金字塔底层，由于竞争不充分，补充性产品和服务缺失，企业可能需要在核心业务之外拓宽活动范围，以填补普遍存在的价值链缺口。例如，金字塔底层由于融资市场的落后，创业企业可能需要向农户或消费者提供融资等支持。这些商业行为在 TOP 地区很容易从专业市场中介处获得，企业无需将其纳入关系网络（Hammond et al.，2007；Wheeleretal，2005）。

另外，从网络参与者之间的关系所涉及的社会、政治、经济、环境等领域来观察，TOP 地区由于制度水平较高，一般企业会集中精力于商业交易活动，而对于非市场的领域（如政治关系）不需要太过关注，即使有必要，也可以通过商业协会间接参与（Hansen and Mitchell，2000），所以其连接较为单一地集中于经济维度。而在金字塔底层，非正式制度的盛行使得关系网络的社会维度与政治维度极为重要。

三、关系网络的连接特征

金字塔底层关系网络的联接特征可以从静态和动态两个方面来分析。静态的网络特性主要体现为直接的、非正式的连接较普遍，连接频率较高。为了获得相互信任并防止机会主义行为，金字塔底层关系网络的参与者一般更愿意借助关系网络的非正式部分，成员之间的连接多数是直接的且高度个人化的、非正式的（de Soto，2000；Rivera-Santos and Rufín，2010）。例如，金字塔底层较常见的官商勾结行为就是非常私人化的直接关系。由于内部非正式关系密切，连接的频率也相当高。而在 TOP 地区情况正好相反。由于 TOP 地区关系网络的线性度高，为了减少开支并简化流程，企业一般会尽可能地减少直接供应商和消费者之外的直接连接（Baum et al.，2000），而选择与价值链的其他参与者间接联系。此外，由于 TOP 地区司法制度完善，信息披露充分，政府的腐败和官商勾结行为也较少，企业很容易通过正式连接进行公平交易。非正式的关系网络尽管仍然存在，但并不像金字塔底层那么重要（Lorenzoni and Lipparini，1999），企业活动主要借助正式的关系网络，其稳定性使得连接频率也相对较低。

现实的社会网络往往会随着时间而动态变化，有旧成员的离去或新成员的加入，连接属性也会随之演进。金字塔底层正式制度薄弱，治理低效，导致经济状况不稳定，结果难以预期（Acemoglu et al.，2003），使企业随经济状况的变化进入或退出市场及关系网络的可能性更大。而且支持市场有效运转的正式制度的不健全或缺失造成政府对经济活动的干预过多，在资源配置过程中拥有较大话语权（邓建平等，2012），政府的招商、信贷等政策对创业企业从设立到运营都有相当大的影响。企业在这种环境下通常会强化与政府的政治关系，但是这一关系很容易受到政府换届和官员更替的影响而变得不确定。在非正式制度方面，金字塔底层传统的亲缘、地缘、信仰的连接比较强势（London and Hart，2004；Arnould and Mohr，2005）。这种以信任为基础，而不是为了商业利益等工具动机建立的网络关系更有可能持久稳定（Uzzi，1996，1997）。正式连接的不可靠又反过来强化了参与者对非正式关系的依赖，以便能更好地应对外界的冲击（Rivera-Santos and Rufín，2010）。因此，金字塔底层关系网络的动态演化呈现出正式连接不稳定而非正式连接较稳定的特点。

在企业初创阶段，由于创业者经验匮乏且创业的不确定性和风险极高，创业者通常需要依靠基于情感和信任的家族和朋友等非正式关系获取创业所需信息和资源（Jack，2005；朱秀梅和李明芳，2011）。非正式网络的社会支持主要建立在信任的基础上，能够容忍企业在初创阶段的高度不确定性，识别潜在机会，承担较高的风险并持续提供支持。正式连接方面，在中国经济转型的背景下，通过政府关系更容易获取相关政策和技术信息，以及融资和项目支持，对创业者识别创业机会并获得所需资源有积极作用（朱秀梅和李明芳，2011），但这一关系的不稳定性也会影响新创企业的顺利发展。

第四节　本 章 小 结

制度首先被认为是人们相对固定的思维方式，逐渐演化成约束个人行为的社会规则与规范，对经济活动有直接影响。对于制度的研究经历了从个体层面到组织层面，从人际互动的行为规范到组织趋同的作用机制的发展过程。

制度环境是创业活动的基础，其维度划分主要有两类，一类是分为正式制度和非正式制度，另一类则分为管制、规范和认知三个维度。这两种维度的划分实质上基本一致。

针对金字塔底层的正式制度往往空洞化，无法支持市场体系的有效运行，因此造成金字塔底层高度的社会化向导，不具备法律效力的非正式制度更为人们所接受。创业企业必须适应制度空洞的存在，融入本地非正式关系网络，才能具有竞争优势。金字塔底层社会关系网络的总体结构特征主要表现如下。

首先，价值链的缺口使企业无法通过自由市场交易获得关键资源，而必须通过本地关系网络，涉及的网络成员包括市场参与者和非市场参与者。金字塔底层需要非市场参与者来填补制度空洞，代替高端市场的网络成员的一些角色，因此金字塔底层的创业者必须考虑与商业合作伙伴之外的政府部门、社团等非市场参与者的合作。它们各自有其子网络，重合的机会极小，因此网络存在多个中心，集中度较低。

其次，金字塔底层由于教育程度和专业技能较低，无法成为专业的市场参与者，因此交易的连续性（线性度）无法保证，企业需要通过垂直一体化和水平多样化的方式来整合一些功能，填补价值链的空缺。

再次，金字塔底层社区内部基于地缘、亲缘、价值观的关系占主导地位，彼此互动较为紧密。而金字塔底层与外界的相对隔绝又限制了与外部的联系，因此内部密度较高而外部密度较低。对于创新绩效的影响是多方面的，过于紧密或过于松散的网络都不利于创新。

最后，价值链的缺口也造成结构洞较多，创业企业填补结构洞可以从中获益。为了适应金字塔底层基于传统关系的非正式连接的强势且稳定的存在，创业企业需要深度嵌入本地网络，获取信任和支持，才能发挥联通结构洞的联络和桥接作用。

除了结构特征，关系网络还需考察连接特征，即关系网络的规模、界限与连接特征。

（1）受限于区域性，金字塔底层关系网络的规模相对较小，但由于涉及市场参与者和非市场参与者，网络成员多样化程度较高，异质性带来多样化的信息和资源，对于创业有积极影响。

（2）金字塔底层关系由于支持性产品和服务的缺失，网络活动的范围较广，不限于核心业务；涉及的领域不仅有经济维度，还包括社会维度与政治维度。

（3）网络的连接以直接、紧密、非正式的关系为主，连接频率较高，并保持长时间的稳定性，有助于新创企业获得信息和资源；而正式关系则会随着政府换届和官员更替变得不稳定。

第三章　金字塔底层本地能力与价值链约束

金字塔底层的本地能力对企业发展至关重要，相比发达地区，金字塔底层本地能力往往较弱，因而金字塔底层创业会受到各种发展瓶颈制约，其中，价值链约束是主要的一个发展限制。本章第一节将梳理已有的对本地能力研究的相关文献，明确本地能力的内涵。第二节和第三节分别提出金字塔底层面临的价值创造约束、价值获取约束，以及金字塔底层应对各种约束的策略。

第一节　金字塔底层本地能力

Maskell（1998）认为，本地能力由四部分构成，包括自然资源、知识技能、制度禀赋和硬件设施。自然资源是指本地环境下天然存在的，且能产生经济价值的资源；知识技能是指本地经过长期发展而积累下来的独特知识和技能；制度禀赋是指本地环境中存在的制度和相关的商业习惯和规则，以及由此带来的有利于企业进行价值创造的资本和劳动力等资源；硬件设施是指本地环境的基础设施，如交通网络、公共设施等。Maskell 也认为企业能利用其所在地的本地能力来改善自身竞争优势。丁焕峰（2008）提出，本地能力是区域竞争优势的关键，本地能力越强，企业竞争力也越强；同时，地方会为具有特殊需求的企业创造发展条件，长此以往，企业也会影响本地能力的未来发展方向，一旦这种条件足以形成某种竞争优势，那么就会吸引更多其他企业来该区域投资发展，从而提高区域竞争能力。邢小强等（2011b）研究了 BOP 区域的本地能力，认为本地能力是 BOP 区域或市场内已经存在，并有利于企业进行价值创造的资源与能力。他们根据对金字塔底层的案例分析研究，提出 BOP 本地能力由 BOP 人群自身拥有的资源能力和外部促成环境两部分组成。BOP 人群自身拥有的资源能力主要包括 BOP 人群长期累积的物质、人力与社会资本，而外部促成环境主要包括基础设施与制度环境。田宇等（2016）将金字塔底层本地能力定义为当地现有的和潜在的资源、能力与相对优势，并能为当地发展提供物质基础和便利条件，由自然资源、知识技能、制度禀赋和硬件设施四个部分组成。对于自然资源，金字塔底层一般自然资源丰富，但缺乏开发。对于知识技能，金字塔底层往往缺乏现代化的生产管理等知识技能，其知识技能局限于种植技巧和传统工艺等方面。而对于制度禀赋，金字塔底层存在大量的非正式个人连接，缺乏正式的交易型连接，其非正式个人连接在一定程度上能代替正式连接。金字塔底层所拥有的硬件设施较发达地区落后，而落后的基础设施又会进一步限制金字塔底层的发展。

张利平等（2011）将企业面向 BOP 的创新活动分为利用型创新与探索型创新两类。利用型创新是指企业进一步于开发金字塔底层所处环境中已有的资源而进行的创新活动；探索型创新是企业在金字塔底层所处环境中发掘并利用新资源而进行的创新活动。这两种创新方式都是利用金字塔底层本地能力而进行的价值创造活动，因而金字塔底层企业可以通过利用所在地的本地能力，进行创新活动，从而获取发展机会。

企业所在地的本地能力是企业经营环境的重要组成部分，对于金字塔底层尤为如此，本地能力是金字塔底层企业从事商业活动的重要基础，而且本地能力对企业商业模式的构建具有直接影响。对于商业模式的定义，不同学者有不同的理解，Timmers（1998）认为商业模式是关于产品、服务和信息流的架构。Magretta（2002）认为商业模式是解释企业如何运作的。Stewart 和 Zhao（2000）将商业模式定义为企业获取和保持收益的逻辑总结。虽然目前研究商业模式的学者们对其定义和理解还存在一定差异，但对商业模式构成的认知基本上可以分为四个方面，即价值主张、价值创造、价值传递和价值获取。

王雪冬等（2014）基于"感知承诺"的观点，综合已有学者的定义，认为价值主张就是指顾客如何感知企业所传递的价值，企业从顾客视角出发，对顾客从企业获得的顾客价值的清晰阐述。Sirmon 等（2007）认为价值创造是指顾客主观评价的相对价值量，这些价值量至少能让顾客愿意为了得到这些价值而进行交易。也就是说，企业是如何创造出其价值的。田宇等（2016）认为价值传递是指企业如何向顾客传递其所创造的价值，即企业接触顾客的方式，而价值获取是指企业如何创造利润，获取价值。

金字塔底层本地能力对企业商业模式构建具有直接影响，并且本地能力的不同维度对企业商业模式构建的影响作用也不同。例如，自然资源和知识技能会影响企业的价值主张、价值创造及价值获取，从而影响企业商业模式构建。金字塔底层本地能力与发达地区相比较弱，正是这种劣势的本地能力，导致金字塔底层企业经营面临着多方面的约束。London 等（2010）通过案例分析法，以 64 家企业为样本，分析得到金字塔底层企业经营遇到的约束，并将这些约束分为两部分，即价值创造约束和价值获取约束。本章的第二节和第三节主要介绍金字塔底层企业面临的价值创造约束和价值获取约束及企业如何应对其面临的约束。

第二节　金字塔底层价值创造约束

一、金字塔底层面临的价值创造约束

价值创造一直以来都是企业关注的核心问题之一，企业如何创造更多的价值对企业的发展至关重要。目前对于价值创造的定义，不同的学者有不同的解释，从企业战略和产品营销的角度来说，价值创造就是指企业经营过程中使消费者效用增加，或者说使消费者收益增加（Gronroos，2008；Vargo et al.，2008）。

为了更好地理解金字塔底层企业是如何创造社会价值的，首先需要理解社会价值如何衡量。Auerswald（2009）列出了社会价值创造的构成成分，包括经济价值、声誉价值、道德价值、消费者剩余、正的外部性及增强员工能力六个维度。经济价值的实现不仅能维持企业的经营，也能为企业提供再投资的机会，即为扩大企业经营继续投入运营资金。声誉价值和道德价值是通过企业与环境的相互作用来实现的，企业的声誉价值和道德价值可以扩大企业的社会价值创造活动。经济价值、声誉价值、道德价值和正的外部性可以被视为间接的社会价值创造。因为个人一般没有直接参与原始的交易，而消费者剩余和增强人类能力这两个维度是社会价值创造的更直接的形式。

金字塔底层企业与发达地区企业创造的社会价值存在差异，这是因为金字塔底层企业不同于发达地区，金字塔底层企业由于本地的各种资源限制，而不能创造出足够的社会价值，面临着价值创造约束。价值创造约束，即生产能力约束，与生产商获得的可支付的高品质的原材料、资金和生产资源的能力相关。

金字塔底层企业面临的价值创造约束一般被划分为三部分。

（一）生产投入约束

生产投入约束也称原材料资源约束。企业面临的生产投入约束主要源于四个方面，即卖方能力的高低、生产投入的价格、生产投入的数量，以及进入生产投入市场的难易程度。金字塔底层企业一般没有直接购买原材料的途径，十分依赖通过供货商来获得原材料，供货商卖方能力较强，金字塔底层企业议价能力不足。金字塔底层企业在购买投入生产的原材料时，往往需求数量不会很高，讨价还价能力不足，面临着高价购买的情况。金字塔底层企业较难进入生产投入市场，金

字塔底层企业由于有限的经济负担能力，被迫使用劣质材料投入生产，从而陷入贫困循环状态，因为它们不能赚取足够的额外资金来购买高品质的用以投入生产的原材料。企业缺乏高品质原材料的使用，导致金字塔底层企业生产力水平低。此外，在很多低收入地区，农民收入会受到降雨的影响，降雨过多会显著减少农民的收入，这是因为降雨会导致非常不确定的预期产量和预期收入。

（二）融资约束

金字塔底层企业的发展依赖于企业是否能得到运营和投资资本，而是否拥有得到运营和投资资本的能力高度依赖于企业是否能获得可负担的贷款。金字塔底层企业要想在收成季满足更大的订单和市场需求，必须在期初生产过程中投入大量资源和生产要素，因此，它们在收成季初期一般需要承担债务。但是正式的信贷机构很少发放贷款给金字塔底层企业，非正式的信贷机构又往往以高利率贷款给它们。此外，金字塔底层企业由于缺乏保险也会增加经营风险，为了保持正常营运，它们常依赖于作物收成来偿还高利贷。若作物没有收成或生产率低于预期，则很难偿还债务，企业就会陷入经济危机。当不可控事情发生时（如干旱），金字塔底层企业通常不得不依赖储蓄和家庭等支持网络的援助渡过难关，然而，当储蓄极少或家庭等本地支持网络遭遇同样的灾害时，这些基于本地的保险制度就失效了。

（三）生产资源约束

金字塔底层企业面临的生产资源约束主要源于七个方面，即技术和业务知识、生产设备、存储和保护商品的能力、落后的人力资源、宽带互联网连接、电力资源及水资源。缺乏技术和业务知识就会导致企业缺乏竞争力，限制企业的发展，不利于企业可持续经营。缺乏对产品进行进一步处理以提高产品价值的技术和能力，也会限制企业价值创造。缺乏先进的生产设备会限制企业的生产力水平，也会浪费企业的生产投入资源。若企业无法存储和保护产品不被偷窃，或延长产品的使用期，那么，一般无论买方支付多少，企业都会希望尽快卖出产品，这样，企业的议价能力较弱，导致企业可获得的最大经营利润会有所减少。现在是互联网信息时代，信息对企业发展至关重要。相比发达地区的企业，金字塔底层企业由于缺乏宽带连接基础设施而无法有效获得外部行业信息，金字塔底层企业往往存在信息传递与接受的滞后，这可能会导致企业由于缺乏重要的商业信息而不利于企业的发展。此外，金字塔底层大多分布在非沿海地区，由于自然条件的限制，电力资源与水资源常常匮乏不足，对于需要大量投入电力资源和水资源作为生产要素的企业，这可能会在很大程度上限制企业的发展。

二、金字塔底层企业如何应对价值创造约束

（一）生产投入约束的应对

金字塔底层企业生产的产品往往存在需求不足的情况，需求不足会让企业处于交易的被动位置，企业与消费者进行交易时议价能力较低，并且，需求不足会导致企业投入生产的要素数量不会很多，这样又会导致企业与供货商交易时议价能力也不高，企业投入生产的要素价格较高，从而导致企业给产品定高价，更加不利于需求的增加，这样会让企业陷入恶性循环的状态。因此，企业必须重视提高消费者对产品的需求，只有扩大产品需求，才能增加企业对生产要素的需求，这样企业与供货商交易时才会存在较大的议价优势，投入生产的要素价格低，企业也会相应给产品定低价，低价会吸引更多的消费者购买，增加企业的市场份额。此外，企业可以通过扩宽销售渠道占领市场，也可以通过各种促销手段提高市场份额。当然，企业不能盲目追求市场需求，如通过制定过于低廉的产品价格获取短期利润，否则企业终究会面临更大的危机。

金字塔底层企业往往会很难进入生产投入市场，由于缺乏对优质原材料的直接获取途径，企业生产的产品质量低，长此以往，消费者对企业的忠诚度不高，产品也会逐渐丧失竞争力，直至被淘汰出局。因此，企业在生产过程中，要注重对生产投入要素，也就是对原材料质量的把控。即使企业缺乏获得高品质原材料的途径，企业也应该尽可能地采取次优优质原材料作为替代。如果企业所在地缺乏该优质原材料，企业可以在可接受的成本范围内从外地购买引进。

（二）融资约束的应对

金字塔底层企业为了运营或扩大经营规模往往面临运营和投资资本不足的问题，企业一般可以通过贷款来解决。然而，虽然金字塔底层企业可以向正式信贷机构借款，但是正式信贷机构却很少发放贷款给收入不佳的企业。企业如果不能得到正式信贷机构的贷款，也可以向非正式信贷机构寻求帮助，但利率较高，企业若没有很大的把握在偿还日前赚取足够多的偿还债务的资金，最好不要向其贷款。若企业经营状况较好，企业可以从利润中抽取部分资金进行再投资。

（三）生产资源约束的应对

金字塔底层企业的技术和业务知识与发达地区企业相比较落后，落后的核心技术与知识技能会阻碍企业的发展，如果不重视培育企业的核心技术，只会让发达地区企业与金字塔底层企业之间的差距越大，最终甚至会导致企业被市场淘汰。企业可以通

过雇用高技能员工，或者说吸引更多的受过高等教育的学生加入企业。此外，企业也可以通过与高校进行项目合作，培育或改进企业的技术，掌握更多的理论知识。

生产设备的落后也会限制企业的生产率，不利于产品的改进。金字塔底层企业应该在经济可负担范围内，购买先进的生产设备，充分利用已投入生产的资源，达到最大产出。

若企业无法提供足够的存储空间，则没有办法储存足够多的库存来应对突发事件，如生产能力无法满足增加的订单量。企业不仅应该提供足够的仓储空间，还应注重提高保护产品的能力，如保护产品不被偷窃，或者说储存易坏产品时，采取冷却或其他方式来推迟产品的保质期。

相比沿海发达地区，金字塔底层往往匮乏人才，甚至存在人才流失的情况，企业的人力资源相对较落后。例如，企业员工缺乏相关行业专业知识，并且语言技能较差，这都限制了企业生产率的提高。企业可以雇用学习速度快、抽象思维能力强等综合素质较高的员工，从而提高企业高技术人才的占比，间接提高企业生产率。此外，企业可以与培训咨询机构合作，对新、老员工都进行培训，新员工通过培训可以更加了解企业，明确自己的工作职责，老员工通过培训可以提高已有的专业技能，员工的工作技能一旦提升，企业的生产水平也会有所提高。

金字塔底层互联网普及率不高，在信息时代，与互联网脱轨的企业会逐渐丧失竞争力。企业应该注重提高宽带互联网连接，即便处于落后的金字塔底层，也应尽可能多地掌握市场信息，获得更多的发展。当然，互联网的普及与政府的政策措施息息相关，企业应该游说当地政府加强对当地宽带等互联网连接的基础设施的建设。

金字塔底层有限的电力资源与水资源也会影响企业的价值创造。对于这种自然因素导致的约束，企业可以试图寻找替代品，即用其他资源代替电力资源或水资源投入生产。

第三节　金字塔底层价值获取约束

一、金字塔底层面临的价值获取约束

根据 Shafer 等（2005）对商业模式提出的核心逻辑模型可知，价值获取是商业模式的要素之一。价值获取是指企业为了使其有吸引力的价值定位产生利润，采用适当机制的过程。

价值获取包括三种要素，即收入来源、成本管理和价值创新（王昶，2010）。收入来源是指企业从何处赚取收入，包括企业获取收入的部分价值内容、目标顾客和经营手段三个方面。成本管理是指企业在生产经营过程中如何进行成本结构和控制，以最小的成本为企业创造最大的收入。价值创新是指企业如何占领新的市场空间，创造新需求，实现企业获利性增长。

由于落后的技术、生产设备和人力资源，金字塔底层企业获取收入的价值内容少，目标顾客不足，甚至由于企业生产的劣质产品，导致顾客忠诚度不高，企业逐渐丧失市场份额，此外，企业经营手段不当也会限制企业的价值获取。例如，企业为顾客设定的付款条件与规则不合理，促销策略不足等。而且金字塔底层企业管理者往往缺乏先进的管理知识，无法合理地进行企业的成本预算与控制，导致成本过高而经营利润不佳，或者企业没有最大化资金使用效果。自身能力或者地理位置也会影响金字塔底层企业的价值获取。例如，金字塔底层集中于非沿海地区，远离经济发达地区也会限制企业占领更多的市场份额。综上所述，金字塔底层面临着价值获取约束。

价值获取约束也称交易约束，与生产商获取市场、维护市场及得到安全一致的交易能力相关。金字塔底层企业面临的价值获取约束一般被划为三部分。

（1）市场准入约束。由于金字塔底层企业的生产活动在地理上分散，且远离城市中心，是否便于进入市场成为金字塔底层企业面临的一个关键问题。金字塔底层企业面临的市场准入约束主要源于七个方面，即落后的基础设施、缺乏市场预期、不能达到市场预期、缺乏对市场内企业生产的产品的认知、出口壁垒、市场质疑和企业合法性。地区基础设施的状况对本地企业发展至关重要，金字塔底层的道路、通信网络和运输系统等基础设施落后，这会增加金字塔底层企业以一个低成本的或有效率的方式将产品引入市场的困难。产品进入市场后，如果企业缺乏对市场总体需求的预期，那么企业可能会生产过剩，导致供大于求，企业不得不降价以销售更多产品。企业不仅需要对市场整体需求做出预期判断，也需要尽力达到市场预期。例如，企业如果不能达到质量要求或认证标准，那么它们很难进入非本地市场，并且可能被迫接受较低的回报。类似地，企业如果缺乏市场对企业产品的认知，也会限制企业的价值获取。例如，企业推出新产品时不了解消费者对产品设计的期望，这就会导致企业所生产的产品不匹配市场需求的情况。对于进行出口贸易的金字塔底层企业，其面临的出口壁垒会大大限制企业获取价值的能力。此外，金字塔底层企业往往会受到市场的质疑。例如，企业是否能够在其允诺的低成本的条件下，通过企业配置的生产设备和专业知识技能生产出合格的产品。即使产品被市场接受，也不一定意味着企业能被市场所认可，企业还面临着社会接受度，或企业合法性的问题。

（2）市场势力约束。市场势力是指企业控制产品价格，将价格定在高于边际成本的能力。金字塔底层企业作为势单力薄的交易参与者，对销售商品的交易过程几乎不能产生影响。金字塔底层企业缺乏与买方直接联系的能力，不能直接进入终端市场，因此企业只能通过中介进行销售，它们通常将产品卖给不受法律管辖的中介商。由于中介商的存在，减少了企业获取它们生产产品的有效价值，终端市场的需求信息透明度也降低了。此外，中介商有时会勾结和操纵本地市场从而损害企业的利益，企业由于缺乏对市场信息的掌握，或者说存在信息不对称，缺乏可实施的合同都会导致企业不能以一个公平合理的方式与中介商的交易。

（3）市场安全约束。由于金字塔底层企业不能直接进入终端市场，不能直接与买方联系，中介的介入导致企业缺乏一个能以一致的和可靠的方式销售产品的市场。由于市场不断变化导致的价格波动会对金字塔底层企业产生沉重的打击，尤其是价格在换季时大幅下降，价格的下降幅度大于需求增长的幅度，企业的经营状况变差。金字塔底层企业面临的市场选择较少，导致它们极易受到需求变化的影响，需求的大幅下降会导致企业陷入经济危机。由于没有可自由支配的资金支撑度过窘工期，加之金字塔底层企业的融资能力较弱，因此企业常常只能销售商品给中间商，受到中介商的剥削，限制企业获取价值的能力。此外，中介商的存在也会滋生政府腐败，这也会限制企业的发展。

二、金字塔底层企业如何应对价值获取约束

（一）市场准入约束的应对

相比发达地区，金字塔底层基础设施落后，不完备的交通运输体系会直接增加企业运输产品的成本，不利于企业将产品引入市场。同时，金字塔底层通信网络的覆盖往往不足，在互联网时代，行业信息的掌握程度对企业的发展至关重要，企业不仅要接收外部信息，也需要通过互联网将企业产品推销出去，让更多的消费者了解企业产品。然而，金字塔底层基础设施的建设一般依赖于政府或公众筹款，由于企业本身营运资金紧张，并且面临着较高的行业竞争压力，企业无法抽出过多的资金进行基础设施的建设，因此，企业可以联合政府和社会公众，一起致力于建设本地基础设施。此外，完善的基础设施也有利于地区经济的发展和增强居民幸福感。

企业成功将产品引入市场后，还应注重市场对同类产品的总体需求。企业不能盲目地进行产品生产，以防出现供给远超于市场需求的情况，并且企业还需考虑市场上同类产品的替代效应，综合考虑企业产品实际的市场预期。此外，企业不仅需要做出对市场需求的预期估计，还需达到市场对产品的预期，了解市场对其产品的认知。若企业生产的产品无法匹配市场对其的期望，如不符合消费者对产品外观设计或功能的期望，会导致企业产品相比行业内其他产品毫无竞争力，其结果是逐步地被市场淘汰。为了将产品成功推出市场，企业可以与本地政府合作，建立一个平台，通过平台对企业产品进行宣传，以便于产品进入市场。企业也可以通过与竞争者合作，互相取长补短，优化生产过程，从而提高生产效率和产品质量，通过共同开发市场，最终达到多方共赢的结果。因为合作的中介商会

告知企业正确的市场需求和市场对产品的认知程度，这样企业可以减少信息不对称的风险，以防做出错误的决策。而金字塔底层企业往往不能直接与买方联系，中介商的存在会影响企业的价值获取能力，因此企业应该重视与中介商的合作。

对于进行出口贸易为主的企业，企业应重视如何应对出口壁垒。企业应对出口壁垒，关键在于提高企业的综合竞争力，提高产品质量，达到出口标准，以质取胜。同时，企业可以与知名的中介商或竞争者合作，这不仅可以取长补短，互相学习，还可以通过合作共同应对出口壁垒。企业将产品销售出去后，仍应确保业务的连续性。例如，为产品提供后续的售后服务，完善的售后服务可以增加顾客的忠诚度，从而提高企业在市场上的竞争力和认可度。此外，企业还可以转变低价竞销的出口战略。例如，制定正确的价格战略，企业出口产品的价格不应过低，应尽可能地接近进口国市场的价格。出口企业应该注重优化出口产品结构，提高出口产品的技术含量和附加值，大力推动技术密集型产品的出口。企业在巩固现有国外市场的同时，应注重实施出口市场多元化战略，开拓其他市场。

金字塔底层企业由于落后的生产设备和技术，常遭受市场质疑。为了消除市场质疑，增加企业价值获取的能力，企业应加强对行业内先进技术的学习、对员工的培养，以及在企业经济能力范围内引进先进的生产设备。企业也可以与本地高校合作，通过加大对高校科研等项目的投资来研发企业需要的新技术。

除了让市场接受企业生产的产品，企业本身是否能被市场所接受对企业发展至关重要。企业要取得社会公众的信任与接受，首先要以身作则，不触犯法律和道德底线，保持一定的社会敏感度，积极回应社会需求。企业在经营过程中会和许多机构、企业等来往，因而企业也需要重视与政府、非营利性组织、科研机构、其他企业等组织机构的关系维护。

（二）市场势力约束的应对

中介商的存在，导致金字塔底层企业的市场和需求被分割，市场内部存在着激烈的竞争。企业面对激烈的市场竞争时，应避免与竞争者具有相对优势的产品竞争，企业可以着重在竞争者不具有相对优势的产品上进行生产与销售。此外，金字塔底层企业由于不能直接和买方联系，不能直接掌握市场的真实需求，交易透明度也较低，这样不利于企业的价值获取。企业可以通过与本地政府合作，创建一个交易平台，交易平台可以是现实的交易机构，也可以是网上平台，以便于企业直接与买方沟通，甚至与买方直接交易，掌握市场需求等信息，增加交易透明度，保护企业的正当权利。

（三）市场安全约束的应对

市场安全不仅对企业的发展至关重要，而且连续、稳定的市场对地区经济发展的作用也不容忽视。产品市场需求波动的周期性会导致价格的波动，价格在一定范围内的波动是正常且可接受的。但是如果价格波动幅度过大，那么会对企业造成沉重的打击。金字塔底层企业由于营运资金不足往往需要贷款支撑其度过企业的资本短缺危机，然而，若企业在经济危机时期遭遇价格异常波动，企业的收入可能远低于预期，而无法偿还债务。企业面对这种情况时，一般需要寻求政府的援助来度过危机。此外，中介商的介入也会导致市场不安全的隐患，一些中介商成为了政府部门权力的延伸体，滋生了政府的腐败，限制了中介市场的有序竞争。针对这种情况，企业可以有两种措施，一是企业可以加强与政府的关系维护，二是企业若发现存在政府腐败的情况，应及时举报，确保市场公平竞争。

第四节　本章小结

金字塔底层本地能力对企业商业模式构建具有直接影响，并且本地能力的不同维度对企业商业模式构建的影响作用也不同。金字塔底层这种劣势的本地能力，导致金字塔底层企业经营面临着多方面的约束。其中，企业主要面临的是价值链约束。金字塔底层企业面临的价值链约束可分为价值创造约束与价值获取约束，这两类约束可细分为六大约束，具体如表 3-1 所示。

表3-1　金字塔底层企业面临的价值创造约束与价值获取约束

价值创造约束			价值获取约束	
生产投入约束	1. 卖方能力的高低		市场准入约束	1. 落后的基础设施
				2. 缺乏市场预期
	2. 生产投入的价格			3. 不能达到市场预期
	3. 生产投入的数量			4. 缺乏对市场内企业生产的产品的认知
				5. 出口壁垒
	4. 进入生产投入市场的难易程度			6. 市场质疑
				7. 企业合法性
融资约束	1. 运营和投资资本不足		市场势力约束	1. 缺乏与买方直接联系的能力
				2. 不能直接进入终端市场
生产资源约束	1. 落后的技术和业务知识		市场安全约束	1. 价格波动大
	2. 落后的生产设备			
	3. 存储和保护商品的能力弱			
	4. 落后的人力资源			
	5. 宽带互联网连接覆盖率低			2. 政府腐败
	6. 电力资源不足			
	7. 水资源不足			

　　如表 3-1 所示，价值创造约束主要分为生产投入约束、融资约束和生产资源约束。其中，企业面临的生产投入约束与卖方能力的高低、生产投入的价格、生产投入的数量，以及企业进入生产投入市场的难易程度有关；企业会面临融资约束主要是因为企业的运营和投资资本不足；企业面临的生产资源约束主要是由于企业落后的技术、业务知识、生产设备和人力资源，以及企业较弱的存储和保护商品的能力等。

　　价值获取约束主要分为市场准入约束、市场势力约束和市场安全约束。其中，企业面临的市场准入约束主要与企业落后的基础设施、企业缺乏且无法达到市场预期及出口壁垒等因素有关；企业缺乏与买方直接联系的能力且不能进入终端市场，导致企业面临市场势力约束；而企业面临的市场安全约束主要与企业商品价格的波动幅度及政府腐败有关。

第四章 金字塔底层商业模式创新

2014年习近平主席访问欧洲，在布鲁日欧洲学院演讲时指出："根据世界银行的标准，中国还有2亿多人口生活在贫困线以下，这差不多相当于法国、德国、英国人口的总和。"由此可见，虽然经过几十年的改革开放中国经济取得了长足进步，但是中国的扶贫任务依旧艰巨。

一般认为，要解决金字塔底层居民的生活和发展问题，光靠政府、非政府组织（non-governmental organization，NGO）等机构的扶贫措施还远远不够。学者们认为贫困问题的关键是金字塔底层居民缺乏稳定的收入来源，而创业则是其获取稳定收入来源的重要方式之一。一方面，企业可以获取金字塔底层的廉价劳动力，以及一定规模的市场，在某些地区还可以获取当地的特色自然资源；另一方面，居民可以进入企业工作，提高收入，这样就能够从根本上改善贫困居民的生活。但开展创业活动最重要的是要弄清其运行的逻辑，即商业模式。London和Hart（2004）认为，要在金字塔底层创业，首先要对金字塔底层的消费者、生产者和企业家所面临的约束条件进行深入了解。Rivera-Santos（2010）认为，金字塔底层商业模式的特殊性是由其独特的竞争环境和制度环境造成的。

虽然现有文献已经认识到这样一个事实：当前主流的商业模式在金字塔底层是无效的，企业需要发展针对金字塔底层的新商业模式，或者对现有的模式进行创新。但如何在金字塔底层特殊环境条件下实现商业模式创新，以及金字塔底层特殊环境条件下商业模式创新存在怎样的特点等问题，现有文献还尚未深入触及。鉴于此，本章选取国家集中连片特困地区之一的武陵山国家集中连片特困地区（以下简称武陵山片区）中较有代表性的三家企业，对它们的商业模式进行多案例比较分析，以此探究在金字塔底层特殊环境条件下商业模式创新存在的特点。

第一节　金字塔底层商业模式创新理论基础

一、金字塔底层商业环境

Simanis 等（2005）认为，之所以要在金字塔底层实行不同的商业模式，是因为金字塔底层企业商业环境存在着一些比较特殊的特性。而对于企业而言，最重要的便是其经营环境，经营环境直接制约其商业模式的构建。Rivera-Santos 和 Rufín（2010）将金字塔底层的商业环境分为竞争环境和制度环境，下文将从竞争环境和制度环境两个维度来分析金字塔底层企业商业环境的特殊性。

（一）竞争环境

国际上，学者们普遍将金字塔底层定义为人均收入在 2 美元/天左右的群体。然而，Johnson（2007）提到，除了收入较低，收入的不稳定也是金字塔底层的一个重要特征，因为这些地区的人们经常存在一些偶然性收入，所以他们很难预测自己的收入，即使短期之内也是如此。同发达地区相比，金字塔底层很重要的一个特点便是地广人稀，人口在地理上比较分散。正是因为收入水平低、人口分布比较分散，政府和相关部门缺乏足够的投资资金和动机，所以金字塔底层的基础设施也往往比较落后，配套设施不太完善。另外，收入水平较低，收入不稳定，也使这些地区的市场规模较小，竞争者数量往往较少，并且竞争能力比较薄弱。不过，de Soto（2000）认为，即便如此，只要企业能够嵌入当地，同当地的势力进行结合，它们的竞争能力同样能大大增强。而后进入的企业更多的是同当地企业在"势力"方面进行竞争，而不是产品或者服务。此外，Anderson 和 Markides（2007）的研究发现，金字塔底层存在着价值链缺口，发达地区成熟的供应商、分销商、互补者及金融服务提供商在金字塔底层并不存在或者比较缺乏。

（二）制度环境

制度环境可以分为正式的制度环境和非正式的制度环境。正式的制度是指有效的法律、可执行的规范、法规或者规章，包括法律上可执行的私下协议或合同。非正式的制度是指不具备法律效应的规范（即使它们有习惯上的效应），或者指的是不遵守正式规则的活动（如逃税）。联合国贸易和发展会议在 2006 年发布的《贸易和发展报告》指出，金字塔底层疲软的制度环境不能给该地区的经济活动提供必要的支持，导致这些地区经济增长水平较低。虽然正式的制度比较疲软，但是

London 和 Hart（2004）认为，也正是如此，在金字塔底层企业对非正式制度的依赖程度反而更强。例如，在金字塔底层社区具有较强的传统连接（血缘、信仰或种族），其甚至能够在一定程度上代替正式机构，即使在正式机构与非正式机构相互冲突时也是如此，这也致使在金字塔底层存在着大量的非正式连接。在中国特殊的情境下，地方政府为了地方政府的政绩，一般都会给予进入当地的企业一些招商引资政策，或在用地方面的优惠，或是税收的减免。除了这种正式的政策性的制度支持，非正式的地方保护主义也比较常见，特别是在一些金字塔底层区域，更加普遍。

二、商业模式

商业模式的起源可以追溯到 20 世纪 90 年代，de Reuver 等（2009）认为，商业模式的产生主要是为了向组织阐释由信息和通信技术驱动创新的价值。实际上，目前学术界开始争论商业模式和战略之间的区别。一方面，战略是选择某种商业模式的一种占优策略，而企业通过这种商业模式在市场上同其他对手竞争；另一方面，商业模式是企业战略的反映，体现了企业的逻辑、运行的方式，以及为股东创造价值的方式。

有关商业模式的定义，学术界还没有一个统一的界定，对于其具体内涵的认知和理解还在不断演进。很多学者对商业模式的动态构成做出了一定的探究，其结构各不相同，但基本都可以归纳为四个维度，即价值主张、价值创造、价值传递和价值获取。价值主张指的是向客户提供有效的产品或者服务，与此同时能够给客户带来价值，也包括目标客户选择和细分及获取顾客的策略；价值创造是组织内部的一些特征，其决定了组织如何接触市场，包括核心资源、资产、流程、活动，以及创造价值主张所必要的能力；价值传递则指的是企业向客户及合作伙伴传递的一种衔接方式，包括价值网络、关键合作伙伴和渠道及客户关系策略等；价值获取指的是企业获取价值并产生利润的过程。

第二节　多案例比较分析法

本章采用多案例比较分析的方法，因为多案例比较分析能够将实证观察与现有理论紧密地联系在一起。而且，这种方法可以减少研究者的偏见，并且提高了建立有效实证理论的可能性。多案例比较分析还可以用来系统地分析一定数量的不同因子之间的复杂的因果关系，这对于金字塔底层的分析是相当重要的，因为它们的具体情况同那些发达地区的市场有着本质区别。多案例分析方法的另一个重要优势则是它可以揭示案例之间的异同，并且能够将研究结果进行拓展。

一、案例选择

在具体研究中，为了减少研究的复杂程度，我们对武陵山片区多个样本企业做了精心筛选，最后将研究重心聚焦于其中三个样本企业。这三个企业案例涵盖了农民创业、大学生创业、企业家再创业等情形，行业也没有局限在传统的农牧行业，涉及了一家工业企业，案例具有一定的多样性（表 4-1）。

表4-1　案例企业概况

企业	所属行业	在 BOP 主营业务	所属地区
湖南马尔斯电子有限公司	工业	LED 照明	湖南
永顺县谷粒瓜瓜烟叶专业合作社	农业	立体循环农业	湖南
湖南会同宝田茶业有限公司	农业	农业有机肥	湖南

二、数据收集

本章收集了一手数据和二手数据，并对其加以综合运用。一手数据主要通过造访企业，同企业的相关负责人、员工进行访谈，走访附近的居民等方式获得。二手数据的来源则主要分为以下几个部分：互联网上关于企业的相关信息，相关报刊、文献中关于案例企业的相关信息，相关行业分析数据，商学院案例，行业参考资料等，如马尔斯案例的相关信息就借鉴了田宇等（2015）编写的案例。在数据收集过程中，笔者对案例中企业的相关信息进行了反复的审查，以确保案例的完整性和真实性。

三、数据分析

Whetten（2002）认为要提炼出具有本土色彩的管理理论，有必要使用扎根理论的方式来进行相关的研究，以便能够提出具有较好的内部效度和外部效度的本土化理论。本章首先对信息进行逐级编码，整理归纳混杂的信息内容，分为企业绩效、企业商业模式、企业连接、企业 4P 等维度；其次，本章对三个案例分别进行了深入的分析，详细探究其在金字塔底层的商业模式，以及相关的商业活动；最后，本章对三个案例进行了跨案例分析，比较各案例之间的异同点，并且构建分析框架，提炼命题。

第三节 多案例的比较分析

一、案例企业简介

（一）马尔斯

湖南马尔斯电子有限公司是由几个大学生创建的主营 LED（light emitting diode，即发光二极管）灯具的企业。企业的创始人田仁斌、田仁超兄弟于 1998 年在深圳创立了深圳马尔斯有限公司，主要从事手机、平板等电子产品的组装生产，公司秉承"品质、环保、创新"的战略路线，其开发的产品在市场占据着一席之地。2010 年湘西经济开发区招商引资时，马尔斯便成了主要的招商对象。为了响应当地政府的号召，报效家乡，2010 年田氏兄弟将公司的生产线拓展到了存在市场空白的武陵山片区。最初，在湘西开发区的工厂主要生产手机，但是由于诸多条件限制，良品率一直偏低，仅有 30%，致使工厂一度亏损。经过一番市场调研之后，田氏兄弟重新进行了机会识别，准备转型生产 LED 灯具，以弥补当地市场的空白。由于武陵山片区属于旅游胜地，旅游景点较多，为了能够更好地适应市场需求，针对武陵山片区的风土人情，马尔斯对 LED 灯具进行改造，使之具备民族特色，大受市场欢迎。目前，马尔斯在政府路灯改造项目上中标，取得了巨大成功。由于创始人的敏锐嗅觉，以及相关政府部门的支持，马尔斯正步入发展快车道。

（二）谷粒瓜瓜

湘西永顺县谷粒瓜瓜烟草专业合作社成立于 2013 年，起初由兴棚村 7 位烟农发起。谷粒瓜瓜的成立得益于当地的扶贫政策，湖南省烟草专卖局工作组进驻当地之后，便着手当地的脱贫致富工作。经过一番调研之后，扶持当地成立了谷粒瓜瓜烟草专业合作社。成立之后，湖南省烟草专卖局不仅提供了资金支持，还提供了相关的培训和技术支持，并且帮助提供管理咨询等经营支持。受益于当地的自然条件，谷粒瓜瓜得以以烟草为主，兼营其他农产品。目前该企业已基本形成"烟叶为主，蔬菜种植、猕猴桃培育、山羊养殖为辅，山珍开发并重"的立体循环农业产业体系。2014 年 6 月，在湖南烟草专卖局的支持下，谷粒瓜瓜烟叶专业合作社同龙祥烟叶专业合作社实施整合，成立永顺县谷粒瓜瓜烟叶专卖合作社。谷粒瓜瓜的规模得以进一步扩大，经营效益得到了进一步的提升。

（三）宝田茶业

宝田茶业由粟泽育及一些合伙人于 2007 年在湘西创立。粟泽育于 2004 年同一些合伙人凑了一些资金，在获取了一些政府补贴并申请了一笔银行贷款之后，注册了一家企业，从事有机农业产品的种植和养殖。但是，由于技术、生产模式和环境问题，企业经营面临困境，无以为续。在对市场进行了深入的调研之后，粟泽育重新进行了机会识别，决定进行转型，结合当地的自然环境，主营茶叶种植和加工。经过几年的摸索，企业不断调整战略，如今企业经营已经步入发展的快车道。企业根据茶树的生长季节及加工工艺，将产品细分为七个等级，即独芽银针、明前茶、清明茶、谷雨茶、常用茶、秋毛尖、碎茶。在品牌建设方面，公司主打"鹰嘴界"这一有机绿茶品牌。目前，宝田茶业除了种植茶叶，同时还发展了家禽、家畜养殖业，并将家禽、家畜的粪便作为有机肥料来栽培茶树，从而实现茶叶种植的有机化，提高了茶叶的品质，同时也解决了家禽、家畜粪便处理这个难题，达到了一箭双雕的效果。

二、案例间分析

在对三个案例进行深入分析之后，本章发现了两种类型的创新模式，即利用型创新（exploitation innovation）和探索型创新（exploration innovation）。利用型创新指的是深度开发和挖掘现有的资源和能力来进行创新活动，探索型创新指的是发现和利用新的资源和能力来进行创新活动。March（1991）及国内的张利平等（2011）在他们的关于金字塔底层商业模式的分析中亦有相关的发现。在本章所研究的案例中，利用型创新主要表现为，挖掘并利用金字塔底层现有的自然资源和政策资源及能力进行创新；探索性创新主要表现为，将业务拓展到金字塔底层，发现并利用金字塔底层的资源和能力进行创新。二者的主要区别在于机会识别，前者识别的是当地的自然资源，而后者识别的是当地的市场。在本书中，宝田茶业和谷粒瓜瓜属于利用型创新，而马尔斯则属于探索型创新。

（一）竞争环境与金字塔底层的商业模式创新

通过前文的文献回顾与分析，本书发现金字塔底层的竞争环境主要体现为以下几点：消费者收入水平低、收入不稳定、分布密度小；竞争者竞争力弱、嵌入当地；价值链存在缺口，市场参与者不全；基础设施落后。

通过案例分析发现，利用型创新的企业偏向于开发针对外部市场的产品，对当地市场不太重视；而探索型创新的企业则比较注重当地市场，注重开发针对当地市场的产品，同时也在积极拓展外部市场。谷粒瓜瓜生产的烟叶多通过湖南省烟草专卖局销售或者直接流入四大烟草公司，并没有针对当地开发相应的产品。宝田茶业主打有机绿茶，定价相对较高，并且积极进行国际认证，拓展欧美等国际市场。马尔斯则在当地市场上取得了一定的成绩。例如，马尔斯承接了郴州 8 000万盏路灯改造项目、衡阳 6 000 万盏路灯改造项目；同时该企业还设计了比较具有湘西特色的照明产品，如在芙蓉镇的改造项目中设计的瓦片灯。另外，马尔斯也注重积极拓展海外市场，综合各种数据发现，目前马尔斯的产品中有 90%在湘西地区进行销售，而有 10%则销往欧洲、非洲、南美等地区。

同时，经过分析发现，无论是利用型创新还是探索型创新，企业发展的背后都有政府及相关部门的介入。谷粒瓜瓜成立的过程中，湖南省烟草专卖局无疑起了重要的作用，从前期的政策支持，到后期的资金支持都给予了谷粒瓜瓜极大的帮助。宝田茶业的创始人在创立前期管从政府出得到了一定数量的资金补贴，同时也在政府的帮助下从银行处获得了一定数量的贷款；后期政府积极支持宝田茶业进行相关国际认证，并给予一定的资金补助，帮助其发展有机农产品。马尔斯的主要消费者则是当地政府或者相关部门，其产品多用于政府的路灯改造和景区照明设备改造，而这同政府的支持密不可分。

通过以上分析，本书提出如下命题。

命题 4-1a：在金字塔底层进行利用型创新的企业倾向拓展外部市场，注重开发针对外部市场的产品。

命题 4-1b：在金字塔底层进行探索型创新的企业倾向于在满足当地市场的前提下，逐步拓展外部市场，其产品设计更注重满足当地消费者的独特需求。

命题 4-2：无论利用型创新还是探索型创新，金字塔底层的企业都在积极寻求政府部门的帮助，积极发展同政府等非市场参与者的连接。

（二）制度环境与金字塔底层的商业模式创新

基于前述文献回顾与分析，本书发现金字塔底层的制度环境主要体现在正式制度比较疲软，执法力度不够，但同时能够给当地企业提供一些用地和税收方面的优惠；非正式连接比较多，且强度较高，多存在地方保护主义几方面。

经过分析发现，不论是利用型创新的企业还是探索型创新的企业，都不仅仅将金字塔底层的居民当做消费者。其中，利用型创新的企业倾向于将金字塔底层的居民当做生产者及合作者，而探索型创新的企业更倾向于将金字塔底层的居民当做消费者和生产者。谷粒瓜瓜独特的生产合作社制度便决定了入社的烟民自动成为生产者与合作者；宝田茶业一方面雇用当地居民成为其员工，另一方面还同当地的合作社合作。例如，同当地茶农组建会同廖家茶叶专业合作社，发展了 500 余亩（1 亩 ≈ 666.7 平方米）新茶园，占其茶园总面积的七分之一。马尔斯则主要招聘当地的员工，向当地的消费者及政府部门销售其照明产品，将当地居民当做生产者和消费者。

　　此外，本书的分析还发现，无论利用型创新还是探索型创新，都注重同当地建立非正式连接，提高其在当地的合法性。谷粒瓜瓜除了先天具备合法性，还给当地的居民提供培训费用、创业基金，为当地学生提供奖学金；宝田茶业则将廖家茶叶专业合作社部分承包给当地的贫困户，帮助其提高收入水平；马尔斯一方面雇用当地占绝大多数的田姓居民，另一方面还注重当地的慈善事业，如在凤凰古城受灾时捐助一定的款项。

　　通过以上分析，本书提出如下命题。

　　命题 4-3a：在金字塔底层进行利用型创新的企业倾向于将当地居民当做生产者、合作者。

　　命题 4-3b：在金字塔底层进行探索型创新的企业倾向于将当地居民当做生产者、消费者。

　　命题 4-4：无论利用型创新还是探索型创新，金字塔底层的企业都在积极地通过雇用当地员工、进行慈善活动等方式，加强其同当地的非正式连接，提高其合法性及竞争力。

第四节　本章小结

　　本章选取了三家在武陵山片区创业成功的企业，通过多案例比较分析方法归纳出了三家企业商业模式创新方面的一些异同。

　　国内金字塔底层环境的特殊性大概可以归纳为竞争环境和制度环境两方面。竞争环境的特殊性主要体现为消费者收入水平低、收入不稳定、分布密度小；竞争者竞争力弱、嵌入当地能力差；价值链存在缺口，市场参与者不全；基础设施落后。制度环境的特殊性主要体现为正式制度比较疲软，执法力度不够，但同时能够给当地企业提供一些用地和税收方面的优惠；非正式连接比较多，且强度较高，多存在地方保护主义。

　　面对这些特殊的环境制约，本书发现，企业商业模式创新的方式可以分为两种，即利用型创新和探索型创新，而选择不同创新模式的企业其具体的商业活动具有以下几方面的异同：第一，在金字塔底层进行利用型创新的企业倾向拓展外部市场，注重开发针对外部市场的产品；而在金字塔底层进行探索型创新的企业倾向于在满足当地市场的前提下，逐步拓展外部市场，其产品设计更注重满足当地消费者的独特需求。第二，无论利用型创新还是探索型创新，金字塔底层的企业都在积极寻求政府部门的帮助，积极发展同政府等非市场参与者的连接。第三，在金字塔底层进行利用型创新的企业倾向于将当地居民当做生产者、合作者；而在金字塔底层进行探索型创新的企业倾向于将当地居民当做生产者、消费者；第四，无论利用型创新还是探索型创新，金字塔底层的企业都在积极地通过雇用当地员工、进行慈善活动等方式，加强其同当地的非正式连接，提高其合法性。

本章运用中国本土案例进行研究，对我国金字塔底层企业进行创业活动有一定的指导意义，同时也有效补充了国内现有的关于金字塔底层创业的理论研究的空缺。本章主要基于武陵山片区案例展开，具有较大的局限性，后续研究需要扩充案例的选取范围。案例的数量也比较少，后续研究可以选取数量更多的案例进行分析。此外，笔者本身能力有限，也可能导致对案例分析不够透彻，没能够深入挖掘出案例中的共性和差异。本章研究的主要是乡村金字塔底层的创业活动，而城市郊区中的金字塔底层同乡村有着很大的不同，所以后续研究可以探究二者的异同。本章是基于案例分析的定性研究，后续可考虑从定量的角度测度创业相关活动。

第五章 金字塔底层本地能力、社会嵌入与商业模式创新

　　作为全球最具活力的经济体之一，我国虽然实现了持续的经济增长，且在减贫方面取得了举世瞩目的成就，但在取得全面小康的决胜阶段仍有 7 000 多万的贫困人口需要脱贫。李克强总理在 2015 年 3 月 15 日的政府工作报告中特别强调："持续打好扶贫攻坚战，深入推进集中连片特困地区扶贫开发，实施精准扶贫、精准脱贫"。Prahalad 和 Hart（2002）认为 BOP 居民缺乏相对稳定和较高的收入是造成当地贫困的主要原因，开展扶贫工作的有效措施之一是在当地创办企业，特别是鼓励当地居民创业。对企业而言，不仅可以获取当地独特的自然资源和廉价劳动力，并能通过创造性的满足该群体的需求而创新一种革命性的商业模式，从而获取一定规模的市场，找到新的发展机会；对当地居民而言，不仅可以获取稳定的工作和收入来源，脱离贫困，而且能够通过学习新的知识和技能，开阔视野，提高生活质量，最终实现企业与居民的双赢，获得经济和社会的双重效益。这一观点不仅颠覆了传统的只有政府才有能力和动机去解决贫困问题的看法，也挑战了"成熟市场中心论"的思维模式，从商业的视角为解决社会贫困问题提供了新思路，也为金字塔底层企业创新商业模式指明了新的方向。

　　就金字塔底层的企业应如何通过商业创新在获得经济收益的同时促进当地贫困问题的解决的问题，目前已有学者对金字塔底层企业商业模式创新开展了一些研究。Rivera-Santos 等（2012）指出，同发达地区相比，金字塔底层在制度环境和竞争环境方面皆存在差异，因此企业在创新商业模式时往往会受到制度、资源等方面制约。London 等（2004）也提出，企业在金字塔底层展开经营会受当地本地能力（local capability）和社会嵌入（social embeddedness）的影响，因此企业需要获取新的资源和能力，重新考虑其资源配置方式，进行商业模式创新。进一步的，Pitta 等（2008）提出，创新适合金字塔底层的商业模式应把握三个关键要素：获取融资机会、制订合适的营销组合方案及同当地主体建立合作关系。邢小强等（2011）建议金字塔底层的商业模式创新应包含本地能力、盈利模式、关键活动、

价值网络和价值主张五个维度。张利平等（2011）的研究则重点讨论了社会嵌入（包括关系嵌入和结构嵌入）对金字塔底层商业模式创新的影响。

综上所述，已有学者认识到相较于发达地区成熟的市场环境，金字塔底层有其特殊性，对于金字塔底层新创企业而言，不应局限于对发达地区商业模式的简单模仿和机械复制，而应结合金字塔底层的特殊条件，创新适宜当地环境和企业自身的商业模式。但对于金字塔底层的独特情境是如何影响新创企业商业模式创新的；具体而言，金字塔底层本地能力和社会嵌入影响商业模式创新的机理是怎样的；新创企业又该如何利用本地能力和社会嵌入以创新适宜的商业模式的研究，目前还鲜有文献进行探索。为弥补这一研究不足，本章选取武陵山国家集中连片特困地区的 7 家典型新创企业进行多案例分析，以探索金字塔底层本地能力、社会嵌入和商业模式创新之间的内在作用机制，总结其特点与规律，以便为金字塔底层创业实践特别是新创企业的商业模式创新提供有益的参考和借鉴。

第一节　理论基础与研究框架

商业模式是企业在价值网中创造和获取价值背后潜在的核心逻辑和战略决策。目前，虽然对商业模式内涵的认识和理解还存在一定差异，但学者们对商业模式构成的认知在总体上可以归纳为四个维度，即价值主张、价值创造、价值传递和价值获取。其中，价值主张是指企业怎样向顾客传递价值，属于纲领性的维度；价值创造是指企业如何创造价值主张中所提炼出的价值，涉及企业的内部特征，包含企业创造价值所需的资源和流程等；价值传递是指企业如何向顾客传递创造的价值，它决定了企业如何接触客户；价值获取则是指企业获取利润的方式，即企业自身怎样获取价值，创造利润。价值创造和价值获取之间的关系构成商业模式的核心。本章将基于此维度划分而展开分析。

一、本地能力

Chaskis 等（2001）将本地能力定义为社区中可被利用的人力资本、组织资源和社会资本，应用这些资源和资本有利于解决社区问题，保持社区的良好状态。邢小强等（2015）将本地能力定义为 BOP 地区或市场内已经存在的有利于企业价值创造的资源与能力，包括 BOP 人群自身拥有的资源能力（物质、人力和社会资本）和外部促成环境（基础设施和制度环境）两个部分，是企业设计与发展商业模式的前提。Maskell（1998）进一步把本地能力划分为自然资源、知识技能、制度禀赋和硬件设施四个部分，其中，自然资源是指当地自然环境中存在的一些具有开发价值的、可被利用的资源。这些资源可以构成企业的独特资产，资源被利用的程度受企业能力大小的影响。知识技能是指在当地特定的环境中逐渐学习和积累的独特知识和相关技能。制度禀赋是指当地制度所带来的资本、土地、劳动力及相关商业规则、习惯、传统和习俗等。硬件设施是指当地的交通网络和公共建筑等基础设施。本书综合邢小强等（2015）和 Maskell（1998）的研究，将金字塔底层的本地能力定义为当地现有和潜在的资源、能力与相对优势，能够为当地的发展提供物质基础和便利条件，包括自然资源、知识技能、制度禀赋和硬件设施四个部分。另外，考虑金字塔底层的独特情境，本书在此做出几点特别说明：第一，就自然资源而言，金字塔底层往往具有比较丰富和独特的自然资源且尚未被充分开发。另外，金字塔底层的自然资源往往被当地政府或者一些 NGO 和企业控制，这就需要新创或新进入企业与当地的政府、NGO 和企业建立良好的合作关系。第二，在知识技能方面，金字塔底层的知识技能侧重于种植技巧、传统工艺和民间秘方等的积累，现代化的生产和管理等知识技能则相对比较缺乏。第三，在制度禀赋方面，金字塔底层往往存在大量的非正式的个人连接而缺乏正式的交易型连接，特别是那些强势的传统连接（血缘、氏族、地缘关系等），甚至能在一定程度上代替正式连接，即便二者冲突时也是如此。第四，金字塔底层的硬件设施往往比较落后和薄弱，成为制约当地经济发展的瓶颈。金字塔底层与发达地区本地能力比较分析如表 5-1 所示。

表5-1　金字塔底层与发达地区本地能力比较分析

维度	金字塔底层	发达地区
自然资源	自然资源丰富，大量资源未被开发	自然资源基本被开发完毕
知识技能	缺乏现代化的生产和管理等知识技能，但积累了一些种植技巧、传统工艺和民间秘方	传统工艺、民族民俗文化等积累较少，但具有先进的现代化生产和管理等知识技能
制度禀赋	一定用地、税费等优惠政策；劳动力成本较低；缺乏高素质人才	优惠政策较少，市场开放，竞争激烈；劳动力成本较高；丰富的高素质人才
硬件设施	基础设施落后，交通不便	基础设施完善，交通便利

综上所述，目前部分学者对本地能力的定义及维度划分做了一些研究，并指出了本地能力对于当地企业和地区经济发展的重要性，但相关研究还处在初级阶段，对于本地能力是如何具体影响当地企业商业模式创新等内在机制问题还缺乏深入探索。本书认为，本地能力是企业经营环境的重要组成部分，特别是在金字塔底层，本地能力中的制度禀赋、自然资源和知识技能等是企业从事商业活动的重要基础，能够影响企业的价值创造和价值传递等相关活动。换言之，金字塔底层本地能力通过影响企业的价值创造和价值传递等活动而影响企业商业模式创

新。本地能力较强的地区能够为企业创新商业模式提供良好的物质基础和环境支持，而本地能力较差的地区反而会制约企业相应的商业活动，不利于企业在金字塔底层创新相应商业模式。

二、社会嵌入

London 等（2010）将社会嵌入定义为企业通过理解和整合当地环境以获取竞争优势的能力，也指企业嵌入社会，一般分为结构嵌入和关系嵌入。其中，结构嵌入是指一个主体同其他主体通过分享活动以实现连接的程度；关系嵌入是指主体之间通过历史活动所衍生出的私人关系，涉及主体之间的信任和信誉、多重身份及对亲密度的感知等多个方面。依据资源依赖理论和关系理论，企业间需要开展合作以获取互补资源，特别是对于新创企业而言，往往面临资源、技术等多方面的新进入缺陷，因此如何快速地融入当地的社会网络以提高企业的组织合法性将成为新创企业进入新市场面临的首要挑战，如果不能成功嵌入当地，企业将很难维持长久生存。金字塔底层的市场环境更加复杂和难以预测，往往存在价值链缺口，即在发达地区普遍存在的供应商、分销商及金融服务提供商等价值链中的互补者在金字塔底层并不完整，因此，为了补全价值链，企业往往需要政府、NGO和社区等非传统市场参与者的加入，通过加强同这些主体之间连接的强度和频次而改善相互之间的关系，方便在必要时开展相关合作。另外，企业还应特别注重与当地居民的关系嵌入，企业不能仅将当地居民仅视为消费者，还应将他们视为生产者，与其建立风险共担、利益共享的合作伙伴关系，通过深度嵌入当地而获取信任和支持、知识和资源，创造共享价值以实现多方共赢。因此，本书推断社会嵌入是金字塔底层新创企业开展商业活动和创新商业模式的重要影响因素。换言之，金字塔底层的社会嵌入通过影响企业的价值创造和价值获取等活动而影响商业模式创新。在金字塔底层，企业社会嵌入程度越深，对其创新商业模式越有利；嵌入程度较浅，则将很难借助金字塔底层其他主体相应的资源，从而不利于其商业模式创新。

不仅如此，社会嵌入在直接作用于商业模式创新的同时，亦能调节本地能力对商业模式创新的作用。Kolk 等（2008）研究发现，企业嵌入当地后能够有效利用当地制度禀赋，如政府给予的用地、税收优惠和贷款支持等，这些均能为企业开展商业活动提供支持、创造便利，既降低了企业经营成本和风险，也为企业长远发展提供了政策保障。Tonelli 等（2013）研究发现，嵌入当地可以帮助企业获取当地的特色资源和知识技能，有助于企业形成独特的市场竞争力。另外，金字塔底层的非正式连接（如血缘、地缘和氏族关系等）普遍存在，其连接强度甚至强于正式连接，因此企业可以通过深度的社会嵌入，与当地政府和居民等主体建立非正式连接，以弥补价值链上的缺口和结构洞。一方面，社会嵌入可以帮助企业迅速获取当地其他价值链成员的认可和支持，增强企业的组织合法性；另一方面，也可以帮助企业获取当地丰富的自然资源和知识技能，促进企业商业模式创新。由此可见，企业社会嵌入可以在一定程度上正向调节本地能力和商业模式创新之间的关系，即社会嵌入越深，企业越能对本地能力进行合理利用，促进企业商业模式创新。

　　综上所述，通过对本地能力、社会嵌入和商业模式创新三者的文献回顾与逻辑推理，本书发现：本地能力是企业商业模式创新的基础和必要因素，本地能力较强的地区对企业发展较有利；社会嵌入能有效促进金字塔底层企业商业活动的开展和商业模式的创新，且嵌入程度越深，对企业越有利。特别的，社会嵌入不仅能直接影响企业商业模式创新，还能正向调节本地能力对企业商业模式创新的作用，即社会嵌入越深，企业越能有效利用本地能力创新适宜的商业模式。据此，构建本章的理论研究框架，如图 5-1 所示。

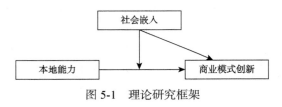

图 5-1　　理论研究框架

第二节　研究方法设计

一、研究方法

　　本章的研究问题是探索金字塔底层情景本地能力和社会嵌入对商业模式创新的影响机制，目标是为金字塔底层新创企业创新适宜的商业模式提供理论指导和实践借鉴。由于中西方经济与文化等方面的显著差异、发达地区和金字塔底层制度与竞争环境明显不同等，因此研究不能盲目照搬或者机械复制现有的西方国家或者发达地区比较成熟的相关理论，而应针对金字塔底层独特情境构建相关理论。同时，鉴于目前关于金字塔底层商业模式创新的研究还处于起步阶段，相关理论尚未完善，因此采用案例研究法较为适合。另外，相较于单一案例研究，多案例研究的结论更加可靠且具有普适性，因此本章采用多案例研究方法，选取多个典型新创企业展开交互分析与交叉验证，以便得出更具科学性和说服力的研究结论，提高研究的信效度。

二、研究样本

本书遵循理论抽样原则，从武陵山片区选取典型新创企业进行多案例分析，通过案例间的分析与比较获取更加全面的信息。具体而言，研究制定了以下案例筛选标准：①企业必须位于武陵山片区，在当地设立厂房或办公室，进行生产经营活动；②所选案例企业需具备一定的代表性，能够体现武陵山片区的行业特征；③案例企业的主营业务应具备可推广性；④案例企业成立时间为 8 年以内。此外，参照 Eisenhardt（1989）提出的案例数量以 4~8 个为宜的标准，研究最终选取了 7 个典型新创企业进行多案例比较分析。如表 5-2 所示，宝田茶业和龚康辣椒王属于典型的借助当地优势自然资源而发展起来的农业企业，绿色灵洁食品则阐释了"公司+基地+农户"这一金字塔底层常见的商业模式，这 3 家农业企业基本涵盖了金字塔底层农业企业的基本类型；马尔斯电子科技为政府招商引资的项目，主要生产 LED 照明设备，其核心技术来源于位于深圳的马尔斯科技总部，雇用当地居民进行加工生产，体现了金字塔底层工业企业以加工代工生产为主的运营模式；心手合一文化创意属于借助当地非物质文化遗产发展起来的服务业，怡亲月嫂服务中心则代表了把发达地区服务业引入金字塔底层的情形，政通教育属于在发达地区和金字塔底层均有的产业，但因其师资力量比较薄弱，需要与发达地区的企业进行合作，这种"借用"发达地区资源的情形在金字塔底层相对普遍，属于典型的从发达地区引入资源的企业，这 3 家服务企业涵盖金字塔底层服务业的基本类型，体现出了金字塔底层服务业的基本特征。

表5-2　案例企业基本信息

企业名称	所属产业	主营业务	成立时间
宝田茶业	农业	有机绿茶	2007 年
龚康辣椒王	农业	辣椒辅菜	2007 年
灵洁绿色食品	农业	农产品加工	2007 年
马尔斯电子科技	工业	LED 照明	2010 年
心手合一文化创意	服务业	非物质文化遗产商业化	2014 年
怡亲月嫂服务中心	服务业	月子护理	2012 年
政通教育	服务业	公务员考试培训	2008 年

三、数据收集

研究组的核心成员为本书的三名作者，包括一名博士生导师（具有丰富的创业管理、服务营销和供应链管理等多方面的知识背景）、一名博士研究生（具有良好的企业管理和市场营销专业背景）和一名硕士研究生（具有良好的创业管理和企业管理专业背景）。另外，还有武陵山片区当地高校商学院的两名副教授和一名讲师，辅助进行本次研究相关的资料收集、筛选和编码工作。资料收集时间从 2015年 1 月至 2015 年 6 月，历时 6 个月。研究组通过多种途径和渠道进行资料收集，主要包括一手资料和二手资料，共近 20 万字。其中，一手资料主要来自研究人员对相关企业的实地考察与深度访谈：①实地考察主要包括企业独立观察、工厂参观和旁听公司例会等；②深度访谈对象包括企业不同层级的管理人员、多个部门的普通员工和其他企业利益相关者（如顾客和合作伙伴等），每次访谈历时 1~2小时，每次访谈时必须有至少两名研究组成员参与。另外，研究人员及时整理访谈资料，特别是录音资料的文本转换工作，尽量保证于访谈当晚整理完毕，以避免遗漏重要信息。对于不清晰的信息在第二天通过电话、邮件或再次访问等方式进行追问。对于理解出现争议之处，研究组会通过开会讨论、咨询相关专家、向企业求证和寻求其他资料予以验证等方式进行处理，直至达成共识。二手资料的来源主要包括：①电视、报纸和网络等公众媒体上关于案例企业的相关新闻报道；②案例企业内部刊物、年度报告、领导人专访和自传等；③创业大赛等赛事案例，如心手合一文化创意的资料来自当地创业大赛；④高校商学院关于案例企业的案例，如某大学针对武陵山片区企业调研而撰写的系列案例；⑤中国知网数据库中关于案例企业的学术文献；⑥其他行业相关参考资料。在整个数据收集过程中，研究人员建立了完善的资料数据库，并严格贯彻三角验证法则，对不同来源和不同形式的资料进行了反复审查与认真核对，确保了材料的真实性和研究的信效度。

四、资料分析

本章具有了明确的研究主题，即探索金字塔底层情景下本地能力、社会嵌入和商业模式创新的内在逻辑关系，因此跳过开放性编码，直接进行轴心编码和选择性编码，通过对资料的深入挖掘，识别核心范畴、主范畴及副范畴之间的关系。另外，本书采用 NVIVO 10.0 软件辅助编码工作。

（一）轴心编码

轴心编码的目的在于发现范畴之间的逻辑关系，因此本书借鉴 Corbin 等（1990）的做法，遵循"条件（condition）—行为/互动（action/interaction）—结果（consequence）"的逻辑关系，最终获取 10 个主范畴及 29 个副范畴。表 5-3 轴心编码示例给出了一些研究编码的示例。图 5-2 为本地能力、社会嵌入和商业模式编码过程及结果，展示了核心范畴及主范畴等的编码过程与结果。

表5-3　轴心编码示例

核心范畴	主范畴	副范畴	编码内容
本地能力	自然资源	自然环境	我们的茶叶种植园位于雪峰山脉，那里海拔 840 多米，方圆近百公里无大气污染和地质污染，非常适合有机茶叶的种植（宝田茶业）
		种植条件	七星椒的种植对气候、土壤等条件要求非常严格，而张家界市的王家坪、沅古坪等地海拔高度适宜，土壤、光照和温度等皆适合七星椒的生长（龚康辣椒王）
		……	……
	知识技能	生产技能	当地居民大多都具有丰富的茶叶种植和采摘经验，不需要特别培训即可上岗（宝田茶业）
		产品知识	我们公司每年会定期举大春、秋两期的茶业知识培训班，并聘请湖南省茶叶研究所教授为公司技术顾问，以提高员工对制茶工艺的认识（宝田茶业）
		市场知识	公司每年都会对有机茶叶市场进行调研，并据此调整和制订我们的有机茶叶营销方案（宝田茶业）
		……	……
	制度禀赋	优惠政策	2010 年，湖南湘西经济开发区进行大规模的招商引资，抛出了一系列具有吸收力的优惠政策（马尔斯电子科技）
		政府支持	茶叶是会同县农业综合开发重点扶持项目之一，政府积极引导农民走"公司+基地+农户"的路子，把茶叶从山上引到山下，并取得了成功（宝田茶业）
		劳动力	公司选择在该地设厂的主要因素之一便是看中了这里有大量廉价的劳动力（马尔斯电子科技）
		……	……
	……		
社会嵌入	结构嵌入	主体连接	公司在政府的大力支持下形成了在金字塔底层常见的"公司+基地+农户"产业链（龚康辣椒王）
		分享活动	主动向当地农户提供技术和资金，鼓励农户组成合作社种植七星椒并定向收购，既保障了企业的原材料来源，又提高了农户的收入（龚康辣椒王）
		……	……
	关系嵌入	私人关系	我们公司员工大部分毕业于当地高校，不仅在高校具有很多校友，而且还有很多校友在政府工作（政通教育）
		信誉	公司通过各种渠道对外展示了历年来公司所获取的各种荣誉，显示了公司良好的社会信誉（灵洁绿色食品）
		……	……
商业模式	价值主张	产品	公司已经申请了"灵洁功能茶""灵洁速食香肠"等相关产品专利（灵洁绿色食品）
		……	……
	价值创造	生产要素	丘陵地貌并不适合种植粮食作物，但是可以种植茶树，且茶业品质优良，提高了企业和当地居民的收益（宝田茶业）
		……	……
	价值传递	渠道结构	企业充分借助现代信息技术，建立自己的微信公众平台，增强与消费者之间的交流与互动（心手合一文化创意）
		……	……
	价值获取	产品价值	丰富的文化沉淀不仅为企业发展提供了强有力的支持，同时也促进了湘西地区非物质文化遗产和传统手工艺的保护与传承（心手合一文化创意）
		……	……

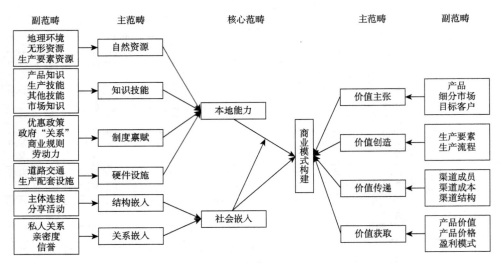

图 5-2　本地能力、社会嵌入和商业模式编码过程及结果

（二）选择性编码

选择性编码就是选择核心范畴，将其系统地与其他范畴相联系并验证它们之间的关系，目的在于精炼理论。本书对轴心编码得到的 10 个主范畴的含义结合案例进行了分析与比较。本书对各范畴的命名及分类均建立在前人成熟研究的基础之上，因此在核心范畴、主范畴的选择性编码阶段未做太多调整，以保持理论研究的延续性，也便于后续研究与之进行比较分析。主要的调整出现在副范畴的归类上，研究最初将"产品"划分为价值创造的副范畴，但是随着编码工作的开展及对 Ghezzi 等（2015）关于商业模式维度定义的反复研读，发现价值创造的核心在于对各种资源加以利用的能力，产品只是企业资源利用产生的结果，所以"产品"更加契合价值主张定义中向顾客提供产品与服务这一要点，因此，研究采用了"二次编码"技术对收集的数据及相关文献进行重新审视，最终将"产品"归属为价值主张的副范畴。

第三节　案　例　分　析

一、本地能力与商业模式创新

本部分将从金字塔底层本地能力的构成特征与利用的分析中提炼出金字塔底层本地能力与商业模式创新之间的关系。下面将参考表 5-4 展开分析。

表5-4 案例企业的自然资源、知识技能和制度禀赋示例

本地能力	自然资源	知识技能	制度禀赋
宝田茶业	位于雪峰山脉，海拔840多米，雨量充足，土层深厚且呈微酸性，全年有雾期100天以上，方圆近百公里无大气污染和地质污染，适合有机茶叶种植	悠久的茶树种植历史，积累了丰富的茶树种植经验、茶叶采摘的技巧和茶叶加工技术	政府支持发展有机农业，给予一系列的鼓励政策；大量赋闲在家的妇女和老人，为其提供了丰富的劳动力
龚康辣椒王	张家界市王家坪、沅古坪等地的气候适宜，土壤肥沃，适合七星椒的生长	1200年的七星椒种植历史，独特的七星椒加工工艺；龚安康先生的独特秘方	当地政府将七星椒产业放到"523"行动计划中统筹安排；大量赋闲在家的妇女和老人，为其提供了丰富的劳动力
灵洁绿色食品	武陵山片区独特的自然条件，适宜多种绿色无污染农作物的种植与生长	丰厚的土家饮食文化；多种产品加工的民间秘方；具有"灵洁动能茶""灵洁速食香肠"等相关产品专利	省级"万企联村共同发展"的示范项目；永定区人民政府扶贫办"1+100"增收帮扶工程；大量赋闲在家的妇女和老人，为其提供了丰富的劳动力
马尔斯电子科技	—	可借鉴深圳总部多年积累的生产技能与管理经验等	地方政府招商引资政策；湖南省启动路灯改造计划；湘西地区劳动力相对廉价
心手合一文化创意	—	湘西州拥有国家级非物质文化遗产保护名录项目24项，省级非物质文化遗产50项	国家和地方政府重视非物质文化遗产的保护与发展；具有国家级非物质文化遗产项目传承者22人
怡亲月嫂服务中心	—	企业创始人具有多年的月子护理经验；企业重视员工专业技能的培训	政府鼓励就业重点培训项目；湘西地区劳动力相对廉价
政通教育	—	企业每年从外地聘请名师前来授课；重视对当地公务员考试动态的研究	—

注："—"表示未发现相应编码信息

武陵山片区独特的自然资源为新创企业生产相关产品、从事相应商业活动提供了基础条件。例如，宝田茶叶产自湖南省怀化市会同县宝田乡，那里海拔840多米，气候凉爽宜人，雨量充足，土层深厚，pH呈微酸性，全年有雾期在100天以上，方圆近百公里无大气污染和地质污染，为茶树的种植和生长提供了得天独厚的自然条件，充分保证了宝田茶叶公司有机茶叶的供给。张家界地区的王家坪、沅古坪等地的土壤、日照、温度及海拔等自然条件非常适合七星椒的种植，从而为灵洁绿色食品和龚康辣椒王提供了优质的原材料，保障了他们的产品质量。另外，武陵山片区独特的知识技能（侧重于种植技巧、传统工艺和民间秘方等的积累）为新创企业开展商业活动提供了特殊帮助。湘西地区拥有国家级非物质文化遗产24项，省级非物质文化遗产50项，国家级非物质文化遗产项目传承者22

人，传统技艺辅以现代商业化的运作手段，既为心手合一文化创意提供了广泛的创意来源，也促进了湘西地区的非物质文化遗产的保护和传承。怡亲月嫂服务中心的创始人有多年的月子护理经验，并且非常注重对企业员工专业技能的培训。政通教育则通过与"考德上"合作，聘请资深名师进行授课，弥补了自身知识技能方面的不足。这些案例表明，自然资源（特别是当地独特环境中生长的植物或农作物品种等）和知识技能（尤其是种植技巧、传统工艺和民间秘方等）是金字塔底层企业进行商业活动的重要基础，即自然资源和知识技能通过作用于价值主张、价值创造和价值获取影响企业商业模式创新。另外，企业在进行自身价值创造和价值获取过程中也为当地带来了新价值（如提高了当地居民的生存技能、促进了当地传统文化的传承等），创造了共享价值。

在制度禀赋方面，金字塔底层的当地政府往往会为新创企业提供一系列的政策优惠和强有力的资金支持以推动当地经济的发展。例如，马尔斯科技为当地政府招商引资的项目，在建立之初当地政府便给予用地优惠、税收减免等一系列政策，为马尔斯科技提供了良好的发展环境。之后，湖南省路灯改造计划给马尔斯科技带来了新的发展契机，帮助企业获得大笔政府订单，2014 年营业收入已突破8 000 万元。宝田茶叶先后被评为"市级农业产业化龙头企业"和"全县十大农业产业化发展产业之一"；灵洁绿色食品也先后被评为"永定区人民政府扶贫办'1+100'增收帮扶工程的示范单位"、"张家界市旅游商品产业集群核心企业"和"省级'万企联村共同发展'的示范项目建设单位"。作为农业综合开发重点扶持项目之一，宝田茶叶和灵洁绿色食品的发展得到了当地政府的大力支持，如财政补贴、义务宣传和贷款优惠等，极大促进了企业的发展。由此可见，制度禀赋给马尔斯科技、宝田茶叶和灵洁绿色食品等企业的价值创造及价值获取提供了巨大支持，即制度禀赋通过作用于价值创造及价值获取从而影响商业模式创新，而企业的发展也为当地居民就业、政府税收和社区建设做出了贡献。

另外，案例分析中并没有发现硬件设施对企业从事商业活动明显的促进作用，反而会在某种程度上对企业价值创造造成阻碍。本书推断，原因可能在于硬件设施的提升主要依赖于公共工程和政府投资，而武陵山片区经济比较落后，政府财政并不宽裕，单个企业自身通常无力改变本地硬件设施这一外在环境，因此金字塔底层的硬件设施建设相对落后，影响了企业相关商业活动的开展。此外，本书也没有发现本地能力对价值传递的促进作用，这可能也与金字塔底层基础配套设施落后有关。

综上所述，金字塔底层新创企业可以通过利用本地能力影响商业模式创新，其中，自然资源和知识技能主要通过影响企业的价值主张、价值创造和价值获取影响商业模式创新，制度禀赋则主要通过影响企业的价值创造和价值获取影响企业商业模式创新。图 5-3 为在案例分析基础上总结出的本地能力对商业模式创新的作用机理图。

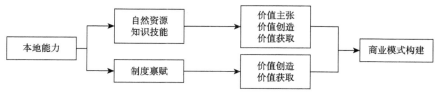

图 5-3 本地能力对商业模式创新作用机理图

二、社会嵌入与商业模式创新

本部分将从案例企业价值链成员构成及企业与各价值链成员互动中提炼出金字塔底层新创企业社会嵌入与商业模式创新之间的关系。表 5-5 列举了各案例企业的主要价值链成员。通过对企业与这些价值链成员的交互分析，研究发现企业通过社会嵌入影响商业模式创新，而且结构嵌入和关系嵌入对商业模式创新的影响呈现出不同特点。

表5-5 案例企业的主要价值链成员

企业名称	价值链成员
宝田茶业	政府、生产合作社、大专院校、科研院所、农户、分销商、消费者
龚康辣椒王	政府、科研院所、农户、分销商、消费者
灵洁绿色食品	政府、科研院所、农户、分销商、合作企业、消费者
马尔斯电子科技	政府、当地景点、大专院校、分销商、消费者
心手合一文化创意	政府、非遗传承人、非遗企业、分销商、消费者
怡亲月嫂服务中心	政府、医院、消费者
政通教育	政府、"考德上"培训、高校、学员

首先，金字塔底层的非正式连接较强而正式连接比较缺乏，而且新创企业往往规模较小，因此在某种程度上创业者的个人嵌入可以视同为企业的社会嵌入，企业创始人与其他价值链成员间的私人关系能够代替企业与其他价值链成员间的契约关系，帮助企业弥补价值链缺陷和制度空洞。例如，龚康辣椒王创始人利用与当地农户的熟人关系和亲朋邻里关系大量收购当地农户的剁椒，为企业生产提供了优质的原材料。灵洁绿色食品创始人同当地政府和银行的官员保持着良好的私人关系，企业在发展期间得到了政府一系列的优惠政策和大笔银行贷款，促进了企业的发展。田氏兄弟创办的马尔斯科技最初雇用的工人大部分为田姓，这种氏族带来的非正式连接帮助企业在创办初期很快便获得了当地居民支持，为后期发展奠定了良好基础。政通教育创始人毕业于当地大学，有很多在教育和政府部门工作的校友，具有丰富的人脉资源，为企业获取优良师资和相关公考信息提供

了便利。

其次，结构嵌入通过作用于价值创造、价值传递及价值获取，影响企业商业模式创新。结构嵌入主要体现为主体在关系网络中的位置，位置越靠近网络中心则结构嵌入越深，反之嵌入程度越浅。例如，通过编码材料分析发现，龚康辣椒王的结构嵌入程度相对较深，而政通教育的结构嵌入程度相对较浅。龚康辣椒王主要以当地农户种植的七星椒为剁椒的主要生产原料，企业掌握了整个产业链的核心——制作工艺，在与农户、政府等价值链成员构成的关系网络中处于中心位置。为了扩大生产规模，龚康辣椒王主动向当地农户提供技术和资金支持，鼓励农户组成合作社种植七星椒并定向收购，形成了在金字塔底层常见的"公司+基地+农户"产业链，不仅保障了企业优质和稳定的原材料来源，还提高了农产品的产量并保证了销路，实现了企业和农户的双赢，即龚康辣椒王同当地农户之间通过技术、资金支持、产品收购等活动，形成了良好的结构嵌入。由此可见，通过结构嵌入，龚康辣椒王同其他一些市场及非市场参与者创新了一条完整的价值链，大大方便了企业价值创造活动的展开。同时龚康辣椒王处于关系网络的核心位置，控制关系网络的能力相对较强，能够有效地通过这一由价值链成员构成的关系网络向客户传递价值，并最终对价值获取产生积极作用。反观政通教育，在整个关系网络中的话语权则相对有限，虽然同价值链成员有所交互，如"考德上"对政通教育的提供了一些师资支持，当地高校也对政通教育提供了一些研究成果，但彼此之间黏性较弱，对企业的价值创造帮助有限，可见这些较弱的结构嵌入在一定程度上束缚了政通教育的价值创造活动，进而影响企业的价值获取，对价值传递也产生了一定阻碍。

最后，关系嵌入通过作用于价值创造及价值获取，影响企业商业模式创新。关系嵌入主要体现在主体同各价值链成员的交互频次及连接强度上。例如，根据编码资料发现宝田茶业的关系嵌入程度相对较深，怡亲月嫂服务中心的关系嵌入程度则相对较浅。得益于同政府部门的非正式连接，宝田茶业承包了岩鹰坡茶厂，建立了企业最大的生产基地。另外，该企业在创业初期便在政府相关部门的帮助下获得了大笔低息贷款，为企业发展提供了良好的启动资金，在后期发展中企业又陆续顺利筹集了多笔发展资金。由此可见，宝田茶业通过关系嵌入获取了价值创造的基础——茶厂，以及价值创造的另一个重要因素——资金，极大地促进了宝田茶业的价值创造活动。不过，关系嵌入并没有增加宝田茶业在整个关系网络中的话语权，因而其关系嵌入对企业的价值传递并无多大裨益。对比怡亲月嫂服务中心不难发现，该企业除了顾客外其同其他价值链成员的交互频次相对较少，连接强度也较弱，因而其关系嵌入没有对企业的价值创造和价值获取产生多大影响。

另外，在对编码材料进行分析的过程中并没有发现社会嵌入对价值主张的作用。可能是因为社会嵌入侧重不同主体之间的交互，而价值主张是企业根据当地特征及企业使命所制定的策略，侧重企业内部及企业所处地区的影响。因而，社会嵌入同价值主张之间的交集并不明显，二者的相互作用也就比较微弱。

综上所述，社会嵌入可以通过结构嵌入和关系嵌入两种方式分别影响商业模式的不同维度，进而影响企业创新适应金字塔底层的商业模式。因此，本书提出：深度的社会嵌入能够促进新创企业在金字塔底层的商业模式创新。其中，结构嵌入主要通过影响企业的价值创造、价值传递和价值获取影响商业模式创新；关系嵌入则主要通过影响企业的价值创造和价值获取对企业商业模式创新产生作用。

图 5-4 为社会嵌入对商业模式创新作用机理图。

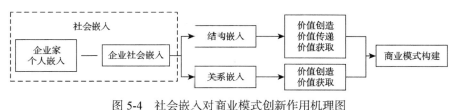

图 5-4　社会嵌入对商业模式创新作用机理图

三、社会嵌入的调节作用

前文分析表明，金字塔底层企业如果能充分利用该地区自然资源、知识技能和制度禀赋等本地能力中的优势资源，将有利于企业开展商业活动，帮助企业创新独特的商业模式。同时，金字塔底层企业良好的社会嵌入也可以帮助企业有效弥补价值链的缺陷并与其他价值链主体实现共赢，促进企业商业模式的创新。本书还发现：社会嵌入除了可以直接影响企业商业模式创新，还能正向调节企业本地能力对商业模式创新的影响，即企业的社会嵌入性越好，本地能力越能够有效地影响企业商业模式创新。下文将从结构嵌入和关系嵌入两个维度分别探讨这两种嵌入方式的调节作用，并通过案例企业分析予以佐证。

一方面，结构嵌入通过非正式连接调节自然资源和知识技能对商业模式中价值主张、价值创造和价值获取的作用。以心手合一文化创意和马尔斯电子科技为例，心手合一文化创意创始人谢慧是非物质文化遗产湘西渔鼓传承人的外孙女，她通过外公结识湘西地区其他非遗传人并创办了非物质文化遗产文化沙龙，邀请湘西地区的其他非遗传人加入并进行良好的交流。此外，谢慧还同芒果 V 基金进行合作，创立芒果 V 基金—凤凰慧子爱心公益基金，致力于湘西地区非物质文化遗产和传统手工艺的保护与传承。这一系列活动让谢慧与其他非遗传人建立良好的非正式链接，也增强了谢慧在整个价值链中的地位。从整个关系网络的角度来看，心手合一文化创意基本处于核心位置，结构嵌入程度较深。在得到价值链相关成员认可后，心手合一文化创意结合现代商业运营管理手段，促进企业更好地利用当地的自然资源与知识技能，进而影响企业的价值主张、价值创造和价值获取，最终帮助企业创新了适宜当地的独特商业模式。在马尔斯科技的案例中，虽然该地区的自然资源和知识技能对企业生产的影响并不明显，但依旧能为企业生产提供便利条件，如当地科研院所进行关于 LED 的相关研究，不过在对马尔斯科技案例进行深入分析后发现其并没有能够有效利用这些资源。总体来说，马尔斯科技虽然同价值链中各成员有所交互，但由于离整个关系网络的中心较远，其对价值链的掌控能力相对较弱，结构嵌入程度较浅。

另一方面，关系嵌入通过非正式连接调节制度禀赋对价值创造和价值获取的作用。以灵洁绿色食品和怡亲月嫂服务中心为例，灵洁绿色食品创始人李勇荣获"影响湖南食品行业十大人物"、"湖南省非公有制经济创业标兵"和"张家界首届十佳 CEO"等荣誉称号，企业也被确定为张家界市永定区人民政府扶贫办"1+100"增收帮扶工程示范单位和省级"万企联村共同发展"示范项目建设单位，增加了李勇及其企业与当地政府相关部门之间交互的频率，即强化了双方的非正式连接，帮助灵洁绿色食品很好地利用了当地的制度禀赋，在相关部门的支持下先后从当地银行获得 400 万元、500 万元等额度的企业贷款，为企业的快速发展提供了资金保障，帮助灵洁绿色食品先后研发了辣椒系列、坛子菜、腊味系列等广受市场好评的产品，极大地提升了企业营业额和市场信誉。另外，企业吸收了大量赋闲在家的妇女参与劳动，不仅提高了她们的家庭收入，也提高了妇女在社会中的地位，实现了多赢。反观怡亲月嫂服务中心同各关系网络成员的交互，本书发现除了消费者外怡亲月嫂同其他关系网络成员之间的交互频率相对较低，即关系嵌入程度较低。虽然怡亲月嫂在一定程度上借助了当地政府的就业培训项目，但是这些培训项目对怡亲月嫂的帮助比较微弱，即怡亲月嫂对当地制度禀赋的利用不够充分，没能完全发掘制度禀赋所能给企业带来的利益。通过对灵洁绿色食品和怡亲月嫂服务中心的关系嵌入及成长过程分析发现，较深的关系嵌入能够通过非正式连接更好地帮助企业利用当地制度禀赋进行价值创造和价值获取，进而影响企业的商业模式创新。

综上所述，社会嵌入通过结构嵌入和关系嵌入两种方式作用于企业的本地能力利用与商业模式创新过程，这种调节作用主要基于企业和当地政府或者其他主体之间的非正式连接。虽然两种嵌入方式的作用机制略有不同，但案例探究的结论表明嵌入结果并没有质的差别。实践中，有的企业采用一种嵌入方式，有的企业则同时采用两种嵌入方式，具体采用何种方式则与企业性质、自身能力及产品特性密切相关。图 5-5 为在案例分析基础上得到的企业社会嵌入调节作用机理图。

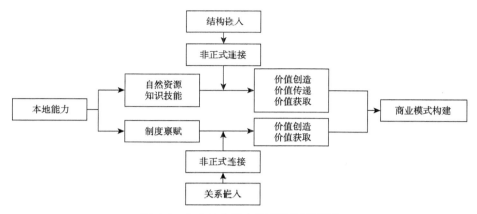

图 5-5　企业社会嵌入调节作用机理图

第四节　本 章 小 结

为了探究金字塔底层本地能力、社会嵌入及商业模式创新之间的逻辑关系，本书选取了武陵山片区 7 家典型新创企业进行深入分析，得出以下主要结论。

（1）金字塔底层的本地能力对企业商业模式创新具有直接影响，而且本地能力的不同维度对新创企业商业模式创新的作用机理存在差异。其中，自然资源和知识技能主要通过影响企业的价值主张、价值创造和价值获取而影响商业模式创新；制度禀赋则主要通过影响企业的价值创造和价值获取进而影响企业商业模式创新；硬件设施在新创企业商业模式创新中没有起到明显的促进作用，原因可能在于单个企业自身无力改变本地硬件设施这一外在环境。不仅如此，本书还发现金字塔底层本地能力对价值传递的促进作用并不明显，这可能也与金字塔底层相对落后的基础配套设施有关。总体来说，本地能力是金字塔底层企业创新商业模式必不可少的要素，充分利用本地能力中的优势资源有利于企业开展相关商业活动。

（2）金字塔底层的社会嵌入能够直接影响企业的商业模式创新，而且社会嵌入的不同维度对企业商业模式创新的作用机理存在差异。其中，结构嵌入主要影响新创企业的价值创造、价值传递和价值获取方面；关系嵌入则主要通过影响企业的价值创造和价值获取，从而对新创企业商业模式创新产生影响。另外，本书没有发现社会嵌入对价值主张的影响。总体来说，良好的社会嵌入有利于促进金字塔底层企业的商业模式创新。

（3）社会嵌入除了可以直接影响新创企业商业模式创新，还能在本地能力利用与商业模式创新之间发挥正向调节作用，而且这种调节作用主要基于企业与当地政府和其他主体之间的非正式连接发挥作用。其中，结构嵌入通过非正式连接调节自然资源和知识技能对商业模式中价值主张、价值创造和价值获取的作用；关系嵌入通过非正式连接调节制度禀赋对价值创造和价值获取的作用。总体来说，企业的结构嵌入越深，企业越能更好地利用本地能力中的优势资源对商业模式创新产生积极影响。

　　综上所述，研究得出金字塔底层情景下本地能力、社会嵌入与企业商业模式创新的交互作用机理图，如图 5-6 所示。

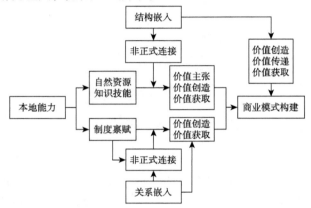

图 5-6　金字塔底层情景下本地能力、社会嵌入与企业商业模式创新的交互作用机理图

　　基于上述研究结论，得到以下两点实践启示。

　　（1）金字塔底层本地能力中的不同维度对企业商业模式创新具有不同作用，这启示企业应扬长避短借助本地能力，促进商业模式创新。面对金字塔底层的基础设施不足和正式制度缺失等发展劣势，企业应积极进行商业模式创新，创造性地开发与利用当地的优势资源，特别是当地独有的特殊资源，对闲置的和被低效利用的资源（如未开发的自然资源和被忽视的传统文化遗产等）及当地居民特有的知识技能（如民族工艺和饮食秘方等）进行充分挖掘，然后借助现代化的经营理念和管理方式予以开发和利用，帮助企业打造特色产品和服务，最终形成独特的市场竞争力。同时，还要积极借力当地政府所发挥的经济杠杆作用，为企业的创立和发展争取更多的便利条件与优惠政策，"凭借东风好扬帆"，促进企业的快速成长和发展。

　　（2）金字塔底层社会嵌入的不同维度通过不同途径对企业商业模式创新产生影响，而且这种调节作用主要基于企业与当地政府及其他主体之间的非正式连接发挥作用。这启示企业应注重对当地的社会嵌入，并特别关注与当地价值链主体的非正式连接。非正式连接在金字塔底层有巨大影响力，因此企业应充分利用当地的血缘、亲缘和氏族关系等，特别是注重加强与当地政府和居民的非正式连接，形成良好的社会嵌入，从而弥补当地市场缺失的价值链和制度空洞，帮助企业最大限度地降低不完善的市场机制对企业发展造成的束缚，快速提高新创企业的组织合法性。其中，企业又应特别注重加强与当地居民的非正式连接，甚至是将他们直接纳入企业的生产体系。一方面，可以获取他们廉价的劳动力与独特的生产技能（如民间秘方和种植技巧等），为企业发展提供特殊资源与能力；另一方面，解决了当地居民的就业问题，提高了他们的收入与生存能力，改善了他们的生活品质，最终实现双赢，为企业和地区经济的长远发展提供持续动力。

第六章 金字塔底层包容性
商业模式构建

古典经济学家们认为经济发展是扶贫的主要动力，其涓滴效应（trickle down economics）通过对金字塔底层的渗透，可以最终达到扶贫的目的（Dollar and Kraay，2002）。经济发展带动了的消费和就业，能够有效避免由中央政府直接投入所导致的"梅佐乔诺"陷阱（Mezzogiorno trap）。然而，诸多学者关于经济增长的实证研究成果发现，并不是所有的经济增长均能够达到扶贫的目的，广大劳动者只能从持续增长的经济中获益，只有当劳动者的收入占据经济增长的较大部分时，才能达到广泛扶贫的效果（于敏和王小林，2012）。Bourguignon（2003）及 Kakwani 和 Hyun（2004）等众多学者均对经济增长的扶贫效果展开了研究，亚洲开发银行结合这些学者的研究提出，造成收入不平等的一个重要原因是机会不平等。据此，亚洲开发银行于 2007 年提出了包容性增长的战略，强调在经济发展的过程中应降低或减少由各种环境差异所造成的机会不平等（Ali and Zhuang，2007）。

George 等（2012）系统化地阐述了在战略、营销和创业领域潜在的与包容性增长有关的方向。向德平（2011）从包容性增长的视角梳理了我国扶贫政策的变迁，并对未来的政策变化提供了方向。Hall 等（2012）研究政府政策如何引导企业实行包容性增长战略。赵武等（2014）相对宏观地分析了包容性增长的演进，以及其发展机理，并探究了包容性增长的路径选择问题。田宇等（2016）用案例研究的方式探究了包容性商业模式构建机制。然而，目前国内外关于包容性增长的研究都处于宏观层次，缺乏基于微观层次的研究，没有探究在金字塔底层市场中企业应如何实现包容性增长，即企业应采用怎样的商业模式以实现包容性增长，或者在金字塔底层市场中应如何构建包容性商业模式。为了解决上述问题，本章通过定性访谈等多种方式收集了武陵山国家集中连片特困地区商业模式中体现出包容性的企业，分析案例企业在政府市场和消费者市场中的各种行为，并探究这些行为背后的逻辑及其同包容性商业模式之间的关系。

第一节　文 献 回 顾

一、金字塔底层市场特征

由于交通及信息流通等问题，金字塔底层市场的消费者并未在很大程度上享受到经济全球化、供应链全球化所带来的便利（Kistruck et al.，2013）。此外，由于竞争者较少，金字塔底层市场一般都带有一定的寡头性质，因此消费者往往需要为消费品付出一定的溢价（Prahalad and Hart，2002）。Webb 等（2010）认为，金字塔底层市场同发达市场的差异主要体现在五个方面，即资本市场、劳动力市场、基础设施、契约精神和执法力度、财产权。其具体差异如表 6-1 所示。

表6-1　金字塔底层市场同发达市场差异

项目	发达市场	金字塔底层市场
资本市场	有丰富的、公平的、比较完善的资本市场，包括银行、风险投资、天使投资等	缺乏资本市场，仅有少数大型企业能够享受到正规融资服务，而中小型企业只能够寻求民间资本的帮助
劳动力市场	劳动力一般受过良好教育、技术水平较高，企业有丰富的媒介能够寻找到合适的人才	劳动力受教育程度较低、缺乏专业技术，企业在寻找合适人才方面也存在困难
基础设施	便捷的交通运输系统、通信系统，基础设施完善	铁路、公路运输系统不完善，基础设施较匮乏
契约精神和执法力度	契约精神较强，执法力度较强、执法效率高	缺乏契约精神，执法力度较弱，执法效率低下，执法成本较高，更多依赖非正式连接
财产权	个人财产权能够得到充分保障	存在吠犬效应（barking dogs effect），即财产权名义上存在，但是当个人财产权被破坏时能得到的保护有限

不仅如此，金字塔底层市场内部也存在差异性。不仅存在政府市场和消费者市场，还存在一些企业仅仅利用资源生产产品，而将产品销往外地的外部市场。因此，对于企业而言，存在政府市场、消费者市场和外部市场三种市场类型。因而，企业需要根据金字塔底层市场的特性对产品（product）、价格（price）、渠道（place）和促销方案（promotion）等 4P 做出适应性的调整。在 4P 中，产品、价格和促销方案的调整相对简单，消费者地理分布的分散性、文化的异质性、对外来者的不信任等特点给营销渠道的适应性调整带来了较大的挑战（Kistruck and Beamish，2010）。在面临渠道挑战时，企业的通行做法是寻求已经嵌入当地的合作伙伴，借助他们推广企业的产品或者服务（Smith and Stevens，2010）。但由于普遍缺乏正式连接（即契约精神），因此企业很难通过正式连接控制这些合作伙伴（de Soto，2000）。正式制度的缺失使得企业很难控制渠道，增加了企业维持渠道

的成本，也因为如此，企业往往会采用特许经营、寄售（consignment）等多种方式结合的多元模式拓展在金字塔底层的业务（Kistruck et al.，2013），这样既保障了企业产品或服务的拓展，又不至于失去对渠道的控制。

二、包容性商业模式

包容性增长旨在解决经济增长过程中的机会不均等问题（Ali and Zhuang，2007），其最终目的是通过均等的发展机会达到财富均衡增长。包容性商业模式（inclusive business model）是指企业在发展自身获取经济效益的同时兼顾企业所在地区的社会效益（Kistruck and Beamish，2010），是能够实现包容性增长的商业模式。其探究企业应采用何种商业模式才能够实现包容性增长，达到经济效益和社会效益双丰收的局面。

价值链存在缺口，不够完整，缺少一些能够提供配套服务的企业（Anderson and Markides，2007），包容性商业模式强调企业价值链的包容性，主张企业以一种具有包容性的价值链向消费者、居民传递价值（Halme et al.，2012），企业与低收入群体开展合作，一起构建完整的价值链，从而实现共赢，不仅企业获取了经济利益，低收入群体也能从合作中获取效益，增加收入。

Michelini 和 Fiorentino（2012）认为包容性商业模式实质是企业在同当地消费者、居民一起创造共享价值（creating shared value），即在企业发展的同时致力于经营地社会状况的改善。Porter 和 Kramer（2011）提出了创造共享价值的三条路径，即重新定义市场和产品、重新构建价值链、促进产业群发展。因此，企业亦可以通过这三种方式来构建包容性商业模式。重新定义市场和产品是指企业在对市场进行重新思考分析之后，对企业的市场战略等进行重新规划，以适应金字塔底层的独特情况。同时针对金字塔底的情景重新设计产品，对产品定位、包装、价格、渠道等方面进行重新规划，以便能够在企业获取经济利益的同时，通过这些产品充分满足消费者的需求，降低当地消费者的消费成本。此外，企业对价值链进行重新规划，充分考虑消费者、居民或者其他实体参与企业价值链的可能性，尽量将这些实体囊括到企业的价值链中。企业应转变思想，不能将居民仅仅看做消费者，这些人也可能是价值创造者，甚至可能是企业的合作伙伴，应根据这些居民的特性重新构建价值链，为这些个体、群体参与市场活动提供机会（Hall et al.，2012）。最后，如果企业能够充分利用未被开发的资源，同时带动当地产业集群的发展，不仅能够激活这些未被利用的资源为企业创造价值，亦能够为当地居民带来收入，更重要的是如果企业能够通过这些资源促进当地产业集群的发展，引导当地居民创业，不仅能够解决企业的供应链问题，还能够增加当地居民的收入来源，从而使企业的发展具有包容性。

第二节　不同市场中包容性商业模式的构建

一、研究方法

本章的目的是探究金字塔底层不同市场（政府市场、消费者市场和外部市场）中包容性商业模式的构建机制，目前现有文献很难支撑该研究的开展，该研究尚属早期阶段。而案例研究能够在对案例信息进行深入描述和系统理解的基础之上，获得一系列较全面、整体的观点（Gummesson，1999），且使用多个案例不仅能够使分析得出的结论更具普适性，还有利于构建理论（Yin，2013），因此本章采用多案例研究的方法探究相关理论构建。

二、案例选择

案例研究既涉及所选案例企业本身，同时与案例企业所处环境也不无关系，因此，若采用传统的统计抽样方法则会产生大量的变量，增加研究的复杂程度。所以本章借鉴 Yin（2011）提出的"探索性逻辑"思想，即关注案例企业的特殊性，而不是一般性，选取具备特殊性的企业作为研究案例。根据这一逻辑，研究团队制定了以下的案例筛选标准：①案例企业基本符合包容性商业模式，即企业发展过程中不仅关注自身的发展，亦能够在一定程度上带动所处地区的发展；②案例企业经营的业务具备可推广性；③案例企业具备当地相关企业的基本特征，具有代表性。根据以上筛选标准，研究团队最后选取了 6 家企业进行案例研究。各案例企业的基本信息如表 6-2 所示。

表6-2　案例企业的基本信息

企业	所属行业	主营业务	成立时间
灵洁绿色食品	农业	特色农产品加工	2007 年
宝田茶业	农业	有机绿茶种植加工	2007 年
政通教育	服务业	考试培训	2008 年
马尔斯科技	工业	LED 照明设备生产	2010 年
初九网络	服务业	互联网系统开发	2011 年
心手合一	服务业	非物质文化遗产商业化	2014 年

三、数据收集

为了保证本章能够获取相对准确的信息，并推演出信度、效度更高的研究结论，研究人员从多个来源收集与案例企业相关的一手及二手资料，以便进行三角验证（Yin，2013）。

一手资料主要通过实地考察案例企业和同案例企业相关人员进行半结构化的访谈所得。研究团队分成 3 个小组，分别造访了表 6-3 所示的案例企业，通过实地考察记录了一些一手资料；同时依据提前准备的访谈大纲同案例企业创始人、管理者等相关人员，甚至一些利益相关者展开了半结构化访谈，获取了部分一手资料。相关访谈持续 30~150 分钟，所有访谈资料均在访谈结束后 24 小时之内进行转录，转化为文字资料，以保证资料的及时性和准确性。表 6-3 展示了研究中部分案例企业的一手资料来源。研究人员在整理资料时对每位受访人员进行编号，按照表 6-3 的顺序，依次编为：LJLSSP01~06，BTCY01~05，GKLJW01~06，ZTJY01~03，MESKJ01~06，CJWL01~03，XSHY01~03。

表6-3　案例企业的一手资料来源（部分）

企业	一手资料来源
灵洁绿色食品	赴"灵洁绿色食品"实地考察 1 天，访谈企业创始人李总 2 小时，访谈企业员工 2 人次，七星椒种植户 3 人次
宝田茶业	赴"宝田茶业"实地考察 1 天，访谈企业创始人栗总 2 小时，访谈企业管理人员 1 人次，员工 3 人次
政通教育	赴"政通教育"实地考察 1 天，访谈企业创始人贾总 2 小时，访谈企业员工 2 人次
马尔斯科技	赴"马尔斯科技"实地考察 1 天，访谈企业董事长田总 2.5 小时，访谈企业管理人员 2 人次，企业员工 3 人次
初九网络	赴"初九网络"实地考察 1 天，访谈企业创始人李总 2 小时，访谈企业员工 2 人次
心手合一	赴"心手合一"实地考察 1 天，访谈企业创始人谢总 1 小时，访谈同心手合一合作的非遗传人 2 人次

二手资料的来源则相对广泛，具体包括以下几种途径：①案例企业宣传资料，包括企业对内及对外的宣传资料；②当地纸质及电子媒体关于案例企业的相关报道，如当地媒体对宝田茶业进行的报道；③互联网中关于案例企业的资料，包括企业官方网站的信息和其他相关网站中关于企业的信息，如心手合一同芒果 V 基金合作的相关信息来自相应网站；④商学院关于案例企业的资料，如马尔斯科技的信息借鉴了某商学院编写的案例；⑤学术数据库中相关文献关于案例企业的信息；⑥创业大赛中案例企业的资料，如心手合一的资料借鉴了当地青年创业大赛相关内容。

研究团队的成员对收集到的一手和二手资料进行逐条审核，确保资料的真实性，并及时进行整理。整理后，一手及二手资料文本字数总计约 25 万字。

四、数据分析

标准的编码过程分为开放式编码、轴心编码和选择式编码三种方式，本章编码过程严格按照这三步进行。

（一）开放编码

开放式编码是从整理出的初始数据中挑选出具有代表性的核心数据的过程（陈晓萍等，2012），目的是精炼原始数据，用一个概念或者关键词代替所需要表达的信息。

通过对所收集案例企业原始信息的提炼及概念化，研究人员整理出人力资源整合、价值创造、资本市场等 201 个初始范畴。在对这些初始范畴进行进一步比较，并梳理逻辑关系之后，最后归纳出 92 个初始范畴。表 6-4 展示了研究人员的部分开放式编码工作。

表6-4　开放式编码示例（部分）

初始范畴	典型引例
人力资源整合	人才当然是很难找了，我们公司的人才主要来自两方面，一是来自我多年从业所带来的人脉，我通过这一途径招揽了大部分人才；二是到当地的高校或者企业中招聘。招到这些人才后我会对这些人才进行相关的整合、培训，并安排合适的岗位（心手合一）
企业绩效	我们现在的营业额有几千万元，而净利润也接近千万元（马尔斯科技）
政府市场	我们的业务很大一块就是帮助政府部门提供政务系统的开发和维护，包括市政府、商务局等的网站和系统，都是我们帮它们进行开发和维护的，当然还有最近的精准扶贫系统也是我们牵头的（初九网络）
基础设施	本来想走铁路运输的，这样我们的原材料供应会比较及时，但我们后来发现这边铁路系统并不发达，所以改为公路运输，公路这边又没有直达的一些高速，走高速需要各种绕道，很多时候走一般的公路都比高速公路要快，这都是没办法的（马尔斯科技）
契约精神	这边的执法成本太高了，很多时候签了合同，或者一些具备法律效应的条款，对方照样不遵守，很多时候也是没有办法。我们这个地方，人们的契约精神太差，法律很多时候没用，需要中间人讲话才能起一定作用（政通教育）

（二）轴心编码

轴心编码以核心范畴为轴心进行展开，主要目的是精炼并界定核心范畴、主范畴及副范畴，并确定归属关系。研究人员需要统筹考虑各个核心范畴之间的相互作用（陈晓萍等，2012）。在该部分，研究人员主要使用一些在相关文献中存在的专业术语，并没有构建新的概念。在编码过程中由 2 名研究人员同时对同一信息进行编码，如果 2 名研究人员对某一信息的编码不能达成一致，为了保证研究的效度，将会删除这一编码信息。

对所有资料进行编码之后，最终得到 3 个主范畴，以及 16 个副范畴，轴心编码结果如表 6-5 所示。

表6-5 轴心编码结果

主范畴	副范畴
商业模式	人力资源整合、自然资源整合、竞争优势、价值创造、企业绩效、创新、技术
市场	政府市场、消费者市场、外部市场
特性	资本市场、劳动力市场、基础设施、契约精神、执法力度、财产权

（三）选择式编码

选择式编码工作一般在轴心编码之后展开，主要目的是在核心范畴确定后，系统地分析为什么主范畴及副范畴同对应的核心范畴相关，通过分析过程，整合并精炼理论（陈晓萍等，2012）。结合前人研究成果及研究团队收集到的案例数据，研究人员对轴心编码得出的主范畴、副范畴的内涵，归属关系进行深入讨论，但因为轴心编码除了主范畴，均为前人成熟的研究成果，因此在这一阶段的编码过程中并未对前一阶段编码结果进行调整。

第三节 不同市场类型中企业包容性商业提成的构建

按照上一节的研究框架，本节将金字塔底层市场分为政府市场、消费者市场和外部市场。结合案例企业的编码信息和各市场的特性，研究发现，在不同市场类型中企业构建包容性商业模式的方式不尽相同。田宇等（2016）研究发现存在探索型创新（exploration innovation）和利用型创新（exploitation innovation）两种创新方式，其中探索型创新企业主要服务消费者，其产品目的是服务金字塔底层的消费者，而利用型创新企业只是利用金字塔底层的资源服务外部市场。本节亦有相同的发现。

一、政府市场

政府市场在经济增长中起到了较大的推动作用，特别是在过去的十几年中，政府进行了大量的基础建设工程，对经济增长起到了较大的拉动作用，这种效应在消费者购买力不足的金字塔底层显得更为明显。而随着政府信息化等各项工程的逐步推进，政府项目不再局限于基础建设方面，在政府信息化建设、采购等各方面均存在一定的规模。

在所选案例企业中，初九网络和马尔斯科技的成长主要依赖于政府市场，初九网络最初帮助政府部门开发云考勤系统，后来随着政府信息化的推进，承揽了政府精准扶贫系统开发工程，并取得了不菲的收入。马尔斯科技从手机制造转型为 LED 路灯制造也得益于政府路灯改造项目的推广，而今马尔斯科技则主要依靠 LED 路灯业务在湘西地区攻城拔寨，中标了多地的路灯改造工程。结合初九网络和马尔斯科技的编码信息，研究发现在金字塔底层的政府市场中，主要通过促进产业群发展的方式构建包容性商业模式（图 6-1）。

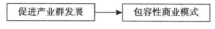

图 6-1　政府市场包容性商业模式构建

初九网络的成立始于当地的青年创业大赛，其创始人在大赛上阐述其云考勤的初步想法之后，受当地政府部门的委托将这一想法实施，形成初步的云考勤系统，随着产品的发展，产品已经至臻完善。初九网络创始人多次向当地政府表达帮助建设信息化政府后，当地政府向当地中小互联网公司全面打开大门，在相同条件下，政府信息化建设优先本地互联网企业。由此，在政府网站、办公系统等市场催生了一批小规模的互联网企业。

马尔斯科技是当地政府招商引资重点项目，最初在湘西地区主营手机的生产制造。随着湖南省建设两型社会的开展，政府路灯改造项目上马，马尔斯科技开始转型 LED 路灯生产制造，并迅速引进先进技术，取得了先发优势，占领了一定的政府市场。也正是政府的路灯改造工程，在湖南地区催生了一些 LED 路灯的生产厂商，并形成了一定的产业规模。

结合初九网络和马尔斯科技案例信息发现，政府市场促进产业群发展时也存在一些差异。其主要包括两条路径：促进产业由小变大，促进产业从无到有。初九网路属于产业由小变大的路径，而马尔斯科技则属于产业从无到有的形式，这两种方式均属于政府市场促进当地产业群发展，有效带动当地经济持续发展，形成良性互动，构建包容性商业模式（图 6-2）。

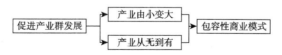

图 6-2　政府市场包容性商业模式构建具体路径

二、消费者市场

探索性创新企业主要服务消费者。其产品目的是服务金字塔底层的消费者，这些企业倾向于在满足金字塔底层消费者需求的前提下再开发外部市场（田宇和卢芬芬，2016）。本文案例企业中政通教育属于注重本地消费者开发的企业，在构建包容性商业模式方面，企业主要通过重新定义产品构建包容性商业模式（图6-3）。

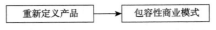

图 6-3　消费者市场包容性商业模式构建

政通教育主营各种培训课程，以公务员考试培训为主。一般而言，培训师资较匮乏，大部分企业都用较廉价的师资来哄骗消费者，以节约成本。政通教育打破了这一恶性循环，与"考德上"合作，聘请他们的优秀师资前往吉首讲课，有效提高了教学质量，同时坚持小班教学，有效保障了学习效果。正是政通教育这种市场"搅局者"的出现，对市场重新定位，有效摆正了市场位置。正是政通教育的带头作用，有效促进了当地教育培训市场的良性发展构建了包容性商业模式（图6-4）。

重新定义产品 → 市场重新定位 → 包容性商业模式

图 6-4　消费者市场包容性商业模式具体构建路径

三、外部市场

利用型创新企业将消费者不仅当做消费者，而更多是看做生产者及合作者，他们倾向于通过利用金字塔底层的资源开发外部市场，在产品开发方面更加愿意保留金字塔底层的特色进而开发设计针对发达地区消费者的产品（田宇等，2016）。

案例企业中心手合一、宝田茶业、灵洁绿色食品便是利用型创新企业，它们的产品定位均为外部消费者，但同时又依赖于金字塔底层的相应资源。心手合一有两款主打产品：英妹子·手工茶和基于凤凰扎染技术生产的具有民族风的服装，而这两款产品都是以湘西非物质文化遗产为基础，在这些非物质文化基础之上进行重新包装、概念重塑，进而开发出对应的产品的，这些产品主要依托长三角等地的渠道，销往发达地区。宝田茶业的茶叶主打有机茶概念，已获得多项国际认证，产品主要在国内发达地区销售，并在逐步开发国外市场。灵洁绿色食品产品品类较多，包括腊肠系列、酸菜系列、猕猴桃系列，其产品多以精细加工农产品为主，主要销往周边发达地区。在构建包容性商业模式方面，案例企业中存在重构价值链和促进产业群发展两种方式（图6-5）。

图 6-5　外部市场包容性商业模式构建

在具体的构建方式上，企业还存在一定的差异。具体而言，在三家案例企业中，心手合一属于以促进产业群发展的方式构建包容性商业模式，而宝田茶业和灵洁绿色食品则同时以重构价值链和促进产业群发展的方式构建包容性商业模式。

心手合一、宝田茶业和灵洁绿色食品在发展时均促进了当地某一产业群的发展。心手合一的出现，带动了当地非物质文化遗产商业化的小高潮，更多的人投入到了非物质文化遗产的保护工作。湘西地区拥有国家级非物质文化遗产保护名录项目24项，同时有国家级传承人22人，为非物质文化遗产的商业化提供了丰富的素材。心手合一带动的非物质文化遗产商业化浪潮激活了非物质文化遗产，带动了非物质文化遗产的保护工作，同时亦能够通过商业化带动当地产业发展，促进更多的人参与到非物质文化遗产的相关工作，对当地居民收入提高能起到一定的促进作用。而宝田茶业和灵洁绿色食品均属于农产品加工，两企业的发展壮大，带动了当地相关原材料农作物的种植。例如，宝田茶业带动了当地茶叶的种植，而灵洁绿色食品带动了当地猕猴桃、七星椒等作物的种植，并同时保障了这些农产品的销路，保障了农户的收入。

此外，宝田茶业和灵洁绿色食品通过重构价值链构建包容性商业模式的方式主要包括重新定义采购和重新定义生产两种（图6-6）。宝田茶业原材料最开始全部来自于自有茶园，后来为了拓展规模，以自有茶园为基础，同其他生产合作社及农户开展合作，由宝田茶业提供技术，甚至资金支持，即宝田茶业采购由全部的自给自足转变为自有加外部采购，其生产同样遵循了这一原则，部分外包进行加工，这样不仅减轻了企业的资金负担，同时亦将其他企业囊括到企业的价值链中，进而实现包容性增长。同样，灵洁绿色食品在其生产加工中，有着与宝田茶业相同的方式，不过其产品线较多，拥有较多的产品系列，能够在更大范围内实现包容性增长。

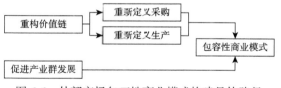

图6-6　外部市场包容性商业模式构建具体路径

第四节　本　章　小　结

本章主要探究金字塔底层市场包容性商业模式构建机制，通过对武陵山片区6家案例企业进行实地访谈等多种方式收集一手及二手资料，并对收集到的资料进行编码分析后发现，在金字塔底层的三种不同市场类型中，企业主要以不同的方式构建包容性商业模式，具体如下：①在政府市场中，政府采购能够促进相关产业群的发展，既可以促进产业群有效变大，又可以促进产业群从无到有；②在消费者市场中企业主要通过重新定义产品、市场来实现包容性商业模式；③在面对外部市场时，企业既可以重构价值链，又可以通过促进产业群的发展构建包容性商业模式。在重新构建价值链时，企业可以重新定义采购和生产，以此实现包容性增长，构建包容性商业模式。

　　本书有效弥补了国内关于包容性商业模式的研究空白，丰富了关于包容性商业模式的文献。同时，本书研究结论对创业者在金字塔底层构建包容性商业模式亦有一定的借鉴意义。一方面，企业主要服务消费者市场时，可通过重新定义市场，将企业产品的定位进行重新分析，构建包容性商业模式；另一方面，创业者可以对其采购等过程进行重新定义，将一些企业或者组织囊括到企业的价值链中，进而实现包容性增长。

第七章　金字塔底层本地能力、创业者"关系"与包容性商业模式构建

长久以来，政府、学术界及实业界都在持续关注我国扶贫问题。按照世界银行标准，中国约有 2 亿人口生活在贫困线水平之下。李克强总理在 2015 年政府工作报告中提到，2015 年要使 1 000 万农村贫困人口脱离贫困线。但如何脱贫？亚洲开发银行指出：各国各地区在强调经济增长的同时应注重减少由各种因素所引起的参与机会不平等，使经济增长带来的益处能够惠及尽可能多的民众，即实现包容性增长（inclusive growth），因此，在金字塔底层实现包容性增长已被视为一项有效的扶贫举措。然而，要实现包容性增长需创新现有经济增长模式。George等（2012）研究发现，在金字塔底层进行包容性创新能够在经济增长的同时增强金字塔底层居民的致富能力，增加他们的收入，提升他们的生活水平，甚至有助于提升当地社区（community）的整体福利。具体到微观层面，企业则需在其价值创造、利润获取等方面进行创新，构建起能够实现包容性增长的商业模式。企业通过构建包容性商业模式（inclusive business model），能够使金字塔底层有效建构起自我发展能力，摆脱"梅佐桥诺"陷阱，从而实现从"输血式"扶贫向"造血式"扶贫转型。

由于金字塔底层独特的竞争环境和制度环境，企业在金字塔底层进行商业活动时必须对其商业模式进行改进，以适应金字塔底层的特性。Thompson 和Macmillan（2010）认为，构建金字塔底层独特的商业模式需遵循发现导向（discovery driven）的方式，即商业模式的构建应先从一些试点活动开始，注重学习等调研活动，并逐步扩大试验范围。赵晶等（2007）从战略视角将金字塔底层商业模式划分为市场开发型商业模式创新、资源开发型商业模式创新及市场开发和资源开发混合型商业模式创新。虽然 George 等（2012）研究了包容性创新的特点及相关途径，邢小强等（2011）进一步探究了企业在金字塔底层进行包容性创新的相关活动，并提出了企业在金字塔底层进行多元价值创造的影响因素，Kistruck 和 Beamish（2010）具体分析了包容性商业模式的一些特点，但目前国内

外有关包容性商业模式构建机制的研究尚不多见。

Pitta 等（2008）认为在金字塔底层各种"关系"会影响企业包容性商业模式构建，而且在金字塔底层等转型经济地区，"关系"能够在很大程度上制约企业的价值创造活动。Rivera-Santos 和 Rufín（2012）研究表明，金字塔底层本地能力（local capability）对企业包容性商业模式构建有重要影响。相对发达地区而言，金字塔底层在人力资源、管理技能等方面本就存在劣势，唯一对企业生产有所裨益的便是当地的资源禀赋，即当地本地能力。因此，对金字塔底层企业而言，有效利用本地能力也就显得非常重要。然而，学者们对于这两个重要前因变量的研究却不足，金字塔底层本地能力如何影响企业构建包容性商业模式？创业者各种"关系"对企业构建包容性商业模式又有何作用？金字塔底层本地能力和创业者"关系"在构建包容性商业模式过程中是否存在交互作用？这些问题都有待进一步的研究。

第一节　概　念　框　架

一、包容性商业模式构建

包容性商业模式是一种努力兼顾经济和社会效益的商业模式，其价值主张不仅包括向消费者个体传递价值，还包括以更具包容性和公平性的价值链向金字塔底层居民传递价值。包容性商业模式的实质是在金字塔底层创造共享价值，即在给企业自身创造价值的同时，为企业所在地区带来一定的社会价值。构建包容性商业模式的企业试图既保障企业自身经济利益，又通过将低收入人群纳入它们的价值链中以达到扶贫目的。此外，包容性商业模式主张将发达地区经验同金字塔底层发掘的智慧和经验相结合，以更好地创造价值，同时使金字塔底层居民受益。

Porter 和 Kramer（2011）认为有三条不同途径可以创造共享价值：重新定义产品与市场、重新定义价值链、促进当地产业群发展。由于包容性商业模式的核心是在金字塔底层创造共享价值，因而创造共享价值的途径也能构建包容性商业模式。首先，金字塔底层有大量需求未被满足，因而企业可以通过重新思考自身产品与市场，对产品进行重新设计、对市场进行重新定位，在金字塔底层创造共享价值，构建包容性商业模式；其次，重新定义价值链上的生产力，企业可以通过对能源使用、资源使用、物流、采购、分销等流程进行重新规划，从而获得更多创造共享价值的机会。企业可以通过包容性创新，将金字塔底层居民视为生产者，甚至创业者，而不是单纯的消费者，并且根据其不同的角色进行相应的价值链创新，为他们提供市场参与机会，从而构建包容性商业模式；最后，促进企业所处地区产业群的发展，从而创造共享价值。金字塔底层存在一定量的资源，但是这些资源往往未被有效开发利用，所以如果相关企业能够有效开发这些资源，同时加以利用，不仅能够带动当地相关产业发展，更重要的是可以有效促进当地居民创业，能够更好地实现包容性增长，企业也能够更有效地构建包容性商业模式。

二、金字塔底层本地能力与包容性商业模式构建

本地能力是指某地区或者一定规模市场中存在的对企业价值创造活动有利的资源或者能力（capability）。邢小强等（2011）认为本地能力应划分为金字塔底层人群的资源与能力、外部促成环境两类，而 Maskell（1998）则将本地能力细分为制度禀赋、自然资源、硬件设施、知识技能四个维度。比较二者的分类，邢小强等（2011）提出的金字塔底层人群所拥有的资源与能力实际上包括了 Maskell 提出的自然资源、硬件设施、知识技能三个方面，而外部促成环境和制度禀赋在本质上也比较类似，但 Maskell（1998）的分类更加细致，有利于本章详细分析企业如何利用本地能力创造共享价值。因而，本章将从这四个维度详细分析金字塔底层本地能力：①制度禀赋，是指某地区存在的制度及相关商业习惯、传统和规则，以及由此所带来的一些有利于企业进行价值创造的资本、劳动力等资源；②硬件设施，是指道路交通网络、基础公共设施等存在于该地区的一些基础设施工程，但金字塔底层在基础硬件设施方面往往比较落后，在一定程度上会制约企业发展；③自然资源，是指某地区存在可被开发利用，且有价值的自然资源；④知识技能，是指该地区存在有利于企业进行价值创造的相关知识和技能，在金字塔底层多表现为一些传统工艺、坊间配方和秘方等。

张利平等（2011）研究发现，金字塔底层企业可以对当地本地能力加以利用，进行利用型创新和探索型创新。利用型创新是指企业深度开发该地区现有资源和相关能力，并进行创新活动；而探索型创新则是指企业将该地区看做一个新的市场机会，发掘并利用新的资源或者能力进行创新活动，从而在该地区或者市场发掘并利用新的市场机会。这两种创新方式实质上都是利用金字塔底层的本地能力进行价值创造活动，因而，探究金字塔底层本地能力的特点，有助于企业对其价值创造等活动进行创新，从而构建其独特的商业模式。

企业存在于一定环境之中，其自身并不能自给自足。本地能力是某地区或者一定规模市场中存在的对企业价值创造活动有利的资源或者能力，包容性商业模式实质上是兼顾企业和社会效益的，需要同时为企业和社会创造价值。由此可见，本地能力是企业在金字塔底层构建包容性商业模式必不可少的条件，并且，本地能力越强对企业构建包容性商业模式越有利。

三、金字塔底层企业创业者"关系"与包容性商业模式构建

"关系"起源于儒家思想，一直影响中国至今，是一种个人水平的人际联系现象。目前，学术界对"关系"本质的认识主要包括以下几种：联系、网络关系、社会资本、互惠义务、社会连接、管理者连接（managerial ties）。以上几种不同认识切入角度不同，而本章主要探讨创业者"关系"与商业模式构建之间的交互作用，结合研究情境，本章将从管理者连接这一角度来探讨"关系"。但本章希望在研究过程中能够更加聚焦，因此选择管理者中的创业者作为研究对象，即将创业者连接作为"关系"的本质。所以，本章将"关系"定义为创业者与各种对象之间的不同类型的连接。创业者"关系"包括同商业伙伴的连接及同政府官员的连接，是可以被企业高层管理人员加以利用，以达到企业相关目的的一种资源。同时，"关系"可以分为个人"关系"（非正式"关系"）和非个人"关系"（契约"关系"）两类。个人"关系"往往是感性的、非正式的人际联系，主要通过人际的非正式连接实现，如人情、地缘关系、血缘关系等；而非个人"关系"则是相对非人格化的、正式的人际或者企业间联系，主要通过合同等契约实现。

不同于发达地区，金字塔底层存在较强的非正式连接，正式连接则相对较弱。此外，个人连接在金字塔底层比较普遍，正式的、交易性连接则相对缺乏。在金字塔底层，个人连接（如血缘、氏族、地缘关系、信仰等）相对传统，能在很大程度上替代一些正式连接，即使正式连接和非正式连接发生冲突时亦是如此。

金字塔底层价值链不完整，即金字塔底层缺少在发达地区普遍存在的分销商、供应商及相关支持服务提供商，因此企业需要同其他市场参与者甚至非市场参与者合作，以弥补这些缺口。Luo 和 Chung（2005）认为创业者可以利用"关系"弥补这些价值链缺口，从而有利于企业在金字塔底层进行价值创造活动。因此，创业者"关系"会影响企业在金字塔底层的价值创造活动，也意味着创业者"关系"会影响企业在金字塔底层构建包容性商业模式。

四、金字塔底层企业创业者"关系"的调节作用

金字塔底层关系网相对比较分散，并且存在较多结构洞，部分地区资源较匮乏，NGO 或者当地政府机构往往拥有资源的控制权。Luo 和 Chung（2005）认为，创业者可以利用"关系"弥补这些结构洞，同时为企业带来一些关键生产资源，也就是使企业能够有效利用当地本地能力。由此可见，"关系"是一种能够帮助企业创造经济效益和社会价值的非正式控制机制。Hahn 和 Gold（2014）亦认为，

企业同金字塔底层非市场参与者（政府、NGO 等）建立合作关系，能够取得当地资源的使用权，有益于企业价值创造活动。在制度相对不太健全的金字塔底层，"关系"对企业经营而言更加重要，因为"关系"有助于企业对金字塔底层本地能力加以合理利用，从而创造价值。由此可以推断，创业者"关系"可以在一定程度上调节本地能力和包容性商业模式构建之间的关系，创业者"关系"越强，企业越是能够更好地利用本地能力促进包容性商业模式的构建。

　　综上所述，通过对本地能力、创业者"关系"和包容性商业模式构建三者的文献回顾与逻辑推理，发现本地能力和创业者"关系"是企业在金字塔底层构建包容性商业模式必不可少的条件，良好的本地能力能够有效促进金字塔底层包容性商业模式的构建。特别地，创业者"关系"不仅能直接影响包容性商业模式构建，还能够在本地能力与包容性商业模式构建的关系中发挥调节作用，即创业者"关系"越强，企业越是能更好地利用本地能力促进包容性商业模式构建。据此，构建本章的研究框架模型如图 7-1 所示。

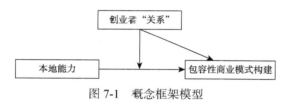

图 7-1　概念框架模型

第二节　本章的研究方法

　　本部分一方面需要对上一部分推演出的关于本地能力、企业创业者"关系"及包容性商业模式构建这一理论框架进行验证，另一方面还需对这些相互作用的具体机理进行探索性研究，构建相关理论。本章同时具有验证理论和构建理论的特点，而案例研究能够有效验证相关理论，并构建理论，因此，本章比较适合采用案例研究的方法。而采用多案例进行跨案例研究，能够避免偶然性，更好地构建理论，所以，本章使用多案例比较分析的方法进行相关研究。

一、案例选择

　　本章研究目的主要是探讨企业在金字塔底层构建包容性商业模式的具体机制，并深入分析金字塔底层本地能力和企业创业者"关系"在这一过程中的具体作用及作用机理。围绕研究主题及目的，本章制定了一套案例选择标准，具体而言，案例选择标准如下：①案例企业设立于武陵山国家集中连片特困地区，并经营正常，无破产或者倒闭倾向；②所选案例企业包括武陵山片区的主要行业，案例企业在所属行业有一定代表性；③案例企业在经营过程中同时为企业自身和当地社区创造价值，相关经营行为符合包容性商业模式特点；④案例企业在不同程度上对武陵山片区的本地能力加以利用，对本地能力的利用促进了企业经营活动；⑤企业创业者与当地存在着一定的正式及非正式连接，而这些连接为企业经营带来了一定便利。此外，本章研究设计采用交互式策略，即案例筛选并不是在研究开始前确定，而是随着研究的开展，以及不断进行和深入，对选择的案例企业不断进行调整，并重新确定最终的研究对象。根据这些标准，以及后续研究分析，本章最终选取了 4 家位于武陵山片区的企业作为案例研究对象，4 家案例企业基本信息如表 7-1 所示，涉及农业、工业和服务业三大产业，并且企业在当地该行业中有一定代表性。

表7-1　案例企业基本信息

企业	行业	主营业务	成立时间
谷粒瓜瓜	农业	立体循环农业	2013 年
心手合一	服务业	文化创意、咨询策划	2014 年
灵洁绿色食品	农业	农产品加工	2006 年
马尔斯科技	工业	LED 照明设备	2010 年

二、　数据收集

案例研究数据有 6 种主要来源，即实地考察、访谈记录、参与性观察、企业档案、实物证据、相关文档，从多渠道进行数据收集，能够提高研究效度。研究人员使用了一手数据和二手数据相结合的方式，进行三角测量，以增强研究的信度和效度。具体而言，研究人员采用实地访谈的方式收集一手资料，访谈对象主要包括企业主要负责人和相关员工。对于每家案例企业，研究人员均对企业的创始人或者高层管理人员进行访谈，具体情况视企业而定。由于谷粒瓜瓜和心手合一员工数量有限，因此约谈了谷粒瓜瓜的一名高管和心手合一的创始人；灵洁绿色食品和马尔斯科技规模相对较大，因而约谈了灵洁绿色食品的创始人及一名高管和马尔斯科技的董事长及两名高管。每次访谈持续 30~120 分钟，并且每次访谈后均在 24 小时之内进行转录。二手数据来源则包括以下途径：①企业网站中与本研究相关的信息；②网络媒体和纸质媒体上关于企业的信息；③学术文献中关于案例企业的资料；④相关商学院的案例对案例企业进行的描述，如马尔斯科技的案例就借鉴了田宇等（2015）编撰案例集的部分内容；⑤相关行业报告和行业数据中有关案例企业的数据。研究人员通过对一手及二手资料进行整理，得到原始资料约 20 万字。

三、数据分析

本节对收集到的数据进行归纳整理，并逐一编码，试图从收集到的大量资料中提炼出关键构念，构建理论，从而验证理论部分推演出的逻辑关系。本节严格参照前文已经提炼出的理论框架及相关假设进行编码，因这种编码方式更适合本节，并且更加有效，也相对容易实现，并且随着编码工作的进行，根据数据编码结果添加新的变量。本节对一手和二手资料均进行细致的编码，并进行相关分析，但主要使用一手资料构建相关理论，二手资料则主要起到验证作用，以增强研究结论的效度。

研究主题一旦明确，便可以直接进行轴心编码（axial coding）和选择式编码（selective coding）。因此，本节直接跳过开放式编码（open coding），先后对收集到的资料进行了轴心编码和选择式编码。本节借助定性分析软件 NVIVO 10.0 来辅助编码工作，方便更好地、系统地完成数据编码过程。在编码过程中本节对编码范畴进行深入分析，由两个独立的研究人员对编码信息所属副范畴、主范畴及核心范畴进行一一核对，进行检验。对于有争议的编码信息进行探讨，如果两人不能就相关编码信息达成一致，将会剔除该编码信息。

我们对各企业受访者依次进行标记，分别标记为谷粒瓜瓜（GLGG01）、心手合一（XSHY01）、灵洁绿色食品（LJLSSP01-03）、马尔斯科技（MESKJ01-02），方便后续整理。在对一手及二手资料进行轴心编码时，研究者们每次围绕一个核心范畴展开，探究其细分主范畴及副范畴。例如，在探究本地能力这一核心范畴时，根据收集到的资料产生了商业规则、劳动力、地理环境等 19 个副范畴，经过研究人员筛选之后删除 6 个副范畴剩余 13 个副范畴，又对这些副范畴之间的逻辑关系进行梳理，在各副范畴之间建立联系，于是产生了制度禀赋、自然资源、硬件设施、知识技巧四个主范畴。由于篇幅限制，本节将不对轴心编码相关工作展开论述。

选择式编码一般在核心范畴确定之后进行，研究者主要通过选择式编码工作系统地分析各范畴同核心范畴相关的原因，从而达到精炼理论的目的。由于各范畴的命名均采用前人已经使用过的专业术语，我们并没有构建新的概念，所以在选择式编码部分并没有对轴心编码的编码结果进行太大修改。主要修改部分为将副范畴"产品"归纳到价值主张这一主范畴，而不是价值创造，其他细微修改将不在此一一列举。

经过对收集到的一手和二手资料进行轴心编码和选择式编码，并对编码后信息进行分析，我们对不同编码信息及相关范畴进行了关联性分析。最终编码结果如表 7-2 所示，编码结果与理论分析结果并没有太大差异。

表7-2　编码结果

核心范畴	主范畴
本地能力	制度禀赋、硬件设施、自然资源、知识技巧
创业者"关系"	同商业伙伴关系、同政府部门关系、个人连接、非个人连接
包容性商业模式	价值主张、价值创造、价值传递、利润获取

第三节　讨论与分析

由于篇幅限制，本节对案例企业的相关信息不予展开论述，企业基本资料如表 7-1 所示，在后文的分析过程中亦会对案例企业信息有所涉及。

一、本地能力与包容性商业模式构建

本节首先从编码信息中提取案例企业本地能力相关信息，详细信息如表 7-3 所示。其中，由于该地区硬件设施并没有给各企业创造共享价值带来便利，所以在表 7-3 中并没有提及相关信息，而心手合一和马尔斯科技在创造共享价值的过程中并没有利用到当地的自然资源，马尔斯科技甚至没有利用当地知识技巧，所以这些也没有体现在表 7-3 中。

表7-3　案例企业本地能力

企业	本地能力			
	制度禀赋	硬件设施	自然资源	知识技巧
谷粒瓜瓜	湖南省烟草专卖局扶持；廉价劳动力	—	气候条件适宜烟叶及相关食品种植	相关种植技术
心手合一	国家和地方政府非遗保护政策	—		非遗传人相关技艺及企业运作能力
绿色灵洁食品	当地政府扶持；廉价劳动力	—	气候及自然条件适宜相关产品种植	相关种植技术加工工艺
马尔斯科技	政府招商政策；廉价劳动力	—		—

注："—"表示在编码中未获取相关信息

（一）谷粒瓜瓜

该公司所在地区独特的生态环境属于烤烟 Ⅰ 级和 Ⅱ 级适生类型，为谷粒瓜瓜赖以生存的烟叶种植提供了必要条件。此外，谷粒瓜瓜作为湖南省烟草专卖局定点扶贫项目，湖南省烟草专卖局为谷粒瓜瓜的发展提供了资金、技术等一系列支持，加上当地烟农自身积累多年的烟叶种植经验，谷粒瓜瓜正在稳步发展。在企业发展过程中，谷粒瓜瓜一方面给员工提供各项技能培训机会（包括烟叶种植技术及其他的相关技能培训）；另一方面激发村民自主创业热情，如开展夏季绿叶蔬菜种植、山竹培育、果树树苗培育等活动，从而带动当地村民致富，并以此带动村民加入合作社的积极性，进而推进合作社的发展。

（二）心手合一

该公司主要从事非遗商业化孵化和运作，目前已经比较成功地完成了英妹子·凤凰慧子手工茶和湘西苗绣手工工艺品的商业化推广，为这两个非遗产品带来了一定资金。这两个产品的成功也给其他非遗传人带来了信心，给企业带来了声誉，使这些非遗传人同心手合一合作的意愿更强。非遗传人贡献非物质文化遗产相关的信息、材料、技艺，而心手合一则注重商业化推广，二者起到了一定的互补作用。心手合一主营的非遗商业化一方面与政府保护非遗政策相契合，另一方面又弥补了政府相关资金不足的窘境，可谓达到了三方均赢，创造出了多重价值。

（三）绿色灵洁食品

该公司借助国家三农政策及张家界地区大力发展"四个农业"以推进"新型工业"的目标，大力发展具有本土特色的农产品加工。绿色灵洁食品以后端产业带动前端产业发展，鼓励当地居民进行创业，为公司提供原材料，同时为这些居民创业提供资金和技术支持，从而形成了一条"后端产业+前端产业+合作社+农户"特色农业发展产业链，以后端产业拉动前端产业从而带动农户创业致富。同时，绿色灵洁食品同当地食品加工行业建立联盟，共用分销网络和物流系统，大大节约了渠道成本，同时也为产业的渠道发展带来动力及资金。

（四）马尔斯科技

该公司根据湘西地区特点，结合深圳马尔斯独特技术，研发出适宜当地特点的 LED 路灯，受益于湖南省路灯改造计划，马尔斯生产的 LED 路灯在湖南省多个城市得到广泛应用。LED 路灯的使用，不仅增加了照明亮度，改善了照明条件，重要的是节约了电能，为政府财政节约了财政支出，如仅吉首市的路灯项目就可以每年节约 2 000 多万元电费。同时，马尔斯承诺免费售后维修，这不仅进一步节约了政府财政经费，同时也使马尔斯可以从售后服务中逐步掌握产品缺陷，从而能够更好地改善产品质量，向市场推出性价比更高的产品。随着马尔斯科技的壮大，以及普通居民环保意识的提高，除了政府路灯项目，马尔斯的产品也正在向民用市场延伸，而且马尔斯也承诺向这些用户提供免费售后维修服务。

上述企业在进行价值创造活动时均在不同程度上对当地本地能力加以利用，以进行价值创造活动。但通过案例分析发现，4 家企业利用本地能力的具体行为可以分为利用型创新和探索型创新两种。根据案例分析结果，谷粒瓜瓜、心手合一、绿色灵洁食品属于利用型创新，谷粒瓜瓜主要依赖当地的生态环境种植烟叶，并发展生态农业种植；心手合一则主要利用当地的非物质文化遗产，在这些非遗的基础上进行商业化；绿色灵洁食品主要依赖当地的生态环境种植各种特色农产品，如七星椒等，并对初级农产品进行加工。三家企业主要利用本地能力中的自然资源和知识技巧，同时亦在不同程度上利用了当地的制度禀赋，从而构建起包容性商业模式。马尔斯科技对当地资源的利用有限，反而是将当地看做一个新兴的市场加以开发，因此属于探索型创新。其主要利用本地能力中的制度禀赋，构建包容性商业模式。这些企业在利用本地能力进行探索型创新和利用型创新构建包容性商业模式的具体途径方面存在着差异，详情如图 7-2 所示。利用型创新的企业主要通过带动当地产业群发展从而进行价值创造活动，且兼顾企业和社会效益；而进行探索型创新的企业则主要通过重新定义自身的产品与市场来创造价值，在产品方面兼顾企业和社会效益，构建包容性商业模式。

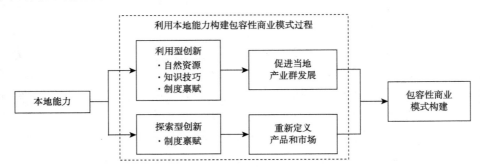

图 7-2　企业利用金字塔底层本地能力构建包容性商业模式的具体途径图

谷粒瓜瓜利用当地独特的生态资源及当地村民积累多年的烟叶种植技术，加上湖南省烟草专卖局的政策和资金支持，不仅振兴了烟叶种植产业，还带动了当地相关种植业的发展，为企业和当地创造了价值，兼顾了二者效益。心手合一利用湘西地区充裕的非物质文化遗产资源，将非物质文化遗产商业化，振兴了当地非物质文化遗产产业，为企业创造了利润，给非遗传承带来了资金，构建出其独特的包容性商业模式。绿色灵洁食品利用当地的自然条件及政府政策扶持，鼓励当地人种植企业原材料，积极发展前端产业链，同时加强同业合作，带动了当地种植业和相关加工产业的发展，兼顾了企业和社会效益，完成了包容性商业模式构建。而马尔斯则是利用政府招商引资政策，对自身产品进行重新审视，开发出了更加节能环保的 LED 产品，重新定义了产品。马尔斯不再单纯依赖产品差价赚取利润，而是通过降低产品价格，提高产品产量，降低成本。同时，马尔斯免费提供售后服务赚取订单，又通过售后服务更好地发现产品问题，减少次品率，进而节约成本。马尔斯为企业和社会创造了价值，构建了包容性商业模式。所有案例企业进行相关经营活动时都兼顾了企业和社会利益，为二者创造价值，创造了共享价值。根据以上分析，本书得出以下命题。

命题 7-1：利用金字塔底层本地能力进行利用型创新和探索型创新的企业，其借助本地能力构建包容性商业模式具体作用路径存在差异。

命题 7-1a：在金字塔底层进行利用型创新的企业一般以促进当地相关产业群发展的方式影响企业价值创造和利润获取活动，从而构建包容性商业模式。

命题 7-1b：在金字塔底层进行探索型创新的企业一般以重新定义产品与市场的方式影响企业价值创造和利润获取活动，从而构建包容性商业模式。

二、企业创业者"关系"与包容性商业模式构建

经过对 4 家企业案例编码信息进行分析，本书发现案例企业创业者"关系"分为个人"关系"和非个人"关系"两种。与此同时，每家企业的创业者都同当地政府和相关商业伙伴之间同时存在着"关系"，根据各企业的具体情况，本书将各企业同政府及商业伙伴"关系"类型归纳于表 7-4 中。其中，谷粒瓜瓜同商业伙伴之间的连接相对较少，而同政府部门之间的关系有别于私人关系，所以本书暂且将其同政府"关系"归纳为非个人"关系"；心手合一同政府部门的连接相对较少，仅仅是契合政府政策，并无过多的连接，而同商业伙伴之间的连接多是私人关系，因而将其同商业伙伴的关系归纳为个人"关系"；绿色灵洁食品同政府之间多依赖企业创始人多年来同政府建立的私人关系，其与政府部门之间是个人"关系"，而同各商业伙伴之间多为正常的交易，更多的是依赖各种契约，所以归纳为非个人"关系"；马尔斯科技同商业伙伴之间的联系相对较少，与政府部门的联系中契约交易行为远多于私人连接，但契约交易、私人连接却同时存在，所以其同政府部门的"关系"实际上存在非个人"关系"和个人"关系"两种，不过以非个人"关系"为主。

表7-4　各企业同政府及商业伙伴"关系"类型

项目	谷粒瓜瓜	心手合一	绿色灵洁食品	马尔斯科技
政府	非个人"关系"	—	个人"关系"	非个人"关系" 个人"关系"
商业伙伴	—	个人"关系"	非个人"关系"	—

注："—"表示在编码中未获取相关信息

各企业构建包容性商业模式及创造共享价值的相关活动详见前文，在此不再赘述。然而，对案例企业创业者"关系"进行深入分析，并比较分析企业包容性商业模式具体内容后，本书发现创业者利用非个人"关系"及个人"关系"构建包容性商业模式的具体路径存在差异，具体如图 7-3 所示。其中，利用个人"关系"时，企业主要通过获取关键的生产资源，从而构建包容性商业模式；而利用非个人"关系"时，则主要通过弥补企业价值链缺口的方式构建包容性商业模式。

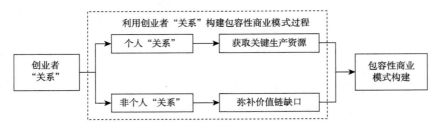

图 7-3　创业者"关系"对包容性商业模式作用路径图

心手合一创始人谢慧创办了非物质文化遗传沙龙，邀请各非遗传人进行文化交流活动，通过这些活动，谢慧增强了其同非遗传人的连接，发展了同这些非遗传人的个人"关系"，也正是这种"关系"，使谢慧在非遗商业化的过程中得到了相关非遗传人的支持，获取了相关非物质文化遗产的相关资料、材料、技艺等，顺利推进了商业化进程，构建其包容性商业模式。绿色灵洁食品创始人与政府相关部门的关系相对紧密，先后在政府相关部门的支持下从银行获得了 400 万元、500 万元等不同数目的贷款，为企业的发展提供资金支持，从而促进企业构建包容性商业模式。同时，绿色灵洁食品通过和当地各前期工厂签订合约，发展非个人"关系"，弥补了其自身在价值链前端的不足，构成一条完整的价值链，从而构建出包容性商业模式。马尔斯科技一方面同当地职业技术学院签订就业合同，直接从相关学院招收定向培养的技术员工，弥补自身生产部门技术性工人的缺乏；另一方面，来自政府部门的订单，解决了企业在价值链后端的问题，弥补了其价值链缺口。而这些都得益于马尔斯创始人同相关部门的非个人"关系"。马尔斯利用非个人"关系"弥补了其在价值链方面的缺口，从而构建包容性商业模式。根据以上分析，本书推演出以下命题。

命题 7-2：创业者"关系"中的个人"关系"和非个人"关系"均会对构建包容性商业模式产生影响，但二者具体的影响机制却存在差异。

命题 7-2a：个人"关系"主要通过促进企业在金字塔底层获取关键生产资源的方式影响企业构建包容性商业模式。

命题 7-2b：非个人"关系"主要通过弥补企业在金字塔底层价值链缺口的方式影响企业构建包容性商业模式。

三、企业创业者"关系"的调节作用

经过对案例企业编码信息进行分析，并探讨创业者"关系"同本地能力的交互作用，本书发现创业者"关系"调节作用，如图 7-4 所示。即创业者"关系"通过个人"关系"调节利用型创新对促进当地产业群发展的作用，从而影响企业构建包容性商业模式；而创业者"关系"通过个人"关系"调节探索型创新对重新定义产品与市场的作用，进而影响企业构建包容性商业模式。下文将以心手合一和马尔斯科技为例，分别对两个调节作用进行深入分析。

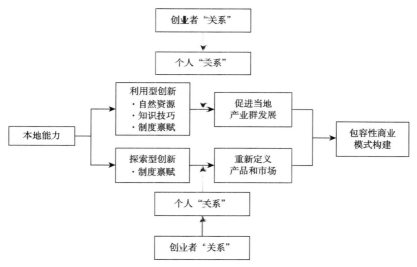

图 7-4　创业者"关系"调节作用机理图

（1）心手合一在当地主要进行利用型创新，利用湘西地区的非遗传人技艺进行商业化推广活动，而湘西地区非遗传人的非遗知识与技巧是心手合一所有商业活动的基础。心手合一的创始人谢慧是湘西渔鼓传人的外孙女，同时，谢慧创办了非物质文化遗产沙龙，邀请相关传人进行交流活动，增强了谢慧同非遗传人之间的个人"关系"，方便谢慧利用湘西非物质文化遗产相关技艺，进行商业化推广，从而带动非物质文化遗产的发展，同时为企业创造利润。因此，谢慧个人"关系"调节了心手合一的利用型创新活动，进而影响了企业的价值创造和价值获取活动，最终影响企业包容性商业模式构建。

（2）马尔斯科技在当地主要进行探索型创新，将湖南地区看做一个新的市场，在该市场内探索利用新的资源与能力，通过重新定义 LED 照明设备这一产品在当地创造了共享价值。马尔斯科技能够通过其关键的 LED 产品，重新定义产品及照明市场，主要原因有两个方面：一方面，马尔斯科技积极参与地方标准制定，如马尔斯曾参与《湖南省 LED 路灯标准草案》制定；另一方面，马尔斯科技早期承担湘西景区照明设备改造项目，专门为景区设计特色路灯，同当地景色相匹配，为马尔斯奠定了一定基础。这两方面都得益于马尔斯科技创始人田仁超、田仁斌同当地政府相关部门之间的个人"关系"，从湘西州相关领导出席企业开业仪式、田仁超获"湘西地区优秀企业家"这一称号就可见一斑。而马尔斯正是利用其创业者的个人"关系"，才使马尔斯能够有效利用当地的制度禀赋，在重新定义产品及相关市场后将产品推向政府采购市场，借力湖南省创建两型社会提出路灯改造项目（湖南省决定到 2017 年，全省县以上城镇全部完成市政路灯改造，按照 LED 路灯，并规划在全省范围内改造 100 万盏路灯，实现全省城市照明节能 40%以上），从而创造共享价值，构建包容性商业模式。

根据以上分析，本书推演出以下命题。

命题 7-3：创业者"关系"能够通过个人"关系"调节本地能力对构建包容性商业模式的作用。

命题 7-3a：创业者"关系"通过个人"关系"调节利用型创新对促进当地产业群发展的作用，从而影响企业包容性商业模式构建。

命题 7-3b：创业者"关系"通过个人"关系"调节探索型创新对重新定义产品或市场的作用，从而影响企业包容性商业模式构建。

第四节　本　章　小　结

本章选取 4 家位于武陵山国家集中连片贫困地区的企业，通过具体分析它们创造共享价值的活动及其包容性商业模式特点，得出以下结论。

（1）本地能力是企业在金字塔底层构建包容性商业模式必不可少的条件。具体而言，利用金字塔底层本地能力进行利用型创新的企业和探索型创新的企业，其借助本地能力构建包容性商业模式具体作用路径存在差异；在金字塔底层进行利用型创新的企业一般以促进当地相关产业群发展的方式影响企业价值创造和利润获取活动，从而构建包容性商业模式；在金字塔底层进行探索型创新的企业一般以重新定义产品或者市场的方式影响企业价值创造和利润获取活动，从而构建包容性商业模式。

（2）创业者"关系"会影响企业在金字塔底层构建包容性商业模式的相关活动。具体而言，创业者"关系"中的个人"关系"和非个人"关系"均会对构建包容性商业模式产生影响，但二者具体的影响机制却存在差异；个人"关系"主要通过促进企业在金字塔底层获取关键生产资源的方式影响企业构建包容性商业模式；非个人"关系"主要通过弥补企业在金字塔底层价值链缺口的途径影响企业构建包容性商业模式。

（3）创业者"关系"能够调节企业对金字塔底层本地能力的利用，进而影响包容性商业模式构建。即创业者"关系"能够调节本地能力对包容性商业模式构建的直接作用。具体而言，创业者"关系"能够通过个人"关系"调节本地能力对构建包容性商业模式的作用；创业者"关系"通过个人"关系"调节利用型创新对促进当地产业群发展的作用，从而影响企业包容性商业模式构建；创业者"关系"通过个人"关系"调节探索型创新对重新定义产品或市场的作用，从而影响企业包容性商业模式构建。

图 7-5 为本地能力、创业者"关系"、包容性商业模式交互作用机理图。

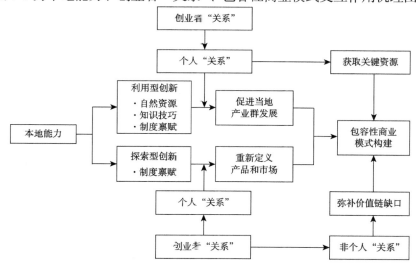

图 7-5　本地能力、创业者"关系"、包容性商业模式交互作用机理图

本章的理论贡献在于以下两个方面。

（1）揭示了包容性商业模式构建的微观作用机理。目前国内外关于包容性商业模式的研究甚少，更没有研究涉及包容性商业模式构建机制。Michelini 和 Fiorentino（2012）认为构建包容性商业模式时应将发达地区经验同金字塔底层的资源等相结合，但未进一步阐述具体的结合机制；Porter 和 Kramer（2011）虽然提出了构建包容性商业模式的具体途径，但没有结合具体情景研究途径与情景之间的交互机制。本章结合金字塔底层具体情境，探究了本地能力、创业者"关系"对包容性商业模式构建的作用，探究出了两个要素在包容性商业模式构建中的具体作用及微观作用机理，从而揭示了包容性商业模式的构建机制。

（2）从管理学视角展开的研究丰富了扶贫理论。国内外关于金字塔底层扶贫问题的研究多从经济学、社会学、政治学的视角展开，相关研究也多从政府政策角度出发，探究如何制定相关政策，较少从微观的管理学视角进行探索。本章围绕如何使金字塔底层建构起自我发展能力，实现从"输血式"扶贫向"造血式"扶贫转型这一研究主题，从管理学的视角出发探究企业包容性商业模式构建机制，为在金字塔底层有效构建市场主体，从而摆脱"梅佐桥诺"陷阱进行了有价值的探索，丰富了扶贫理论的管理学研究。

本章的结论对金字塔底层的企业管理实践具有一定指导意义，具体如下所示。

（1）金字塔底层企业可对当地本地能力加以利用构建包容性商业模式。具体而言，企业可以通过利用金字塔底层的本地能力进行利用型创新和探索型创新，并通过带动当地产业群发展或者重新定义产品或市场从而在当地构建包容性商业模式，为企业和当地同时带来利益，使企业获取在当地经营的合法性。

（2）金字塔底层企业可以合理利用创业者"关系"构建包容性商业模式。具体而言，企业可以利用创业者同当地各主体的个人及非个人"关系"，通过获取关键生产资源或者弥补价值链缺口的方式构建包容性商业模式，与此同时创造共享价值，为企业获取利润及组织合法性；最后，企业应利用创业者的各种"关系"帮助企业更好地利用金字塔底层本地能力，从而构建包容性商业模式，并创造共享价值。

（3）金字塔底层企业在经营过程中应注重构建包容性商业模式而不是简单履行企业社会责任。具体而言，履行企业社会责任实际上是在利益分成时注重社会效益而相对忽视企业效益，而构建包容性商业模式则可以在不损害企业利益的前提下同时产生社会效益，实现企业和社会的共赢。

第八章 金字塔底层企业家非合规创业行为

党的十八届五中全会提出了 2020 年全面建成小康社会的具体目标,要求我国现行标准下农村贫困人口全部脱贫,贫困县全部摘帽,解决区域性贫困问题。作为一种"创造性的破坏",通过企业家创业,能够增加就业,提高人民收入水平,对于实现我国扶贫与发展战略具有重要意义。受制于其有限的资源,加之创业企业较低的合法性认知(legitimacy)(Delios and Henise,2003;张玉利等,2009),创业具有较高的风险和失败率(Li and Zhang,2007)。同时,转型经济中的企业经常面对外部融资渠道不足、法律法规频繁变动、社会对企业家的态度不佳、经常性的税务检查、政府腐败和其他各种束缚(Wiklund and Shepherd,2003;Sauka and Welter,2007),进而导致创业企业经常采取"规避行为"来克服外部经营环境约束的影响,采取合规行为(conforming behavior)和非合规行为(informal activities)相结合的方式创业。即既采取产品创新、诚实竞争,如实纳税等合规创业行为,又采取寻租、行贿及各种类型的非法的、不道德的非合规行为。

上述研究以企业为分析单位,将创业行为(entrepreneurial behavior)看做是企业战略选择的体现,而忽视了企业中至关重要的决策者——企业家在企业战略制定中的重要作用。企业本质上是企业家的企业(周其仁,1996),企业的创业行为选择在本质上就是企业家创业行为的选择。企业家作为一个社会人,镶嵌于特定的社会关系网络之中,这些社会关系网络构成企业家独特的社会资本。企业家除了为企业提供独特的人力资本以支持创业活动以外,还通过其社会关系网络降低企业创业风险,提高创业企业绩效(Peng and Luo,2000;Li and Zhang,2007;姜翰等,2008)。在我国,企业家社会资本显得尤为重要,以致国外学者发明了"guanxi"一词来描述社会资本在中国情境下的重要性。而在所有的关系中,企业家的政治关系尤为重要。高雅等(2013)发现,私营企业家从政经历和政治身份对企业进入行政垄断行业有显著的促进作用。叶文平和邝先慧(2014)发现一定程度内的企业家政治关联可以有效提升企业获取信息的信度和效度,进而显著增强企业战略网络和创新绩效之间的正相关性，提升企业创新绩效；刘林（2016）认为企业家政治联系传递出有利的信号从而影响企业市场绩效，拥有政治联系的企业家的企业市场绩效比没有政治联系的企业家的企业市场绩效更好。

现有研究很有价值，但也存在一些有待完善的地方。一是没有将创业行为的研究纳入金字塔底层情境中，创业研究鲜有关注贫困问题，连创业的定义中都没有出现过包含贫困的情境（Bruton et al.，2013），从而影响了研究结论的普适性；二是没有将企业家政治关系资本纳入企业家非合规创业行为选择过程中，选择最终产出（创业绩效、创新绩效）作为应变量，缺乏对非合规创业行为这一中间变量的研究。而我们认为，植根于独特的传统文化背景和特殊的制度环境，金字塔底层企业家政治关系资本往往是影响其创业行为选择的关键因素，将企业家政治关系资本纳入创业行为选择研究中，不仅可以拓展和丰富金字塔底层创业理论，且能更好地解释金字塔底层创业的现状和创业企业的成长。

综上所述，本章以我国集中连片特困区之一的武陵山片区 345 家"两民"企业为研究对象，通过对其开展问卷调查，对企业家政治关系资本与非合规创业行为之间的关系进行了分析、实证，期待能够对金字塔底层情境下的创业理论与实践进行充实完善。

第一节　文献综述与理论假设

一、金字塔底层企业家创业行为选择

目前，尚无学者专门探讨金字塔底层企业家创业行为选择。但学者们对前东欧国家等转型经济体中的创业行为研究可以为本书提供借鉴。基于机会的视角，Wiklund 和 Shepherd（2005）认为，虽然转型情境下企业面临资源相对匮乏、经济环境动荡和社会制度不健全等问题，但外部环境的复杂性往往也蕴藏着丰富的创业机会。张骁和胡丽娜（2013）也指出，在发展中国家，企业常常处于一种不完善的制度和市场环境中，而这种动态的环境会产生更多的机会，相比保守型企业，创业型企业能够通过开发和利用潜在机会获利。作为欠发达国家在空间上的缩小版，金字塔底层也面临转型经济体或欠发达国家同样的创业环境问题，意味着金字塔底层也内含着丰富的创业机会可供企业家挖掘。

创业行为起源于 Baumol（1990）对生产性、无生产性和破坏性创业精神的研究，由于无生产性创业精神和破坏性创业精神在实践中难以区分，后来合并归类为生产性创业精神和非生产性创业精神。在微观层面上，创业精神表现为创业行为。创业行为是指那些可以被看做创业的行为，如开发新产品或开拓新市场，主动性地、敢于承担风险地开办新企业或拓展现有组织。基于 Baumol（1990）关于生产性、非生产性创业精神的思想，Sauka 和 Welter（2007）进一步将创业行为区分为合规创业行为（产品创新、诚实竞争和如实纳税等）和非合规创业行为（寻租、行贿及各种类型的非法的、不道德的创业行为），并认为转型经济体中的企业家由于面对外部融资渠道不足、法律法规频繁变动、社会对企业家的态度不佳、经常性的税务检查、政府腐败和其他各种束缚，经常采用"规避行为"（如逃税、低报收入、行贿、滥用诉讼等）来克服外部经营环境约束的影响，在创业行为上采取合规和非合规行为相结合的方式。姜翰和金占明等（2009）也以中国企业为例，论证了环境的不稳定性会显著强化创业企业的机会主义倾向——违背契约规定、不正当的短期性寻租行为——来规避外部环境带来的创业风险。本书认为学者们对于转型经济体中企业家非合规创业行为选择的结论同样适用于贫困情境下的企业家创业行为，得出以下假设。

假设 1：金字塔底层企业家在创业行为选择上倾向于采取更多的非合规创业行为。

二、金字塔底层企业家政治关系资本与非合规创业行为的关系

企业本质上是企业家的企业（虞其二，1996），企业创业行为本质上就是企业家的创业行为选择。企业家在创业过程中需要处理好与各利益相关者的关系，而在金字塔底层，由于政府拥有制定产业政策、实施行业准入、控制资源配置等权力，对企业家创业成长具有举足轻重的作用，政府或政府官员就成为金字塔底层企业家最重要的利益相关者之一。Douglas（1995）从企业层面，将企业政治关系资本界定为企业可以用来影响政府决策或获得政府承诺以实现企业竞争优势的各种资源要素之和。Peng 和 Luo（2000）则进一步从企业家层面将企业家政治关系资本定义为企业高层管理者与各层政府主管部门职员间所建立的联系。企业家创业行为往往与其所处制度环境存在内生关系。企业政治关系的本质是不同的制度环境在企业及其高管行为方面的最终体现，政治关系被视为法律保护、政权稳定等机制的替代品。在如金字塔底层等法律保护水平较低的地区，民营企业就希望通过建立政治关系来抵制外部环境的负面效应（李维安等，2013）。这意味着企业家政治关系资本的运用是一种防御外部约束的"被动行为"。除此以外，企业家对其政治关系资本的运用还存在为谋取竞争优势而采取"主动行为"的情形。因为企业（家）政治关系资本往往又被看做一种富有价值的资源，企业（家）政治关系资本可以给企业（家）带来融资便利（Khwaja and Mian，2005）、进入规制行业（罗党论等，2009）、获得政府定单（Goldman，2006）等利益。但企业（家）

政治关系资本对创业企业最大的好处是能够帮助创业企业家获得别人难以获得的信息（Li and Zhang，2007）。这些信息具有天然的私人信息的特征：排他性和非公开性。因此，创业企业家可以凭借基于政治关系资本获得的信息优势，在创业活动中采取寻租行为，谋取竞争优势（姜翰等，2009）。这意味着，企业家拥有的政治关系资本越多，其拥有的私人信息量也就越大，创业企业家采取寻租等非合规创业行为所能谋取的竞争优势也就越大，企业家采取寻租等非合规创业行为的可能性也就越高。金字塔底层由于市场机制的不完善，政府在行业准入、资源配置等方面拥有更大的权力，进而导致企业家政治关系资本的价值属性更加凸显。金字塔底层创业企业家往往具有更强烈的动机培育更多的政治关系资本，进而获取更多的私人信息优势。加之，金字塔底层由于法律法规的相对不完善，对寻租等非合规创业行为的惩治力度相对较轻，进一步激发了金字塔底层企业家依托政治关系资本选择寻租等非合规创业行为的动力。因此，得出以下假设。

假设 2：金字塔底层企业家的政治关系资本对其非合规创业行为有正向促进作用。

三、调节变量的影响

在研究企业家社会资本对创业企业战略选择影响中，学者们往往选择将创业企业规模、创业企业性质、创业企业经营年限等作为调节变量（Peng and Luo，2000；Li and Zhang，2007）。本书认为，金字塔底层企业家政治关系资本与创业行为选择的关系同样受这些变量的影响。因此，本书将创业企业规模、创业企业性质、企业家行业经验三个变量作为调节变量，分析其在以上关系中的作用。

（1）创业企业规模。创业企业规模一方面是企业家创业发展的结果，另一方面也会影响企业家创业行为的选择。首先，随着创业企业规模的扩大，企业内部相关管理制度和流程趋向科学化、规范化，企业创业战略决策应综合考虑更多利益相关者的利益诉求，单一的维度的企业家政治关系资本在创业行为选择中的作用开始下降；其次，创业企业规模的扩大也意味着企业知名度的提升，为避免"好事不出门，坏事传千里"对企业声誉的损害，企业家将会减少创业活动中寻租等非合规创业行为，实现企业知名度和美誉度的同时提升。因此，得出以下假设。

假设 3：创业企业规模在金字塔底层企业家政治关系资本与非合规创业行为关系中起负向调节作用。即随着创业企业规模的扩大，企业家政治关系资本对其非合规创业行为的正向促进作用会减弱。

（2）创业企业性质。学者们一般从企业所有制视角来界定创业企业性质，将其区分为国有企业和民营企业。基于特定的政治制度环境，金字塔底层国有企业的企业家往往同时在扮演企业家和政府官员两个角色，即有相当部分国有企业高层管理者游离于企业和政府部门之间，'商而优则仕"。由于委托代理问题的存在，相较于民营企业而言，国有企业高管更不愿意运用个人政治网络为企业发展服务（巫景飞等，2008）。更不用说，为规避寻租等非合规创业行为可能给自身未来仕途带来的风险，国有企业企业家不太可能会积极主动运用个人政治关系资本采取非合规创业行为来帮助企业获取竞争优势。因此，得出下列假设。

假设 4：民营企业企业家政治关系资本对其非合规创业行为的正向促进作用要强于国有企业。

（3）创业企业经营年限。随着企业经营年限的增加，创业企业积累的资源日益增加，在社会关系网络中的嵌入性得到了提升，在创业企业经营过程中所能获得的各种支持也日益增加。这意味着，为利用某一创业机会，利用创业企业家政治关系资本被动实施寻租等非合规创业行为的必要性下降。因此，得出下列假设。

假设 5：创业企业经营年限在金字塔底层企业家政治关系资本与非合规创业行为关系中起负向调节作用。即随着创业企业经营年限的增加，企业家政治关系资本对其非合规创业行为的正向促进作用会减弱。

综上所述，本章的研究概念模型如图 8-1 所示。

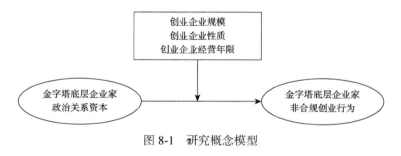

图 8-1　研究概念模型

第二节　样本选择与变量测度

一、样本选择与数据收集

由于非合规创业行为含有创业企业负面信息，创业企业家不愿或难以客观真实地评价自身非合规创业行为。借鉴前人研究成果，对待这类变量可以采取他人评价的方式来测度（Gulati and Sytch，2008）。因此，在选择研究样本方面，必须考虑样本企业之间的相互了解程度，通过样本间的互评来测度企业家非合规创业行为。

通过与湘西州民委的紧密合作，本章选择湘西州 345 家"两民"企业作为研究样本。湘西州地处国家集中连片特困区——武陵山片区的中心腹地，辖地有 7 个国家级贫困县和 1 个省级贫困县（市）。"两民"企业是少数民族贸易企业和少数民族特定需求用品定点生产企业的简称，是民族地区技术创新的重要主体。因此，选择湘西州 345 家"两民"企业作为研究样本，完全符合本书研究中有关金字塔底层情境的设定。此外，"两民"企业作为一种国家有专门扶持政策的特殊企业类型，在我国目前的制度设计中其认定必须经由民政部门审批。因此，一定区域内获批的"两民"企业一般而言相互较为了解。另外，"两民"企业的申报认定过程同时也是企业家构建起与政府相关部门及官员政治关系联系的过程，这些"两民"企业企业家往往具有一定的政治关系资本。因此，选择湘西州"两民"企业作为研究样本，符合本书研究的情境设定，契合本章的研究主题。综上所述，最终将湘西州"两民"企业确定为本书的研究样本。

为取得调查对象的配合，在湘西州民委的支持下，我们取得了湘西州 345 家"两民"企业的联系方式，并首先跟这 345 家企业的企业家进行了电话联系，但仅有 242 家企业同意进行调查。缺少时间和不愿意参与调查是这些企业主或管理者拒绝参与调查的主要原因。然后，于 2013 年 5 月至 2014 年 8 月对 242 家企业进行了问卷调查，在调查过程中有 3 家企业倒闭。回收 235 份问卷，在排除了 5 份明显不是企业主或主要管理者的问卷后，最终收回有效问卷 230 份。

二、变量测量

对企业家政治关系资本的测度，目前已有众多成熟的研究成果。借鉴巫景飞等（2008）有关企业家政治网络的测度方法，作者在调查问卷中设计了类似题项要求被调查企业家填写。金字塔底层企业家政治关系资本测度题项如表 8-1 所示，在党派关系资本维度，如果被调查者选择了该项，则得分为 1，否则得分为 0；在政府关系资本维度，选择"是"，则按照选择乡镇/县/州市/省/全国（股级/科级/处级/厅级/省部级及以上）分别得分 1、2、3、4、5 分，选择"否"，则得分为 0。然后再逐项相加，最终所得总分即为该企业家的政治关系资本得分，如式（8-1）所示。得分越高，意味着该企业家的政治关系资本越丰富。

$$\mathrm{TPN}_{ijk} = \sum_{k=1}^{3} \sum_{j=1}^{6} x_{ijk} \qquad (8\text{-}1)$$

其中，TPN_{ijk} 为第 i 家企业的企业家政治关系资本分值；X_{ijk} 为第 i 企业在第 j 项问项上的得分。

表8-1   金字塔底层企业家政治关系资本测度题项

概念	维度	题项
企业家政治关系资本	党派关系资本	是否为中共党员
		是否为民主党派
	政府关系资本	是否有下列政府部门工作经验（含军队）（乡镇/县/州市/省/全国）
		是否在政府部门担任过领导岗位（股级/科级/处级/厅级/省部级及以上）
		是否担任过"两会"代表（乡镇/县/州市/省/全国）
		是否获得过政府帮法的劳模、先进个人、优秀企业家、三八红旗手等（乡镇/县/州市/省/全国）

本书按照其他企业评价的方式来测度创业企业家的非合规创业行为。首先，根据"两民"企业所在县市对所有"两民"企业进行了分组。然后，要求组内企业的企业家对其所在县市其他"两民"企业非合规创业行为进行评价（1分表示"从不采取非合规创业行为"，5分表示"不合规创业行为很多"）。同时，根据评价企业给出对被评价企业的熟悉程度（1分表示"完全不熟悉"，5分表示"非常熟悉"），将其作为非合规创业行为评价的权重。最后，计算企业非合规创业行为的加权平均值，即为该企业非合规创业行为的最终得分（1分表示"非常合规"，5分表示"非常不合规"）。

创业企业规模、创业企业性质等控制变量则采用了下列方法测度。以企业年营业收入作为企业规模测量指标，并取自然对数；如果企业为民营企业，创业企业性质取值为0；企业为国有企业，创业企业性质则取值为1；创业企业经营年限方面，以企业工商营业执照的注册年份作为起点，计算到2014年年底的持续年数。

第三节　金字塔底层企业家非合规创业行为实证

一、样本的描述性统计分析

（一）样本基本情况

表8-2归纳总结了调查样本企业的基本情况。样本企业中有将近一半的企业属于中型企业（年营业收入为501万~20 000万元），样本企业绝大部分企业为中小微企业（占比高达90.6%），仅有9.4%的企业为大型企业，这符合贫困地区企业规模整体分布情况。

表8-2　调查样本企业的基本情况（N=230）

年营业收入/万元	比例/%	企业性质	比例/%	企业经营年限	比例/%	企业家受教育程度	比例/%	企业经营行业	比例/%
<50	3.5	国有	21.3	0~2 年	14.3	小学	6.5	生产制造业	41.3
50~500	27.4	民营	78.7	2~5 年	28.7	初中	18.3	服务业	18.7
501~20 000	59.7			5~8 年	25.6	高中	32.6	商贸流通业	40
>20 000	19.4			8~10 年	19.5	大学及以上	42.6		
				10 年以上	11.9				

另外，样本企业中国有企业比重为 21.3%，民营企业比重为 78.7%，这意味着民营企业是"两民"企业的主力军，这也是 20 世纪贫困地区很多国有企业在"抓大放小"的国有企业改制潮流中转变为民营企业的一种反映。

在企业经营年限上，有43%的企业经营年限低于 5 年，即属于初创企业或新创企业，这在一定程度上也反映金字塔底层蕴藏着大量的创业机会，企业家创业活动较为活跃。

企业主受教育程度方面，有42.6%的企业家具有大学及以上学历，这意味着相对于贫困地区居民整体受教育程度较低的现状，创业企业家具有较高的受教育水平，从而为其创业提供了更为丰富的人力资本支持。这在一定程度上也反映了贫困地区居民的整体受教育水平不高，对市场机会的认知和把握能力较弱，从而限制了其创业机会的识别和创业实践的实施。而具有较高受教育程度的居民成为创业企业家的可能性更大。

同时，在这些创业企业经营的行业方面，专注于生产制造业的比重为 41.3%，商贸流通业的达 40%，单纯的服务业的仅为 18.7%。这表明，当前贫困地区创业企业家受制于当地较为落后的整体经济社会发展现状，第三产业不是贫困地区企业家创业的主流方向，大多数企业家依然将创业的行业限定为对当地丰富的原材料资源进行加工制造，或者停留于技术含量较低的商贸流通产业。

总之，从企业年营业收入、企业性质、企业经营年限、企业家受教育程度、企业经营行业五个方面的数据可知，样本企业的总体情况符合贫困地区企业的实际情况，能够较好地反映贫困地区企业的基本情况，从而从数据来源方面保证了本课题研究的可靠性。

（二）样本企业企业家政治关系资本基本情况

利用式（8-1）对样本企业的企业家政治关系资本基本情况进行了统计，如表8-3 所示。样本企业中，企业家具有中共党员和民族党派身份的人数分别为 105 家和 8 家，所占比例分别为 45.65%和 3.48%；企业家中具有各级政府部门工作经验的比例达到了 42.17%，其中在各级政府部门担任过领导岗位的也有15.22%。以上数据表明，中共党员是贫困地区创业企业家的一个重要的身份标志，也意味着贫困地区创业企业家有相当一部分来源于政府企事业单位原有的员工，并有一部分担任过政府部门的领导岗位。

表8-3　样本企业的企业家政治关系资本基本情况

企业家政治关系资本	基本情况		
	选择"是"的企业（家）数量/个	比例/%	得分
中共党员	105	45.65	105
民主党派	3	3.48	8
有下列政府部门工作经验（含军队）（乡镇/县/州/市/省/全国）	97	42.17	253
在政府部门担任过领导岗位（股级/科级/处级/厅级/省部级及以上）	35	15.22	57
担任过"两会"代表（乡镇/县/州/市/省/全国）	126	54.78	246
获得过政府颁发的劳模、先进个人、优秀企业家、三八红旗手等奖项（乡镇/县/州/市/省/全国）	143	62.17	313
企业家政治关系资本均值	4.28		
企业家政治关系资本标准差	2.13		
样本企业数	230		

除了具有党员身份和具有政府部门工作经验的企业家，担任过各级"两会"代表和获得过各级政府颁发的奖励的企业家所占比重更高，分别达到了54.78%和62.17%。这意味着，受限于贫困地区相对落后的经济社会发展现状，企业在地方经济社会发展中的作用更加凸显。为了鼓励或表彰企业在促进贫困地区经济社会发展中做出的贡献，贫困地区各级政府通过吸收企业家成为"两会"代表或颁发各种奖励等方式赋予了这些企业家更多的政治资源。

通过对所有样本企业企业家政治关系资本的统计，得出样本企业企业家政治关系资本的均值为4.28，这意味着贫困地区金字塔底层企业家具有较高的政治关系资本，与2006年我国上市公司高管政治网络得分（4.31）相差无几（巫景飞等，2008）。

（三）样本企业企业家非合规创业行为基本情况

本章按照其他企业评价的方式来测度创业企业家的非合规创业行为。通过数据统计，金字塔底层企业家非合规创业行为得分均值为3.12分（1分表示"非常合规"，5分表示"非常不合规"），企业家非合规创业行为得分的标准差为0.57。非合规创业行为得分均值超过了中值2.5分，且标准差变动小。这意味着金字塔底层企业家普遍有较高的非合规创业行为，假设1得到了验证。

二、回归分析结果

使用应用层次线性回归方法来研究企业家政治关系资本与企业家非合规创业行为之间的关系。简而言之，就是通过加入自变量、调节变量，然后自变量与调节变量之间的交互项来逐步检验企业家政治关系资本对企业家非合规创业行为的直接效应，以及调节变量的调节作用。模型中的自变量、调节变量和因变量如表8-4 所示。

表8-4　模型中各种变量的设定

变量类型	变量名称
自变量	企业家政治关系资本
调节变量	创业企业规模、创业企业性质、创业企业经营年限
因变量	企业家非合规创业行为

表 8-5 是金字塔底层企业家政治关系资本、调节变量对企业家非合规创业行为的回归分析结果。其中，模型 1 测试了自变量、调节变量对因变量的主效应模型，模型 2 则是加入交互效应后的全效应模型。检验结果显示，模型 1、模型 2 的 F 检验均显著，表明模型拟合情况良好。同时，发现膨胀因子 VIF 值都远低于10，这表明各变量间线性重合问题不严重。

表8-5　金字塔底层企业家政治关系资本、调节变量对企业家非合规创业行为的回归分析结果

变量	企业家非合规创业行为	
	模型 1	模型 2
企业家政治关系资本	0.118***	0.124***
创业企业规模	−0.091***	−0.086***
创业企业性质	−0.062**	−0.043**
创业企业经营年限	−0.044***	−0.057***
企业家政治关系资本 × 创业企业规模		−0.035***
企业家政治关系资本 × 创业企业性质		−0.026**
企业家政治关系资本 × 创业企业经营年限		−0.015**
调整后的 R^2	0.313	0.627
F 值	11.274***	7.564***

***、**、*分别表示在 1%、5%、10%的显著性水平上通过统计检验

模型 1 显示，在没有考虑交互项的情况下，金字塔底层企业家政治关系资本与非合规创业行为之间存在显著性的相关关系(回归系数 0.118，1%显著性水平)；模型 2 则显示，在加入调节变量交互项之后，金字塔底层企业家政治关系资本与

企业家非合规创业行为之间依然显著相关（β=0.124，P=0.01）。模型 1 和模型 2 中企业家政治关系资本与企业家非合规创业行为之间的回归结果表明，金字塔底层企业家政治关系资本对企业家非合规创业行为有着正向促进作用，假设 2 得到了验证。

模型 2 通过对金字塔底层企业家政治关系资本与创业企业规模、创业企业性质、创业企业经营年限三个变量的交互项与企业家非合规创业行为之间的回归分析来测度以上三个变量在金字塔底层企业家政治关系资本与企业家非合规创业行为之间关系中的调节作用。

金字塔底层企业家政治关系资本×创业企业规模这一交互项与企业家非合规创业行为之间的回归系数为-0.035（1%的显著性水平），这意味着创业企业规模在金字塔底层企业家政治关系资本与企业家非合规创业行为之间关系中起到了负向调节作用，即随着创业企业规模的扩大，金字塔底层企业家政治关系资本对企业家非合规创业行为的正向促进作用将会减弱，假设 3 得到了验证。

金字塔底层企业家政治关系资本×创业企业性质与企业家非合规创业行为之间的回归系数为-0.026（5%的显著性水平）。由于测度创业企业性质时，我们将"民营企业"定值为 0，将"国有企业"定值为 1，这意味着创业企业性质在金字塔底层企业家政治关系资本与企业家非合规创业行为之间关系中起到了负向调节作用，即民营企业企业家政治关系资本对其非合规创业行为的正向促进作用要强于国有企业，假设 4 得到了验证。

金字塔底层企业家政治关系资本×创业企业经营年限与企业家非合规创业行为之间的回归系数为-0.015（5%的显著性水平）。这表明创业企业经营年限在企业家政治关系资本正向促进企业家非合规创业行为中间起到负向调节作用，即随着创业企业经营年限的增加，企业家政治关系资本正向促进企业家非合规创业行为的程度将会减弱，假设 5 也得到了验证。

第四节　本 章 小 结

作为企业战略的策划与决策者，企业家在企业创业过程中起着至关重要的作用。企业家不仅为企业创业提供物质资本和人力资源，还为企业创业提供社会资本以降低创业风险。植根于独特的传统文化背景和特殊的制度环境，金字塔底层企业家政治关系资本往往是影响其创业行为选择的关键因素，将企业家政治关系资本纳入创业行为选择研究中，不仅可以拓展和丰富金字塔底层创业理论，而且能更好地解释金字塔底层创业的现状和创业企业的成长。因此，本书以企业家政治关系资本为理论视角，以湘西州345家"两民"企业为研究对象，对金字塔底层企业家政治关系资本与创业行为选择之间的关系进行了分析。通过研究，得出以下结论与启示。

（1）金字塔底层企业家创业过程中倾向于采取更多的非合规创业行为。一般而言，金字塔底层企业成长所需的人、财、物等各种资源相对不足，资源的稀缺性特征突显。而非合规创业行为相较于合规创业行为而言，将能为创业企业在资源竞争中获取优势地位。加之，金字塔底层各种法律法规制度环境相对不够完善，企业经营面临各种情境约束，如社会对企业家的评价不高、经常性的税务检查、政府官员的腐败等，使企业家陷入被动的非合规创业行为中，即非合规创业行为是创业的先决条件。再因金字塔底层企业环境不稳定程度更高，姜翰等（2009）已证明环境的不稳定性将会显著强化创业企业的机会主义倾向——违背契约规定、不正当的短期寻租等——来规避外部环境带来的创业风险。因此，金字塔底层企业家创业过程中有着更高的非合规创业倾向。

金字塔底层企业家非合规创业行为的倾向在帮助所创企业获取竞争优势的同时也损害了其他企业的利益，无法实现社会福利的"帕累托最优"。加之，非合规创业行为的实施容易使企业家陷入一种路径依赖，而从长期来看，非合规创业行为对企业长期绩效的影响是负向的（龙海军，2016）。因此，从长期来看，金字塔底层政府应通过采取各种措施，努力拓宽创业资源渠道，破解金字塔底层创业资源瓶颈，并通过强化制度建设，将"权力关在笼子里"，消除行贿索贿等非合规创业行为的制度漏洞，使金字塔底层企业家减少主动或被动非合规创业行为。

（2）金字塔底层企业家政治关系资本对企业家非合规创业行为有正向促进作用。实证分析表明，金字塔底层企业家的政治关系资本对企业家非合规创业行为有着明显的正向促进作用。金字塔底层市场机制建设相对落后，政府依然在行业准入、资源配置等方面拥有相当的权力。企业家丰富的政治关系资本能够为其提供私人的信息优势，并能提供其创业所需的各种资源条件，导致企业家政治关系资本的价值属性更加凸显。金字塔底层创业企业家往往具有更强烈的动机培育更多的政治关系资本，进而获取更多的私人信息优势。加之，金字塔底层由于法律法规的相对不完善，对寻租等非合规创业行为的惩治力度相对较轻，则进一步激发了金字塔底层企业家依托政治关系资本选择寻租等非合规创业行为的动机。

由此可见，金字塔底层企业家政治关系资本对企业家非合规创业的正向促进作用应归因于政治关系资本在帮助企业家获取各种创业资源上的价值。企业家政治关系资本的这种资源获取优势价值会进一步助长企业家通过采取非合规创业行为来构建其政治关系资本，以形成企业家与政府部门或其职员之间的"利益共同体"。要打破企业家政治关系资本—创业资源优势—非合规创业行为—更多的企业家政治关系资本这一链条，就必须首先破坏企业家政治关系资本能给金字塔底层企业家带来的创业资源优势。而这往往取决于重塑政府职能，将市场能做的交给市场，由市场来实现资源的最佳配置。

（3）创业企业规模、创业企业性质、创业企业经营年限等变量对企业家政治关系资本、非合规创业行为的影响均有负向调节作用。实证数据说明，随着创业企业规模的扩大和企业经营年限的增加，企业家政治关系资本对非合规创业行为的正向促进作用将会减弱。这意味着，金字塔底层企业家非合规创业行为的选择更大可能性上是企业家为了获取创业成功的权宜之计，随着创业企业的成长，企业家将会逐步减少非合规创业行为。而相较于国有企业，民营企业企业家政治关系资本对非合规创业行为的正向促进作用更为明显。这在一个侧面反映了目前我国国有企业高层管理者的职业发展路径更为多元，国有企业高层管理者通常在政府部门和国有企业之间流动，这种流动对于抑制其非合规创业行为具有积极影响。

第九章 金字塔底层创业者"关系"与组织合法性

　　按照世界银行标准我国贫困人口多达 2 亿。扶贫工作是国家重大战略举措。在政府提出的"专项扶贫、行业扶贫、社会扶贫"三位一体的扶贫战略中，促进当地产业发展是关键。推动金字塔底层的创业实践是发展当地产业的一条有效路径。新创企业的创业活动能在一定程度上达到减少贫困的目的。然而，金字塔底层创业却常面临与当地居民缺乏连接、对当地不熟悉、合法性门槛（legitimacy threshold）等问题，致使许多企业难以获取组织合法性（organization legitimacy），并因此缺乏一些关键生产资源，甚至面临倒闭的危险。因而，对金字塔底层新创企业而言在创业初期通过获取组织合法性的方式生存下来就显得尤为重要。

　　目前，关于组织合法性获取的研究主要分为制度学派和战略学派。制度学派认为企业应通过模仿活动获取组织合法性，向已获取组织合法性的企业学习，在社会公关等方面与这些企业趋同。战略学派则认为企业应发挥自身的主观能动性来主动获取组织合法性，如通过战略联盟、承担社会责任（corporate social responsibility，CSR）等方式，主动赢取组织合法性。然而，无论是制度学派还是战略学派，在探究企业如何获取组织合法性时，均没有涉及金字塔底层的特殊情境。

　　金字塔底层存在独特的竞争环境和制度环境。发达市场普遍存在的供应商、分销商及金融服务提供商等价值链中的互补者在金字塔底层并不存在，为弥补价值链缺口，往往需要政府、NGO、社区等非市场参与者的加入，并且企业不能将当地居民仅视为消费者，而是需要将其作为生产者乃至合作伙伴，企业和当地居民在相互依赖、共同承担责任过程中形成利益共同体。不仅如此，金字塔底层正式制度强度较弱，但是非正式制度却相对较强。金字塔底层关系网络中个人连接、直接连接更多，正式的、交易型连接缺乏，非正式连接强度远大于契约等正式连接，强势的传统连接（血缘、氏族、地缘关系等）很大程度上能代替更加正式的连接，因而企业在金字塔底层的经营活动会在很大程度上受到这种关系网络的影响。

　　金字塔底层新创企业规模一般较小，企业的网络关系可以视同为创业者个人关系，因此，金字塔底层创业者"关系"会影响企业组织合法性的获取。然而，前人的研究不仅还未探讨在金字塔底层独特情境下创业者"关系"对企业获取组织合法性的影响机制，更遑论探究创业者"关系"对组织合法性的具体作用机理，因此，金字塔底层新创企业如何利用创业者"关系"在获取组织合法性的同时促进自身发展的问题还存在理论研究的空白。鉴于此，本章选取武陵山国家连片特困地区的 6 家新创企业进行案例研究，以期从微观层面揭示创业者"关系"对新创企业组织合法性的作用机理和路径。

第一节　金字塔底层创业者"关系"与组织合法性的关系

一、组织合法性及获取途径

组织合法性是指组织被经营环境所接受，具体而言，组织合法性是指在一个由价值观、信念、社会规范和准则所构建的社会体系中，组织实体的行为是恰当的、是被认可的、是符合社会预期的。学者们根据其研究目的对组织合法性进行了多种分类：Long 和 Driscoll（2008）根据企业道德准则，将合法性分为道德合法性、认知合法性及战略合法性；Muller 等（2009）在供应链管理中将合法性分为投入合法性、生产合法性（throughput legitimacy）和产出合法性；李玉刚和童超（2015）在借鉴 Philippe 和 Durand（2011）分类的基础上，提出了过程合法性和结果合法性的分类；Tornikoski 和 Newbert（2007）从新创企业自身发展需求的角度提出了战略合法性（strategic legitimacy）和自洽合法性（conforming legitimacy）。根据本章的研究情境，本章采用 Tornikoski 和 Newbert（2007）关于组织合法性的分类，其中战略合法性是指企业从战略视角出发，通过企业关系网络构建、组织内部治理及企业外部市场运营等方式，主动赢取企业生存发展的环境；自洽合法性则是指企业自身所具备的，如企业管理人员受教育情况、相关认证、市场地位等可被外界利益相关者所感知到用于判断企业合法性的信息。

Zimmerman 和 Zeitz（2002）、李雪灵等（2011a）、田志龙等（2014）学者对新创企业获取组织合法性途径进行相关研究。结合相关学者研究，企业获取组织合法性的方式可以分为改变企业自身和改变外部环境两种。改变企业自身主要是指企业通过资源获取、关系网络构建、提升自身生产力、通过相关认证等方式，赢取企业经营环境中利益相关者的认同，获取组织合法性；而改变外部环境则是指企业通过广告或者公关等活动，改变利益相关者的认识或相关规则，从而获取组织合法性。

通过改变企业自身来获取组织合法性的具体方式有很多。例如，田志龙等（2014）研究发现，企业可以通过企业社区参与（corporate community investment, CCI）的方式，与社区组织及居民一起参与到社区日常问题的解决过程，来获取企业在当地的组织合法性；Zheng 等（2015）研究发现，企业可以通过企业的企业社会责任活动来获取组织合法性；杜运周和张玉利（2012）认为，通过顾客授权，让顾客参与到产品设计，能够促进顾客和企业的互动，增强顾客的心理归属，有利于企业获取组织合法性。通过改变环境来获取组织合法性的途径相对则较少，也很少有学者进行相关研究，主要是通过消费者教育的方式来完成，这种方式一般成本较高，一般只有新创企业推出市场上不存在且顾客难以接受的产品时企业才会使用这种方法。

二、金字塔底层创业者"关系"与组织合法性

"关系"起源于春秋战国时期，至今一直在影响中国，表现为一种人与人之间的联系。目前，国内外学术界对关系本质的认知有以下几种，即网络关系、联系、管理者连接（managerial ties）、社会连接、社会资本。根据本章研究情境，我们采用 Boisot 和 Child（1996）定义，将"关系"定义为一种网络关系，是一种人与人之间或强或弱的连接。按照关系连接的对象，创业者"关系"可分为政府关系、企业关系、亲友关系三种。政府关系是指企业与地方政府、监管部门等权力机构之间的连接；企业关系是指企业与价值链中的供应商、分销商及竞争对手等企业之间的连接；亲友关系是指创业者及企业员工与亲朋好友等建立的人际关系。

金字塔底层关系网络与发达地区最大差异在于，金字塔底层存在大量的非正式连接，而正式连接相对较弱。此外，由于制度建设相对落后，金字塔底层正式的、交易性连接比较缺乏，个人连接相对普遍。金字塔底层类似于血缘、地缘关系、氏族等个人连接相对传统，甚至能够在一定程度上代替正式连接。政府关系一方面得益于相关部门的优惠政策，另一方面则依赖于企业相关人员同政府官员之间的非正式连接；金字塔底层企业关系则不同于发达地区，企业之间的契约关系相对较弱，取而代之的是企业相关人员之间的个人连接；金字塔底层亲友关系基本属于个人连接，存在极少数的正式契约关系。

金字塔底层非正式连接强度要比正式连接强得多，而且正式制度的建设也不够完善，也就致使企业在金字塔底层经营时面临着较高的风险和较大的不确定性。因此，企业利用创业者"关系"获取相关信息的准确性、可信度也就相对较高，从而有利于企业获取组织合法性。此外，Tsai 和 Ghohal（1998）研究发现，企业同当地政府官员建立非正式连接，发展关系，能够在一定程度上弱化企业所面临的组织合法性压力。而相对发达地区而言，相关政府职能部门在企业经营过程中

所扮演的角色相对重要，所以金字塔底层同政府部门的关系对企业组织合法性的作用会更大。如前文分析，学者们尽管对关系对企业获取组织合法性做出了一定的研究。然而，鲜有文献探究在金字塔底层独特情境下创业者"关系"对组织合法性的作用，学者们对其中具体的微观作用机理研究的也不够透彻。

三、包容性商业模式及其中介作用

包容性商业模式（inclusive business model）是指企业在经营过程中努力兼顾自身的经济效益和社会效益，其实质是金字塔底层创造共享价值（create shared value，CSV），即同时为企业和社会创造价值。金字塔底层构建包容性商业模式的企业试图通过将低收入群体纳入企业的价值链，与低收入群体共同创造价值，从而达到扶贫的目的。此外，包容性商业模式的提倡者们主张在复制发达地区经验的同时结合金字塔底层当地的本土经验，合理整合相关经验之后，更好地为企业和当地创造价值。

如前文所述，金字塔底层个人及组织连接不同于发达地区，也就导致金字塔底层在商业模式构建过程中体现出与一些发达地区不同之处。由于市场参与者相对较少，金字塔底层价值链存在缺口，缺乏对应的供应商、分销商来补全其价值链。因此，为了方便企业创造价值，企业需要同其他的非市场参与者进行合作，以便能够弥补这些价值链的缺口。然而，由于金字塔底层独特的关系网络特征，正式的契约制度相对缺乏，企业需要利用金字塔底层普遍存在的非正式连接来巩固这些合作。Luo 和 Chung（2005）发现企业可以利用其自身关系来弥补金字塔底层的价值链缺口，进而为企业的价值创造提供便利。结合前文分析，金字塔底层创业者"关系"有利于企业进行价值创造活动，从而影响企业商业模式构建，即创业者关系能够影响金字塔底层企业构建包容性商业模式。

根据包容性商业模式定义可知，企业构建包容性商业模式可以同时为企业和当地社区带来益处，为社会福利做出一定贡献。企业社会责任强调企业在特定制度环境下，通过自身经营对社会及利益相关者产生影响，追求在企业存续期内能够有效增进社会福利。Du 和 Vieira（2012）及 Zheng 等（2015）均发现企业 CSR 行为可以为企业带来组织合法性。比较分析包容性商业模式与 CSR 定义，不难发现二者的相同点在于均有利于社会福利，而 CSR 凭借其为社会带来的福利而获取了组织合法性，因此，不难分析出企业在构建包容性商业模式后，不仅能够带来社会效益，还有利于企业自身绩效，并可以为企业带来组织合法性。

综上所述，创业者"关系"有利于企业构建包容性商业模式，而包容性商业模式能够为企业带来组织合法性。因而，创业者"关系"通过包容性商业模式为企业赢取组织合法性。

四、概念框架

金字塔底层情境下关系、包容性商业模式及组织合法性三者之间存在着必然的逻辑关系。创业者"关系"是企业获取组织合法性的重要前因变量,不仅能够直接作用于企业组织合法性的获取,还可以通过作用于包容性商业模式间接作用于组织合法性。因此,本书推演出如图 9-1 所示的概念框架图。

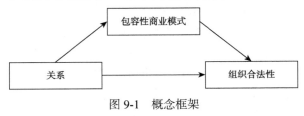

图 9-1　概念框架

第二节　研　究　方　法

本节一方面需要对上文提出的关于创业者"关系"、包容性商业模式、组织合法性三者之间的逻辑关系框架进行论证,另一方面则需要探究这三者逻辑关系内在具体微观作用机理,因此本节兼具理论验证和构建的双重特点。而案例研究不仅可以构建理论,还可以验证理论,所以本节适合采用案例研究的方法。此外,由于将多个案例进行比较分析能够避免结论的偶然性,提高理论的信度和效度,故本节选取了多个案例,采用多案例研究的方法。

一、案例选择

本节研究目的是验证创业者"关系"、包容性商业模式、组织合法性三者之间的逻辑关系,并探究其具体作用机理,因此本节围绕这一研究目的构建了系列案例选择标准,具体标准如下:①案例企业在地理位置上位于武陵山国家连片特困地区;②案例企业成立时间不超过 8 年;③案例企业的主营业务在武陵山片区有一定代表性,能够在一定程度上代表当地主要产业;④经过 Certo 和 Hodge(2007)量表测量,企业在当地获取了组织合法性;⑤从商业模式上看,案例企业战略特点符合包容性商业模式特点。此外,本节在研究过程中一直调整相关的案例企业,根据实际的研究需求更换或者补充相关的企业信息,即采用交互式策略来进行案例选择。按照以上的案例选择标准,并遵循交互式策略,本节最后选择了 6 家企业，并收集相关信息作为本节的研究素材。其中，4 家传统农业生产加工企业，1家工业企业，1 家服务业企业，所选案例企业的比例能够代表金字塔底层独特的产业结构，各案例企业的基本信息如表 9-1 所示。

表9-1　案例企业的基本信息

企业	所属行业	主营业务	成立时间
宝田茶业	农业	有机茶叶生产加工	2007 年
龚康辣椒王	农业	剁椒酱加工	2007 年
野生山茶油	农业	山油茶生产加工	2010 年
谷粒瓜瓜	农业	烟叶种植	2013 年
马尔斯	工业	LED 照明设备生产	2010 年
心手合一	服务业	文化创意	2014 年

二、数据收集

从多种来源收集材料进行三角验证能够增加研究效度。本节收集了相关企业的一手和二手资料。其中一手资料的收集主要来源于同案例企业相关人员进行的深入访谈，二手资料的来源则主要分为以下几种渠道：①企业官方网站关于企业的相关信息；②互联网上关于企业的相关信息；③当地报刊中关于企业的相关信息；④相关学术文献中关于案例企业的信息；⑤商学院案例中关于案例企业的相关信息，如野生山茶油的案例就借鉴了田宇等编撰的案例集；⑥一些商业比赛中关于案例企业的信息，如心手合一部分信息来源于当地的青年创业大赛；⑦相关行业资料中关于案例企业的信息。

三、数据分析

按照前文介绍的方式收集相关案例企业一手及二手资料后，我们将这些进料进行编码分析，试图从收集到的大量资料中归纳提炼相关信息组建构念，构建理论，进而验证前文提出的研究框架。因此本书跳过开放编码，直接进行轴心编码和选择性编码，梳理并分析核心范畴、主范畴、副范畴之间的逻辑关系。本书严格按照前文提出的研究框架进行编码分析，因为这种方式更加容易，更适合本书，也更加有效。同时，本书借助 NVIVO 10.0 来辅助我们的编码工作，以便相关研究人员能够更好地、系统地完成数据编码任务。编码过程中我们对编码主范畴和副范畴进行深入分析，由两位该领域研究生对相关编码信息所属核心范畴、主范畴和副范畴进行深入讨论，如果两位研究人员对某一编码信息不能达成一致则删除该编码信息。在选择式编码过程中，研究人员发现企业关系不能够很好地概括除政府部门外与其他法人实体的关系，所以本文采用"企事业单位关系"代替"企业关系"。其他概念均为前人提出，并未做太大修改。最终梳理出 132 个副范畴，表 9-2 是开放式编码部分示例，最后通过轴心编码、选择式编码筛选，删减了部分副范畴。图 9-2 是编码过程及结果图，由于篇幅限制，本书将不再就轴心编码和选择性编码的相关工作进行详细展开论述。

表9-2　开放式编码示例（部分）

初始范畴	典型引用
优惠政策	湖南省湘西州政府承诺给到当地设厂的企业提供用地优惠税费减免等优惠政策（马尔斯）
血缘关系	在马尔斯科技创立初期企业雇用的员工多为当地田姓居民（马尔斯）
资源整合	召集了当地有着多年种植经验的老农户，并结合当地科研机构技术人员提供的技术发展了一套独有的种植技术（野生山茶油）
生产技能积累	当地居民大部分本就具备烟叶种植经验，能够完成简单的制作工序，只需通过简单的技能培训即可上岗（谷粒瓜瓜）
良好的自然环境	茶叶种植园位于雪峰山脉，海拔 840 多米，方圆近百公里无大气污染和地质污染，非常适合有机茶叶的种植（宝田茶业）
定期进行培训	公司常年聘请湖南省茶叶研究所教授为公司的技术顾问，每年公司举办 2~3 期种茶培训班(宝田茶业）
政府大力支持	会同县相关政府部门大力支持茶叶产业发展，不仅给企业提供技术、资金等方面的支持，还帮助企业实施走出去战略，通过展会等各种方式提高企业产品在外部的知名度（宝田茶业）
廉价的劳动力	公司选择在该地设厂的主要因素之一便是看中了这里有大量廉价的劳动力（马尔斯电子科技）
共享价值	我们不仅向当地农户提供技术、资金支持，还会以高出市场价 5%~10%的价格主动收购当地农户种植的七星椒，不仅保障了企业的原材料供应和质量，还提高了当地农户的收入，实现了双赢（龚康辣椒王）
渠道成本	为了节约渠道成本，将更多的费用用于企业产品研发，企业充分借助互联网技术，通过微信公众号的方式向外界推广企业产品，同时将售后服务也转移到微信公众号（心手合一文化创意）

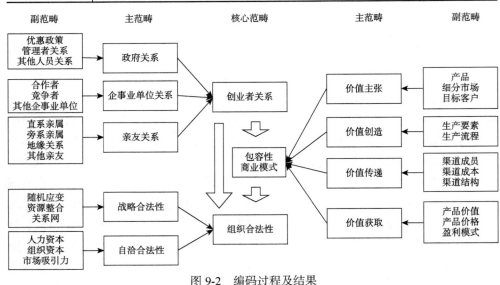

图 9-2　编码过程及结果

第三节　创业者"关系"对组织合法性的作用机理

一、创业者"关系"对组织合法性的直接作用

（一）创业者关系内在交互作用

对案例企业相关编码信息整理后，本书将各案例企业创业者"关系"列于表9-3，在表9-3中详细阐明了各案例企业所具备的政府关系、企事业单位关系及亲友关系。

表9-3　案例企业创业者"关系"列表

案例企业	政府关系	企事业单位关系	亲友关系
宝田茶业	政府对有机农业扶持政策	—	雇用当地村民为企业员工
龚康辣椒王	七星椒产业被列入政府"523"计划	与上游种植户关系	同当地村民关系
野生山茶油	政府大力发展茶油产业		同当地村民关系
谷粒瓜瓜	公司为湖南省烟草专卖局定点扶贫项目	—	企业独特的形式使员工均为本村村民
马尔斯	政府招商引资优惠政策	同当地职业院校签订用工合同	田氏兄弟同当地田姓村民的关系
心手合一	政府对非物质文化遗产的扶持		其他非遗传人同创始人爷爷的关系

注："—"表明在编码过程中未发现相关信息

本节发现各种关系之间存在一定的交互作用，如图 9-3 所示。即政府关系能够为企业带来企事业单位关系，亲友关系一方面可以为企业带来政府关系，另一方面可以为企业带来企事业单位关系。

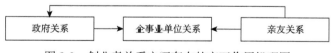

图 9-3　创业者关系之间存在的交互作用机理图

金字塔底层政府扮演着监管者、资源分配者、协调者等多重角色，甚至在协调企业与其他企事业单位关系中起到举足轻重的作用。例如，宝田茶业创始人在初创企业时资金不足，便是在当地政府的帮助下从当地银行获得了一笔贷款补充启动资金。金字塔底层交通相对不便，人口流动性较小，人与人之间的非正式连接普遍存在，人与人之间的人情有着较强的纽带作用。一旦创业者有亲友在政府部门或者相关企事业单位工作，或与之存在联系，创业者就可以以亲友关系为桥

梁，加强同政府或企事业单位之间的联系，建立正式或非正式连接，甚至可以起到加强关系的作用。例如，龚康辣椒王创始人便通过自身在当地建立起的亲友关系发展了多个合作社成为企业的供应商。心手合一创始人通过各位非遗传人同当地文化部门之间建立了联系，为企业发展争取了一些政策上的支持。

（二）创业者"关系"、资源获取与组织合法性

新创企业不仅面临着合法性门槛，还会因为其自身技术和市场不稳定而影响企业投入产出比和投资回报率，因而很少企业愿意为新创企业提供资源或与之合作。关系网络理论认为企业的关系网络能为企业带来其生产、发展所必须的相关资源，促进企业发展。

金字塔底层资源相对匮乏，资源分配权也往往掌握在政府手中，因而政府关系能在很大程度上影响企业的资源获取。宝田茶业核心生产要素便是当地独特的自然环境及适宜茶树生长的土壤，而正是在政府部门的帮助下宝田茶业才获得了岩鹰坡茶厂的经营权，并在后期逐渐进行扩张，种植规模现已达到 8 000 余亩。虽然政府掌握着核心生产资源，但人力、技术等资源却被竞争者、互补者等其他价值链成员及科研院校等企事业单位所掌握。野生山茶油虽采用传统的压榨工艺，并不涉及过多的机械生产操作，但当企业面临产能扩张时便需对生产现场进行有效的运作管理。借助于从相应企业聘请的管理人员，并从当地科研院校获取了相应技术支持，野生山茶油的产能扩张之路相对比较顺畅。此外，对于新创企业而言，亲友关系是企业初期一个重要的资源来源。龚康辣椒王最早生产剁椒的配方便是来自于祖上的口口相传，也正是凭借这一独特配方，龚康辣椒王的产品才能在激烈的市场竞争中占有一席之地并逐步拓展。通过亲友关系获取的资源一般成本较低，质量相对较高，能够为企业初期成长奠定良好的基础。

根据前文分类，组织合法性分为战略合法性和自洽合法性。战略合法性的实现需要企业对自身资源进行合理利用，而一旦缺乏相关资源，企业便无法进行相应生产活动，战略合法性也就无法实现。通过创业者"关系"获取资源之后，企业可以利用相应资源构建战略合法性。而通过创业者"关系"获取的资源成本相对较低，企业一方面可以获取更多的资源，另一方面则可以将节约下来的资源进行其他拓展活动，如进行相关认证增强企业自洽合法性等。

（三）创业者"关系"对组织合法性的直接作用

发现创业者"关系"对组织合法性存在直接作用。结合前文分析，深入挖掘编码信息，本书得出了创业者"关系"对组织合法性直接作用的微观机理，如图9-4所示。图9-4具体表现了创业者"关系"的内在交互作用，以及这些关系作用于组织合法性具体维度的微观机制。

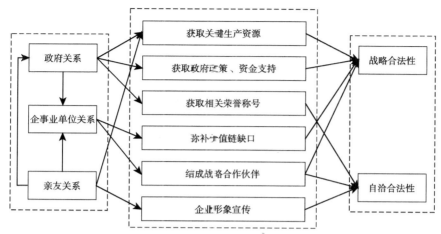

图 9-4 创业者"关系"对组织合法性直接作用的微观机理图

政府关系主要通过帮助企业获取关键生产资源、相关政府政策和资金支持，从而获取战略合法性；政府关系甚至可以通过影响企业与其他企事业单位关系从而影响企业组织合法性。谷粒瓜瓜是湖南省烟草专卖局定点扶贫的产物，在烟草专卖局的支持下谷粒瓜瓜获取了相关的技术及资金使企业的生产运营走上正轨。烟草专卖局的支持，使得企业有能力主动赢取企业生存发展的环境，从而获取组织合法性。此外，由于烟草专卖局同谷粒瓜瓜之间独特的关系，谷粒瓜瓜也同湖南中烟、广东中烟及上海中烟之间建立了合作关系。同时，政府给企业颁发的各种荣誉称号，也有利于企业获取自洽合法性。以马尔斯为例，马尔斯获得了湘西州科学技术二等奖，其产品受 2015 年湖南省战略性新兴产业与新兴工业化专项资金支持；公司董事长先后当选为湘西州优秀企业家，湘西州慈善总会副会长。这些都在向外界彰显马尔斯的相关实力和企业正当性，从而使企业获取自洽合法性。

企事业单位关系对企业的作用主要体现在帮助企业弥补其价值链缺口，或者同企业结成战略合作伙伴从而使企业获取战略合法性。例如，龚康辣椒王创始人利用其同当地七星椒种植基地相关人员的关系，在二者之间建立合作关系有效弥补了龚康辣椒王在价值链前段的缺口，为企业内部生产运营提供了良好环境，从而使企业有能力从战略视角出发，主动寻求组织合法性。此外，其他已获取组织合法性的企事业单位同企业结为战略合作伙伴之后也能够为企业带来自洽合法性。例如，马尔斯同当地职业技术院校之间达成战略合作伙伴关系，签订用工合同：一方面来自职业院校的学生有效填补了马尔斯技术工人的缺口，增强了马尔斯竞争力，有利于马尔斯获取战略合法性；另一方面，凭借与职业技术院校的合作，也在无形中提升了马尔斯的形象，并体现了其产品专业程度，有利于企业获取自洽合法性。

　　企业存在的亲友关系可以帮助企业在形象宣传方面添砖加瓦，从而为企业带来自洽合法性；也可以为企业带来一些稀缺资源，进而促进企业获取战略合法性。例如，宝田茶业创始人和员工向其亲友关系传递企业的有机农业生产理念及相关具体措施，有效宣传了企业形象，向受众展现了宝田茶叶的专业性，从而使企业获取了自洽合法性。心手合一从事非遗产品商业化推广，其创始人利用其爷爷带来的亲友关系给公司提供了大量非遗素材，从而使企业有能力从战略上去寻求组织合法性。另外，亲友关系可以作用于政府关系和企事业单位关系，从而帮助企业获取组织合法性。例如，心手合一创始人利用其爷爷同相应非遗传人的关系，使企业在非遗商业化过程中得到了相应传人的大力支持，同时创始人爷爷的这层关系也加强了企业同当地文化部门之间的关系，为企业获取相关部门帮助提供了便利。

二、创业者"关系"对组织合法性的间接作用

（一）创业者"关系"与包容性商业模式

　　金字塔底层独特的制度和商业环境导致当地的商业模式存在着一些与发达地区不同的特点。金字塔底层资源和市场参与者都相对缺乏，因此阻碍了企业的价值创造活动，进而影响企业构建包容性商业模式。

　　包容性商业模式的本质是同时为企业自身及企业所在地区创造价值，创造共享价值，实现双赢，而创造共享价值的方式分为三种，即重新定义产品或市场，重新构建价值链，以及带动当地相关产业群发展。因为金字塔底层存在着大量需求未被满足，如果能够对企业的产品进行重新定义，重新定位企业的市场，满足金字塔底层的需求，则不仅能为金字塔底层提供他们能够支付的产品，提高他们的生活品质，也能为企业带来更多的利润。另外，如果企业能够针对金字塔底层重新构造生产的价值链，将金字塔底层相应的企事业单位囊括进企业的价值链，这些企事业单位一方面能够有效补充企业在金字塔底层的价值链缺口，另一方面也能通过参与企业的价值创造活动从中获益，可谓双赢。带动当地产业群发展，企业也能够获得一个良好的发展环境，或者有利于企业上游生产，或者有利于企业下游销售，对企业而言是利好消息；而产业群的发展能带动当地经济发展，带动当地居民致富，从而创造共享价值。企业对自身商业模式进行调整，适应金字塔底层，创造共享价值，便能够构建包容性商业模式。

　　根据前文分析，创业者"关系"一方面可以为企业带来一定资源，另一方面也可以为企业带来一些合作机会。政府关系为企业获取由政府掌握分配权的资源提供了便利，企事业单位关系给企业带来了人才资源和技术支持，亲友关系则是

企业初期资源的主要来源。创业者"关系"所带来的合作则主要依赖于企事业单位关系，从而弥补因上下游厂商或者互补者缺乏所造成的价值链缺口。政府关系和亲友关系均能够作用于企事业单位关系。因此，创业者"关系"三个维度均能够通过一定途径弥补企业价值连缺口。综合以上分析，本书推演出创业者"关系"对包容性商业模式作用机理，如图9-5所示。

图9-5　创业者"关系"对包容性商业模式作用机理图

创业者"关系"可以通过获取关键生产资源和弥补价值链缺口从而影响企业包容性商业模式构建。例如，心手合一就通过创始人同当地非遗传人的关系获取了非遗相关技艺，得以进行后续的商业化活动，构建包容性商业模式，与当地非遗传人一起创造共享价值。野生山茶油也是通过同当地生产合作社的合作，解决了原材料问题，弥补了价值链上游缺口，不仅解决了企业的生产持续性问题，也解决了当地生产合作社产品销路问题，实现了双赢。

（二）包容性商业模式与组织合法性

包容性商业模式的本质是同时为企业自身及企业所在地区创造价值，创造共享价值，实现双赢。例如，野生山茶油在企业自身发展的同时也通过收购当地村民种植的原材料带动了当地村民致富，企业发展和村民致富二者之间是一种相互依存和相互促进的关系，是一种可持续的关系。马尔斯和当地职业院校之间的合作也是一种创造共享价值的典例，马尔斯通过雇用接受过专业技能培训的学员，保证了产品品质；而对于职业院校而言，与马尔斯的合作解决了学员的就业问题，使职业院校在招收学员时具备了更大的吸引力。

从上文案例分析，以及对编码信息的整理中，本书发现在金字塔底层构建包容性商业模式的途径主要分为两种，即带动当地产业群发展和通过与当地相应市场及非市场参与者合作构建完整价值链。这两种方式都是通过便利企业在金字塔底层进行价值创造等活动，进而便利企业的包容性商业模式构建。例如，心手合一通过带动当地非遗产业群的发展构建了包容性商业模式，而龚康辣椒王通过与当地七星椒种植户合作弥补了其自身价值链缺口构建了包容性商业模式。

这两种途径构建包容性商业模式的同时，包容性商业模式也对企业组织合法性建设起到了重要作用。当企业带动当地产业群发展时，不仅通过当地发达的产业群为企业发展创造契机，为企业发展营造了良好的环境，为企业实现战略合法性提供相应资源，也为当地村民致富提供了机会；而当地村民一旦因企业获得了实实在在的经济利益，则企业在当地会拥有较好的声誉，直接为企业带来了自治合法性。例如，野生山茶油带动了当地山油茶的种植，不仅恢复了以往被荒废的耕地，而且为当地村民增加了一条收入来源。随着山油茶种植面积的扩大，野生山茶油原材料来源得到了保障，企业的生产运营抗风险能力增强，企业拥有更强的实力以获取战略合法性。而当地村民通过变荒地为"绿地"，在以前的荒地上种植山油茶，并出售给野生山茶油，实实在在地增加了收入，对企业的好感倍增，企业也就自然地获取了自治合法性。与当地相应市场及非市场参与者合作构建完整价值链同组织合法性之间的逻辑关系比较类似，与这些参与者之间的合作弥补了企业的价值链缺口，企业创造价值变得更加容易，因此也就拥有更多的资源来赢取战略合法性；而那些合作者则能够从与企业的合作中获得利益，有利于企业在这些合作者中拥有较好的声誉，为企业带来了自治合法性。龚康辣椒王与当地七星椒种植户的合作便是一个很好的例证。

（三）创业者"关系"对组织合法性的间接作用

结合编码信息即前文分析，本书将创业者"关系"、包容性商业模式及组织合法性三者之间的相互作用机理整理如图 9-6 所示，下文将用具体企业案例资料进行详细论述。

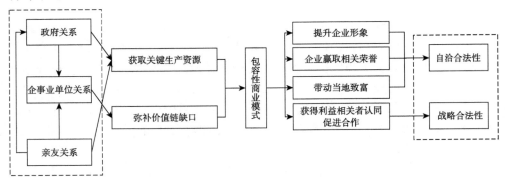

图 9-6　创业者"关系"、包容性商业模式及组织合法性三者之间的相互作用机理

金字塔底层创业者关系能够影响企业包容性商业模式构建：一方面政府关系和亲友关系会影响企业获取关键生产资源，进而影响企业价值创造活动，因而影响企业包容性商业模式构建。另一方面，企事业单位关系能够加强企业同其他相应互补者之间的合作，从而弥补金字塔底层企业的价值链缺口，影响企业价值创造，从而影响企业包容性商业模式构建。这一部分内容在前文已经使用案例企业的相关事例证实过，在此不再赘述。

　　案例分析发现包容性商业模式可以多方面影响企业的组织合法性。首先，包容性商业模式可以通过带动当地致富获取自洽合法性；还可以通过提升企业形象或者为企业赢取相关荣誉提升企业自洽合法性。例如，宝田茶业有偿回收当地村民的牲畜粪便用于制作绿肥，用于有机茶叶的种植培育，这不仅在宝田茶业和当地村民之间形成了一种共赢的利益体，而且提升了宝田茶业自身的形象，有利于提升宝田茶业的自洽合法性。由于野生山茶油构建了包容性商业模式，因此，企业在快速成长的同时也带动了当地村民致富，还被中国科协、财政部授予"科普惠农兴村先进单位"，湖南省"全省先进单位""全省示范单位"，这些均有助于其在当地获取自洽合法性。此外，包容性商业模式可以通过为社会带来利益从而帮助企业获得相应利益相关者的认同，从而促进利益相关者同企业的合作，促进企业获取战略合法性。野生山茶油在构建包容性商业模式之后带动了当地村民致富，为利益相关者带来了实实在在的利益，也因此获得了利益相关者（当地村民、政府、消费者、供应商等）的认可，增强了利益相关者同野生山茶油合作的意愿。例如，当地村民对企业的认可度增加，当地更多的供应商愿意为企业供应原材料，当地居民购买更多的企业产品等。

三、微观作用机理整合

　　根据前文案例分析，本书验证了创业者"关系"对组织合法性的直接作用和通过包容性商业模式对组织合法性的间接作用，并从微观角度详细阐述了其具体作用机理。本书整合直接作用和间接作用的微观机理详见图9-7。

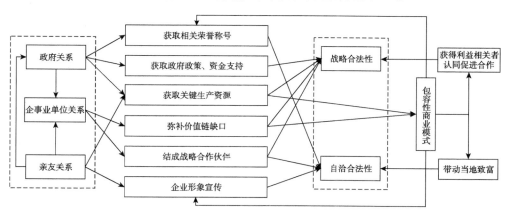

图9-7　创业者"关系"、包容性商业模式及组织合法性逻辑关系微观机理图

　　创业者关系中的政府关系、企事业单位关系及亲友关系不仅能够通过不同的途径分别作用于组织合法性中的战略合法性及自洽合法性，三者之间还存在

一定的交互关系，如亲友关系可以促进政府关系和企事业单位关系，政府关系也能够作用于企事业单位关系。此外，三种关系除了能够直接作用于组织合法性，还可以通过包容性商业模式间接作用于组织合法性。例如，通过政府关系和亲友关系帮助企业获取关键生产资源，使企业得以构建包容性商业模式。包容性商业模式一方面通过获得利益相关者认同从而促进相互之间合作为企业获取战略合法性，另一方面通过带动当地致富帮助企业获取自洽合法性。值得注意的是，获取关键生产资源和弥补价值链缺口这两条实现组织合法性的途径，不仅可以直接作用于战略合法性，也可以通过作用于包容性商业模式达到战略合法性和自洽合法性。

第四节　本章小结

本章选取武陵山国家连片贫困地区的 6 家新创企业作为研究对象，采用多案例分析探究创业者"关系"同组织合法性之间的关系，得出以下研究结论。

（1）金字塔底层创业者"关系"中的政府关系、企事业单位关系和亲友关系三者之间存在交互作用。亲友关系不仅能够为企业带来一定政府关系，还有助于企业获取企事业单位关系；政府关系则可以促进企业同企事业单位之间的关系。

（2）在金字塔底层情境下，创业者"关系"可以直接作用于组织合法性，即在金字塔底层关系有利于企业获取组织合法性。具体而言：创业者"关系"中的政府关系，通过获取关键生产资源及获取政府政策、资金支持两条路径帮助企业获取战略合法性，通过为企业颁发相关荣誉为企业带来自洽合法性；企事业单位关系通过弥补价值链缺口及与企业结成战略合作伙伴两条路径帮助企业获取战略合法性，同时，与企事业单位结成战略合作伙伴也有助于企业获取自洽合法性；亲友关系一方面通过协助企业获取关键生产资源帮助企业获取战略合法性，另一方面通过宣传企业形象帮助企业获取自洽合法性。

（3）在金字塔底层，创业者"关系"不仅可以直接作用于组织合法性，还可以通过包容性商业模式间接作用于组织合法性。具体而言：政府关系和亲友关系能够帮助企业获取关键生产资源，从而使企业得以构建包容性商业模式；而企事业单位关系则可以通过帮助企业弥补价值链缺口，从而使企业得以构建包容性商业模式。包容性商业模式可以通过提升企业形象、为企业带来荣誉、带动当地致富给企业带来自洽合法性，有利于企业获得利益相关者的认同，促进企业同利益相关者的合作，从而有助于企业获取战略合法性。

（4）不同产业的企业及本土企业和外来企业在利用创业者"关系"获取组织

合法性方面存在差异。农业企业多利用政府关系和亲友关系获取组织合法性；工业企业则会对政府关系、企事业单位关系、亲友关系均加以利用，加速企业获取组织合法性的进程；服务业企业则较多地依赖政府关系获取组织合法性。本土企业亲友关系较强，可以利用亲友关系发展政府关系及企事业单位关系，从而通过对应途径获取组织合法性；而外来企业初期一般只能通过政府关系获取组织合法性。

本章理论贡献主要体现在以下几点：①使用本土案例进行相关研究。目前，学术界关于金字塔底层的研究多来源于国外，普遍从跨国企业的视角采用一些大型外企案例（如联合利华、沃达丰等）进行相关分析，其结论的可推广性犹未可知。本章采用武陵山片区6家本土企业作为研究对象，提升了研究结论的可推广性。②本章将包容性商业模式引入合法性相关研究中。目前，国内外学术界关于包容性商业模式的研究还相对较少，且主要集中在扶贫模式方面。本章将包容性商业模式引入金字塔底层新创企业合法性的相关研究中，有效扩展了包容性商业模式与组织合法性的相关研究和理论。③本章探究出了金字塔底层创业者"关系"对组织合法性的微观作用机理。从创业者"关系"三种细分维度出发，本章探究了这三种关系如何作用于组织合法性中的战略合法性和自洽合法性。

本章实践意义主要体现在：①在金字塔底层企业初创时期应先积极获取自洽合法性。相对于战略合法性，自洽合法性的获取成本相对较低，所以初期企业应先通过亲友关系等合理获取自洽合法性，当企业具备一定实力后再逐步发展其他关系并加以利用获取战略合法性。②在金字塔底层企业应注重构建包容性商业模式。包容性商业模式不仅有利于企业自身发展，也有利于当地社区发展，企业构建包容性商业模式可以获取经济和社会双重效益，获取资金收入和组织合法性。③企业在构建包容性商业模式时应合理利用各种关系。例如，政府关系可以为企业带来一些关键生产资源从而有利于企业构建包容性商业模式。

虽然本章精选了武陵山片区6家典型企业作为研究对象，并从多渠道收集相关资料进行研究编码分析，但研究结论是否具有可推广性还有待实践验证。未来可从多个地区收集相关案例，并增加案例企业类型的多样性进行分析，增强研究结论的可推广性。此外，本章研究还处在定性分析阶段，还不能对相应关系进行量化分析，随着研究的进一步深入，相关量表逐渐成熟，下一步可以开展相关实证研究。

第十章　金字塔底层制度环境、组织合法性与新创企业成长

　　在影响新创企业成长的众多因素之中，制度环境是关键性的因素之一（Peng，2002），它不仅决定着新创企业的成长机会（Beck et al., 2005），而且还能使行业、规模、能力等基本相似的新创企业表现出巨大的绩效差异（Kogut and Zander，1992）。良好的整体制度环境不仅对新创企业的成长意愿产生明显的激励效应（宋丽红等，2015），而且能有效推动新创企业的持续成长与创新（刘伟等，2014）。可以说，制度环境对新创企业的成长具有基础性的决定作用，新创企业成长的本质就是一个不断嵌入制度的过程（Zimmerman and Zeitz，2002）。组织合法性通常也被认为是制约新创企业成长的关键性因素之一（Stinchcombe，1965），它不仅是新创企业接近并动员其生存与发展所需其他资源（资金、技术、人力及市场等）的前提和基础（Zimmerman and Zeitz，2002），同时也是新创企业赢得认可与支持及提高生存率并促进其成长的重要保障（Meyer and Rowan，1977；Starr and MacMillan，1990；Hunt and Aldrich，1996）。

　　综上所述，已有研究都认为制度环境与组织合法性是影响新创企业成长的关键性因素。但对于金字塔底层的新创企业而言，上述影响效应是否存在；如果存在，金字塔底层制度环境与组织合法性影响新创企业成长的机理如何、效应又怎样等问题，目前还鲜有文献回答。为弥补这一不足，本章以武陵山和罗霄山这两个集中连片特困地区为样本区域，以农民工这一特殊群体为考察对象，对两个区域的农民工新创企业展开了大规模问卷调查与分析，目的在于探索金字塔底层制度环境、组合合法性与新创企业成长之间的内在作用机制，发现其特点与规律，为促进金字塔底层新创企业的成长提供可资借鉴的参考。

第一节　理论回顾与研究假设

一、理论回顾

（一）金字塔底层制度环境

目前，涉及金字塔底层制度环境的理论研究多围绕这些区域的贫困根源及贫困治理问题展开，具体包括教育扶贫（刘治金，2012；刘建平和蓝红星，2013；肖庆华和毛静，2014；肖泽平，2015）、区域协作扶贫（童中贤等，2012；刘筱红和张琳，2013；冯朝睿，2014；贾先文，2015）、产业扶贫（李良师，2013；王志章和王超，2014；韩婷和许亚男，2015）、金融扶贫（夏盛杰，2013；任祐君，2014；黄滨，2015；王建平，2015）、生态扶贫（陆汉文，2012；李仙娥和李倩，2013；杨玉锋，2014；王赞新，2015）、基础设施及公共服务扶贫（向德平和陈艾，2013；廖金萍和陶叡，2014；陈艾和李雪萍，2015）等许多不同视角，但却鲜有从创业扶贫视角展开的金字塔底层制度环境研究。

当然，抛开金字塔底层和农民工这两个限定因素，有关制度环境作用于新创企业成长的研究还是很多的，但这些研究主要是从规制、认知及规范等制度环境的不同维度对新创企业的成长进行分析，结合金字塔底层独特情境，同时考虑农民工创业者特殊身份的研究尚不多见。

（二）组织合法性

组织合法性是组织所处的社会环境对组织行为的一种期望、要求和看法，其背后折射的是组织行为及组织价值观与社会所公认的规制、认知及规范体系的一致性（Dowling and Pfeffer，1975；DiMaggio and Powell，1983；Scott，1995）。目前，有关合法性维度的划分标准还不统一。Singh 等（1986）提出的内外部二维度合法性被认为是有关组织合法性维度划分的最早研究。Aldrich 和 Fiol（1994）在对新企业成长问题进行研究时将组织合法性分为社会政治合法性和认知合法性两个方面；Scott（1995）则对应于制度的管制、规范和认知三支柱，将组织合法性也分为管制合法性、规范合法性与认知合法性三个维度；Suchman（1995）则提出了实效合法性、道德合法性及认知合法性三种不同维度的组织合法性。Suchman 的实效合法性和道德合法性只是在名称上与 Scott 的规制合法性与规范合法性不同，其内涵和本质并无太大区别（刘作恩，2014）。只不过 Suchman 从时间结构与合法性焦点两个维度对合法性做了进一步的细分。与此同时，Suchman 还指出，由于认知合法性依赖于潜意识中被视为理所当然而被接受的各种理解及认知框架，因此它在三种类型的合法性当中是最深层次的。

结合中国实际，我国学者也对组织合法性的维度划分进行了一些有益探索。例如，高丙中（2000）在探讨中国社会团体的合法性问题时，将组织合法性划分为社会（文化）合法性、法律合法性、政治合法性及行政合法性四种类型。赵孟营（2005）和乐琦（2012）都以 Singh（1986）的二维度合法性为基础，对组织合法性做了进一步的区分。其中，前者重点细化了外部合法性，将其分为一般外部合法性、特殊外部合法性及没有外部合法性三个层次；后者则将 Scott 的管制、规范及认知合法性都归入外部合法性的同时，还将内部合法性也细分为投资合法性和行为合法性两个方面。

综合来看，Scott（1995）、Suchman（1995）等学者的观点较具代表性，并且共同为后续关于组织合法性维度的研究奠定了基础，因此，本书选择从 Suchman（1995）的实效合法性、道德合法性及认知合法性三维度对组织合法性进行测量。

（三）农民工新创企业成长

农民工新创企业的成长问题是具有中国特色的理论与现实问题。目前，关于农民工新创企业成长的代表性研究主要有：韦雪艳（2012）探讨了中国背景下农民工创业成长的过程机制；赵浩兴和张巧文（2013）、朱红根和康兰媛（2013）、陈聪等（2013）、李长峰和庄晋财（2014）分别探讨了人力资本、创业动机、网络能力及行业选择与农民工新创企业成长的关系；张秀娥等（2015）从机会识别与开发、资源整合应用和战略导向明确三个方面入手，构建了返乡农民工创业企业的成长路径；近几年，庄晋财和陈威（2013）、庄晋财和吴培（2014）基于社会网络与产业网络的双重网络嵌入视角，就中国农民工新创企业成长的机制及路径问题进行了较为深入的研究。他指出，农民工创业者因所拥有网络渠道的不同，其新创企业的成长也有两种不同的策略：一种是以资源积累为基础，在企业规模扩张的过程中实现企业能力的提升，进而实现资源与能力二者间的均衡，即"外延—内涵"式的新创企业成长策略；另一种则是以能力提升为基础，在企业核心能力增强的过程中实现企业规模的扩张，进而实现能力与资源二者间的均衡，即"内涵—外延"式的新创企业成长策略。在此基础上，他进一步表示，由于中国城乡二元结构的影响，农民工创业面临社会网络和产业网络双重网络偏离的困境，与农民工新创企业的两种不同成长策略相对应，网络嵌入的路径也分为两条：一条是基于"外延—内涵"式成长策略的"社会网络—产业网络"双重网络嵌入路径；另一条则是基于"内涵—外延"式成长策略的"产业网络—社会网络"双重网络嵌入路径。作为政府部门来说，能否提高有关农民工创业政策的针对性与有效性，关键在于是否能够根据农民工新创企业成长策略的不同及网络嵌入路径的差异制定出差异性的政策。

总的来说，目前国内对于农民工新创企业成长的研究还较为落后，成体系的研究和实证分析还很少，这与我国当前农民工创业如火如荼的发展趋势不相称，实际上这也是本书展开研究的重要原因之一。

二、研究假设

（一）金字塔底层制度环境与农民工新创企业成长

许多研究都探讨了不同维度的制度环境对新创企业及其成长的影响。规制环境方面，研究指出，各国政府部门同新创企业及其成长的关系十分密切，尤其是在中国等转型国家，新创企业面对正式制度缺失的竞争环境，往往寻求同政府建立政治联系（Lin等，2010），但这种联系有利有弊，并不能有效促进新创企业的成长（赵博，2012），换句话说，在一个缺乏公平竞争的创业环境中，创业成本往往更高，创业效果却不一定更好（Manolova et al.，2008）。而要想改变这一境况，最根本的措施就在于政府能否尽早完善与创业相关的法律法规，创造良好的创业法律环境，减少商业竞争中政府干预及不公平行为的发生概率（Ball et al.，2003；张维迎，2005；Bushman and Piotroski，2006；曾萍等，2013）。与此同时，孙伍琴和朱顺林（2008）、Gatti 和 Love（2008）分别从新创企业创新效率、融资约束和创新程度等角度对政府主导的金融体系进行了考察，结果表明，金融体系改革及金融发展水平对新创企业的成长具有明显的正向影响作用（Ayyagari et al.，2007）；认知环境方面，研究认为，一个社会对于创业的认知不仅是给定的（Kosotva，1997），而且这种给定的创业认知结构还将通过影响创业者的认知过程及其对于创业信息的选择与解释（范良聪和罗卫东，2008），最终正向影响新创企业的成长（Smallbon and Welter，2001）；规范环境方面，研究显示，良好的社会区域文化及创业氛围往往能够提升新创企业的创业管理水平，强化创业者的创业价值观及创业行为倾向（辜胜阻和李俊杰，2007），推进新创企业创业战略的制定与执行，可以说是促进新创企业持续成长的坚实基础（刘畅等，2015）。基于此，提出如下研究假设。

H₁：金字塔底层规制环境对农民工新创企业成长具有正向影响作用。
H₂：金字塔底层认知环境对农民工新创企业成长具有正向影响作用。
H₃：金字塔底层规范环境对农民工新创企业成长具有正向影响作用。

（二）金字塔底层制度环境与组织合法性

现有文献关于制度环境直接影响组织合法性的研究虽然不多，但研究者们都基本赞同制度环境作为组织合法性基础的观点（刘玉照和田青，2009；杨典，2011），认为制度环境是组织合法性最为关键的影响因素，任何组织要想缓解制度压力、提升合法性地位，最有效的办法就是寻求相应的合法性机制以适应所处的外部制度环境（Meyer and Roman，1977）。还有研究进一步指出，组织的行为及方式并不只是简单被动地由制度环境所决定，而是可以积极主动地去认识和利用制度环境中有利于自己的成分，是具有一定的自主选择性的（DiMaggio and Powell，1983）。换言之，制度环境可以借助于企业组织的趋利性来推动其采用被社会所广为认可的行为模式及方式进而提升其组织合法性。

即使从具体的制度环境要素来分析，不同维度的制度环境对组织合法性的影响也是较为明显的。规制环境来看，一个国家或地区的法律法规越是健全和完善，则新创企业越容易注册成立，同时还将拥有一个相对公平公正的经营环境，合法性地位尤其是实效合法性也将更有保障。与此同时，这种由良好规制环境所形成的合法性地位还会在一定程度上向组织合法性的道德维度和认知维度扩散；从认知环境来看，一个国家或地区的创业者们广泛共享的创业知识和创业技术水平越是系统和全面，则创业活动越是被创业者们看做正常且理所当然的，组织合法性尤其是认知合法性也将随之增强。此外，良好的认知环境所形成的认知合法性同样具有向合法性维度的实效性和道德性方向扩散的趋势；从规范环境来看，一个国家或地区的民众越是支持创新和创造性思维，越是崇拜和尊重创业行为，则新创企业越有可能积极主动地采取如慈善捐赠等行为来迎合公众对其的高期望，进而提升其道德合法性（谢鹏和刘春林，2015）。当然，适宜的规范环境提升的不仅仅是道德合法性，它也会通过与其他制度环境要素的相互交融逐步将其影响力扩散至组织合法性的实效性和认知性维度。基于此，提出如下研究假设。

H_4：金字塔底层规制环境对组织合法性具有积极影响作用。

该假设可进一步细分为：金字塔底层规制环境积极影响实效合法性（H_{4a}）；金字塔底层规制环境积极影响道德合法性（H_{4b}）；金字塔底层规制环境积极影响认知合法性（H_{4c}）。

H_5：金字塔底层认知环境对组织合法性具有积极影响作用。

该假设可进一步细分为：金字塔底层认知环境积极影响实效合法性（H_{5a}）；金字塔底层认知环境积极影响道德合法性（H_{5b}）；金字塔底层认知环境积极影响认知合法性（H_{5c}）。

H_6：金字塔底层规范环境对组织合法性具有积极影响作用。

该假设可进一步细分为：金字塔底层规范环境积极影响实效合法性（H_{6a}）；金字塔底层规范环境积极影响道德合法性（H_{6b}）；金字塔底层规范环境积极影响认知合法性（H_{6c}）。

（三）组织合法性与农民工新创企业成长

组织合法性作为新创企业靠近并获取人力、资金、技术、市场等生存和发展所需资源的前提与基础（Terreberry，1968），不仅能增强新创企业的认可度及支持度（Meyer and Rowan，1977；Tomikoski and Newbert，2007），而且还有利于克服新创企业的新进缺陷，可以说是制约新创企业成长的一个关键因素（Stinchcombe，1965）。

组织合法性对于新创企业成长的影响效应在许多具体研究中都有所体现。Aldrich 和 Fiol（1994）研究发现，新创立的企业一般不会突出自己相较于其他组织的独特性与差异性，相反还会在各种企业行为中保持与重要的利益相关者的一致性，因为这样做更易被关键环境成员所人可（Pfeffer and Salancik，1978），进而提升组织合法性并促进新创企业的成长。Hargadon 和 Douglas（2001）则进一步探查了这种与利益相关者行为模式保持一致的现实表现，即很多新创企业虽然生产出了具有创新性的新颖产品，大肆宣传的却仍是现有商品早已存在的传统属性。除了上述研究，还有许多学者从资源获取及整合视角对新创企业组织合法性的重要性进行了分析。例如，Parsons（1960）很早就指出，合法性能够使组织在社会系统中的角色定位正当化，从而有利于组织获取成长所需的各种资源，Kostova 和 Zaheer（1999）、Shepherd 和 Zacharkis（2003）等在后续研究中也提出了与之类似的观点。Deephouse（1996）研究认为，与低合法性组织相比，高合法性组织能够更有效地获取各种合意且高质量的资源。Zimmerman 和 Zeitz（2002）也表示，新创企业在借助合法化战略突破"合法性门槛"的过程中，资源的获取将越来越容易，对新创企业成长的促进效应也会越来越明显。此外，Certo 和 Hodge（2007）立足投资者视角的考察结果显示，高组织合法性往往在降低投资者风险感知的同时，还能提高投资者对企业未来绩效的预期，对新创企业成长具有正向影响作用。我国学者彭伟等（2013）以珠三角地区新创企业为对象的实证研究也证实了组织合法性对新创企业成长的正向影响效应。基于此，提出如下研究假设。

H₇：实效合法性对农民工新创企业成长具有正向影响作用。

H₈：道德合法性对农民工新创企业成长具有正向影响作用。

H₉：认知合法性对农民工新创企业成长具有正向影响作用。

（四）组织合法性中介作用的相关假设

现有文献直接探讨组织合法性在制度环境与新创企业成长间所起中介作用的还很少，但与之类似的研究较多。Kogut 和 Zander（1996）、Peng（2002）、Gatti 和 Love（2008）、朱吉庆（2011）、宋丽红等（2015）、刘畅等（2015）等学者在研究中指出，制度环境对新创企业成长具有基础性的决定作用，良好的制度环境是有效推动新创企业成长的重要保障。另一些学者如 Meyer 和 Roman（1977）、杨典（2011）、谢鹏和刘春林（2015）等则在各自的研究中人为，制度环境是组织合法性的基础，对组织合法性具有重要的影响。而 Parsons（1960）、Terreberry（1968）、Pfeffer 和 Salancik（1978）、Aldrich 和 Fiol（1994）、Tomikoski 和 Newbert（2007）、彭伟等（2013）学

　　者则研究发现，新创企业越是具备合法性地位，则越有利于其成长。综合这些研究成果，实际上可以得出，制度环境对新创企业的成长既有直接影响效应，也存在间接影响效应，而组织合法性就是形成这种间接影响效应的重要桥梁之一。

　　此外，现有研究中将组织合法性作为中介变量来探讨某因素与组织成长绩效间关系的也不少。例如，杜运周等（2008）实证检验了组织合法性在先动性与中小企业绩效关系间所起到的部分中介效应；此后，他们又分别检验了组织合法性在互动导向（杜运周和张玉利，2012）、顾客关系网络及投资者网络（杜运周和刘运莲，2012）与新创企业绩效关系间的中介影响效应；顾建平和王磊（2014）采用层次回归分析法验证了组织合法性在真实型领导与新创企业绩效关系中所具有的部分中介效应；俞园园和梅强（2014）则验证了组织合法性在产业集群政治及商业关系嵌入与新创企业绩效关系间所发挥的中介作用。这些研究结论实质上都说明将组织合法性作为研究新创企业成长绩效的中介变量是可行的。基于此，提出如下研究假设（图 10-1）。

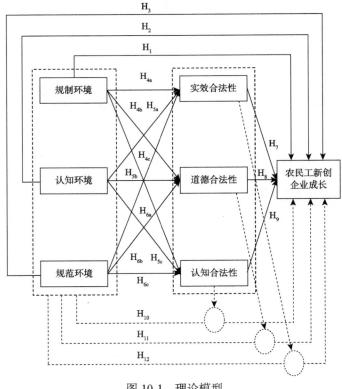

图 10-1　理论模型

　　H_{10}：实效合法性在金字塔底层制度环境间接影响农民工新创企业成长的机制中发挥中介作用。

　　H_{11}：道德合法性在金字塔底层制度环境间接影响农民工新创企业成长的机制

中发挥中介作用。

H$_{12}$：认知合法性在金字塔底层制度环境间接影响农民工新创企业成长的机制中发挥中介作用。

第二节　实证研究设计

一、数据收集

本章选取武陵山片区、罗霄山片区这两个《中国农村扶贫开发纲要（2011—2020）》中明确确立的集中连片特殊困难地区的农民工新创企业作为调研对象，具体的实施过程中，遵循 Wong（1993）、McDougall 等（1994）、Zahra（1996）、Batjargal 等（2003）的观点，重点选择创立时间在 8 年以内（2008 年及以后建立）的自主创业企业，涉及农林牧渔业、制造业、建筑业、仓储运输业、住宿餐饮业、批发零售业及文化产业等多个行业。整个问卷调查工作从 2015 年 6 月开始，至 2015 年 12 月结束，历时半年，其间通过各种方式共发放调查问卷 570 份，实际回收 465 份，实际回收率 81.58%。剔除问卷真写缺失值较多的 21 份及问卷填写不规范或者呈现规律性的 37 份，有效回收问卷 407 份，有效回收率 71.4%。所得 407 份有效样本基本信息的描述性统计分析如表 10-1 所示。

表10-1　样本基本信息的描述性统计分析（N=407）

样本基本信息		频次	百分比/%	样本基本信息		频次	百分比/%
所属省份	湖南	192	47.17	所属省份	贵州	63	15.48
	湖北	57	14.01		江西	41	10.07
	重庆	54	13.27				
成立时间	2008 年	44	10.81	成立时间	2012 年	66	16.22
	2009 年	53	13.02		2013 年	61	14.99
	2010 年	47	11.54		2014 年	65	15.97
	2011 年	59	14.50		2015 年	12	2.95
性别	男	329	80.84	性别	女	78	19.16
年龄	16~20 岁	7	1.72	年龄	41~50 岁	78	19.16
	21~30 岁	126	30.96		50 岁以上	9	2.21
	31~40 岁	187	45.95				
学历	未上过学	3	0.74	学历	高中或中专	214	52.58
	小学	17	4.13		大专及以上	72	17.69
	初中	101	24.81				
员工人数	5 人及以下	108	26.54	员工人数	21~50 人	69	16.95
	6~10 人	112	27.52		51 人及以上	23	5.65
	11~20 人	95	23.34				

二、变量测度

农民工新创企业成长（G）是本书研究中的被解释变量。农民工新创企业的成长既包括"量"的增长，也包含"质"的提升。因此，本书参考借鉴了 Delaney 和 Huselid（1996）、Gilbert（2006）、李新春等（2010）、杜运周和刘运莲（2012）；蔡莉等（2014）的研究，从财务与非财务两个方面对农民工新创企业成长进行综合衡量，具体包含 7 个题项：同竞争对手相比，本企业员工数增长率较高（G1）；同竞争对手相比，本企业销售额增长率较高（G2）；同竞争对手相比，本企业销售利润增长率较高（G3）；同竞争对手相比，本企业市场份额增长率较高（G4）；同竞争对手相比，本企业员工满意度较高（G5）；同竞争对手相比，本企业整体声誉更好（G6）；同竞争对手相比，本企业市场营销能力更强（G7）。

本书的解释变量是制度环境。制度环境的维度划分方法很多，本书主要参考 Scott（1995，2007）等学者的观点，从规制环境（RE）、认知环境（CE）及规范环境（NE）三个方面对制度环境展开测量，量表的开发借鉴了 Kosotva（1997）、Busenitz 等（2000）、Manolova 等（2008）、樊纲等（2011）的研究，具体包含 15 个题项：规制环境方面，主要有当地政府帮助农民工创办企业（RE1）、当地政府为农民工新创企业留出政府合同（RE2）、当地政府对农民工创业有特殊的鼓励政策（RE3）、当地政府资助帮助农民工新创企业成长的组织（RE4）、当地政府会给初期失败的农民工新创企业提供帮助（RE5）五个题项；认知环境方面，主要有多数农民工创业者清楚如何合法保护新企业（CE1）、多数农民工创业者知道如何应对创业的高风险（CE2）、多数农民工创业者知道如何应对管理层面的风险（CE3）、多数农民工创业者具备创业所需的技术技能（CE4）、多数农民工创业者清楚如何获取行业市场信息（CE5）五个题项；规范环境方面，主要有当地民众传统的"铁饭碗"思想正在淡去（NE1）、为个人或组织提供企业咨询服务是令人羡慕的职业（NE2）、创新或创造性思想在本地被看做成功的重要途径（NE3）、当地民众非常敬仰和羡慕企业家（NE4）、当地民众非常羡慕那些开创自己事业的创业者（NE5）五个题项。

组织合法性是本书研究中的中介变量。借鉴 Suchman（1995）的观点，本书主要从实效合法（EL）、道德合法性（ML）及认知合法性（CL）三个维度对组织合法性进行测量，量表的设计参考了 Deephouse（1996）、Ruef 和 Scott（1998）、Certo 和 Hodge（2007）、杜运周等（2008）、Vergne（2011）等的研究，具体包含 10 个题项：本企业参与了当地政府的精准扶贫（EL1）、顾客对本企业的产品和服务评价很高（EL2）、供应商非常注重维护同本企业间的商业联系（EL3），这三个题项用于测度实效合法性；本企业奉行诚信为本的经营理念（ML1）、本企业致力于不断提升产品或服务的质量（ML2）、本企业积极参与社会公益事业（ML3），这三个题项用于测度道德合法性；农民工创业者认为自己创业是理所当然的（CL1）、当地民众普遍认为农民工创业是一件正常的事（CL2）、农民工创业者的亲友都非常支持其创业（CL3）、媒体上曾出现过本企业的正面报道（CL4），这四个题项则用于测度认知合法性。

三、信度与效度检验

表10-2呈现了各研究变量的Cronbach's α系数及探索性因子分析结果。可以看出，所有变量的Cronbach's α值均在0.7以上，说明量表整体具有较好的信度（Nunnally，1978；吴明隆，2010）。所有题项的因子载荷都在0.5以上，三个变量的累计方差解释率均大于60%，表明量表整体具备良好的构念效度（Hair et al.，1998）。

表10-2　信度和效度检验结果

变量	维度	Cronbach's α（维度）	Cronbach's α（变量）	题项	因子载荷
金字塔底层制度环境	规制环境	0.852	0.789	RE1	0.669
				RE2	0.773
				RE3	0.800
				RE4	0.817
				RE5	0.774
	认知环境	0.741		CE1	0.617
				CE2	0.592
				CE3	0.670
				CE4	0.647
				CE5	0.679
	规范环境	0.779		NE1	0.677
				NE2	0.673
				NE3	0.682
				NE4	0.665
				NE5	0.631
组织合法性	实效合法性	0.772	0.804	EL1	0.820
				EL2	0.796
				EL3	0.854
	道德合法性	0.790		ML1	0.836
				ML2	0.766
				ML3	0.798
	认知合法性	0.823		CL1	0.762
				CL2	0.733
				CL3	0.697
				CL4	0.761

续表

变量	维度	Cronbach's α（维度）	Cronbach's α（变量）	题项	因子载荷
农民工新创 企业成长	—	—	0.854	G1	0.816
				G2	0.877
				G3	0.827
				G4	0.821
				G5	0.839
				G6	0.847
				G7	0.753

四、验证性因子分析

为进一步检验金字塔底层制度环境、组织合法性及农民工新创企业成长各维度的合理性，在前述探索性因子分析的基础之上，运用 AMOS 21.0 软件进行了变量各维度的一阶模型验证性因子分析，结果显示，三个变量各维度的 CMIN/DF（卡方/自由度）统计值均符合 Bagozzi 等（1991）、Hair 等（1998）提出的 CMIN/DF<3 的高适配度参考值标准；显著性概率值符合 Hu 和 Bentler（1998）、侯杰泰等（2004）提出的 P 值<0.05 的高适配度参考值标准；GFI（适配度指数）、AGFI（调整后的适配度指数）、NFI（规准适配指数）、CFI（比较适配指数）的统计值均符合 Byrne 等提出的 GFI/AGFI/NFI/CFI>0.9 的高适配度参考值标准；RMSEA（渐进残差均方和平方根）的统计值符合 Browne 和 Cudeck（1992）等提出的 RMSEA<0.08 的适配合理标准。上述结果表明三个变量各维度的一阶验证性因素分析模型与实际观测数据相契合，一阶模型的整体适配度好。

第三节　研究结果

一、模型拟合

经过 AMOS 21.0 软件运算，结构方程模型的拟合度指数如表 10-3 所示。

表10-3　结构方程模型的拟合度指数

CMIN/DF	P	GFI	AGFI	NFI	IFI	TLI	CFI	RMSEA
1.543	0.000	0.925	0.908	0.910	0.958	0.954	0.958	0.037

由表 10-3 可知，CMIN/DF（卡方/自由度）统计值为 1.543，符合 CMIN/DF<3 的高适配度参考值标准；P 值为 0.000，符合 P 值<0.05 的高适配度参考值标准；

GFI（适配度指数）、AGFI（调整后的适配度指数）、NFI（规准适配指数）、IFI（增值适配指数）、TLI（非规准适配指数，即 NNFI）和 CFI（比较适配指数）的统计值分别为 0.925、0.908、0.910、0.958、0.954 和 0.958，均符合 GFI/AGFI/NFI/FI/TLI/CFI>0.9 的高适配参考值标准；RMSEA（渐进残差均方和平方根）的统计值 0.037，符合 RMSEA<0.08 的适配合理标准。上述结果表明结构方程模型与实际观测数据相契合，模型具有很好的适配度。

二、假设检验

SEM 路径系数及研究假设的验证结果如表 10-4 所示。

表10-4　SEM路径系数及研究假设的验证结果

假设	因果路径	标准化路径系数	C.R.	P	检验结果
H_1	企业成长←规制环境	0.371（γ_{RE-G}）	6.088	***	支持
H_2	企业成长←认知环境	0.308（γ_{CE-G}）	4.757	***	支持
H_3	企业成长←规范环境	0.194（γ_{NE-G}）	3.207	***	支持
H_{4a}	实效合法性←规制环境	0.311（γ_{RE-EL}）	4.983	***	支持
H_{4b}	道德合法性←规制环境	0.233（γ_{RE-ML}）	4.023	***	支持
H_{4c}	认知合法性←规制环境	0.205（γ_{RE-CL}）	3.556	***	支持
H_{5a}	实效合法性←认知环境	0.188（γ_{CE-EL}）	3.005	***	支持
H_{5b}	道德合法性←认知环境	0.052（γ_{CE-ML}）	1.021	0.067	不支持
H_{5c}	认知合法性←认知环境	0.201（γ_{CE-CL}）	3.477	***	支持
H_{6a}	实效合法性←规范环境	0.037（γ_{NE-EL}）	0.621	0.401	不支持
H_{6b}	道德合法性←规范环境	0.302（γ_{NE-ML}）	4.651	***	支持
H_{6c}	认知合法性←规范环境	0.366（γ_{NE-CL}）	5.984	***	支持
H_7	企业成长←实效合法性	0.410（γ_{EL-G}）	7.082	***	支持
H_8	企业成长←道德合法性	0.339（γ_{ML-G}）	6.490	***	支持
H_9	企业成长←认知合法性	0.277（γ_{CL-G}）	3.903	***	支持

***表示在1%的显著性水平下通过统计检验

由表 10-4 中的路径系数结果可以看出变量间的相互作用关系：①金字塔底层制度环境对农民工新创企业成长的影响方面，γ_{RE-G}、γ_{CE-G} 和 γ_{NE-G} 的标准化因果路径系数分别为 0.371、0.308 和 0.194，C.R.值均比参考值 1.96 大，P 值均比 0.01 小，系数在 0.01 的显著性水平下显著，说明规制环境、认知环境和规范环境均能显著促进农民工新创企业的成长，假设 H_1、H_2 和 H_3 得以验证。②规制环境对组织合法性的影响方面，γ_{RE-EL}、γ_{RE-ML} 和 γ_{RE-CL} 的标准化因果路径系数分别为 0.311、0.283 和 0.205，C.R.值均超过参考值 1.96，P 值均小于 0.01，系数在 0.01 的显著性水平下显著，说明规制环境对实效合法性、道德合法性及认知合法性均具有显著的积极影响，假设 H_{4a}、H_{4b} 和 H_{4c} 得以验证。③认知环境对组织合法性的影响方面，γ_{CE-EL} 和 γ_{CE-CL} 的标准化因果路径系数分别为 0.188 和 0.201，C.R.值均超过参考值 1.96，P 值均小于 0.01，系数在 0.01 的显著性水平下显著，说明认知环境对实效合法性和认知合法性具有显著的积极影响，假设 H_{5a} 和 H_{5c} 得以验证。与此同时，γ_{CE-ML} 的标准化因果路径系数为 0.052，C.R.值为 1.021，小于参考值 1.96，P 值为 0.067，大于 0.01，系数在 0.01 的显著性水平下不显著，说明认知环境对道德合法性无积极影响，假设 H_{5b} 不成立。④规范环境对组织合法性的影响方面，γ_{NE-ML} 和 γ_{NE-CL} 的标准化因果路径系数分别为 0.302 和 0.366，C.R.值均超过参考值 1.96，P 值均小于 0.01，系数在 0.01 的显著性水平下显著，说明规范环境对道德合法性和认知合法性具有显著的积极影响，假设 H_{6b} 和 H_{6c} 成立。与此同时，γ_{NE-EL} 的标准化因果路径系数为 0.037，C.R.值小于参考值 1.96，P 值大于 0.01，系数在 0.01 的显著性水平下不显著，说明规范环境对实效合法性没有积极影响，假设 H_{6a} 不成立。⑤组织合法性对农民工新创企业成长的影响方面，γ_{EL-G}、γ_{ML-G} 和 γ_{CL-G} 的标准化因果路径系数分别为 0.410、0.339 和 0.277，C.R.值均比参考值 1.96 大，P 值均比 0.01 小，系数在 0.01 的显著性水平下显著，说明实效合法性、道德合法性和认知合法性均正向影响农民工新创企业成长，假设 H_7、H_8 和 H_9 得以验证。

此外，依据表 10-4 中的路径联系还可以发现，组织合法性在金字塔底层制度环境与农民工新创企业成长间关系中具有中介影响效应。具体来说，组织合法性的三个维度（实效合法性、道德合法性和认知合法性）均在规制环境与农民工新创企业成长间关系中发挥了中介效应；而只有实效合法性和认知合法性两个维度在认知环境与农民工新创企业成长间关系中产生了中介影响；规范环境则只通过道德合法性和认知合法性两个维度的中介作用间接影响农民工新创企业成长。综合来看，实效合法性、道德合法性和认知合法性均在金字塔底层制度环境间接影响农民工新创企业成长的机制中发挥了中介作用，即假设 H_{10}、H_{11} 和 H_{12} 得以验证。

第四节　本章小结

本章以武陵山和罗霄山片区 407 个农民工新创企业的调查数据为样本，对金字塔底层制度环境影响农民工新创企业成长的机制及路径展开探索，得出以下几点研究发现：①金字塔底层制度环境的三个维度，即规制环境、认知环境和规范环境均对农民工新创企业成长发挥着显著的直接影响效应，且三个维度影响效应的大小排序为规制环境＞认知环境＞规范环境。②整体而言，金字塔底层制度环境对农民工新创企业的组织合法性具有显著的直接影响。具体来看，规制环境对组织合法性的三个维度，即实效合法性、道德合法性和认知合法性，都具有显著的直接影响，认知环境仅对实效合法性与认知合法性具有显著的直接影响，规范环境仅对道德合法性和认知合法性具有显著的直接影响。③组织合法性的三个维度，即实效合法性、道德合法性和认知合法性均对农民工新创企业成长具有显著的直接影响，三个维度影响效应的大小排序为实效合法性＞道德合法性＞认知合法性。④组织合法性的三个维度在金字塔底层制度环境与农民工新创企业成长关系间发挥着不同程度的中介作用，其中，实效合法性和道德合法性仅具有部分中介作用，而认知合法性则起着完全中介作用。

　　本书基于对武陵山和罗霄山片区农民工新创企业大量调查与访谈所得数据，运用结构方程建模（structural equation modeling，SEM）等方法展开实证分析，弥补了现有创业研究文献缺乏大样本定量研究的不足。此外，本书立足金字塔底层制度环境视角展开农民工新创企业成长问题的探讨，有利于推动中国特殊区域情境下的制度理论、企业成长理论及创业理论的纵深发展。

　　从上述研究结论可以得到以下管理启示：①金字塔底层农民工新创企业的成长离不开各层面制度环境的调整及完善。为此，一方面，金字塔底层各级政府机构及部门应积极完善与农民工创业相关的法律法规、加快出台切实可行的农民工创业帮扶政策与措施，从而为农民工创业提供良好的规制环境；另一方面，金字塔底层的农民工创业者自身也应积极转变观念，变被动为主动，把握一切有利于创业知识与技能提升的机会，不断丰富和增强自身的创业素质与能力，为自身创业储备必要认知基础的同时，推动金字塔底层整体创业认知环境的改良。此外，金字塔底层各种媒介组织还应在农民工群体中大力宣传"大众创业、万众创新"思想的同时，积极推介当地的优秀农民工创业者及其新创企业，从而营造金字塔底层良好的创业规范环境。②金字塔底层农民工新创企业可通过增强组织合法性来促进自身成长，而其合法性地位的增强又与制度环境密切相关。为此，从金字塔底层政府机构及部门来看，其在制定与农民工创业相关的法律、法规及政策过程中，应将是否有利于提高农民工新创企业的组织合法性作为其工作成效的一个重要衡量标准；从农民工创业者及其新创企业来看，应在充分认识和了解所在区域制度环境现状及特征的基础上，尽可能地厘清金字塔底层情境下有利于增强农民工新创企业组织合法性的一整套机制，并利用这一合法性机制来促进企业成长。

第十一章　城市外来务工群体创业

外来务工群体，一般是指户口在农村，学历在大专以下，基本不从事农业生产，而以在城市中从事第二、第三产业活动为主要收入来源的人员群体。数量庞大的外来务工群体虽然对我国社会经济生活产生着巨大的影响，但一直被当做BOP人群。对这一特殊群体的关注多从社会学、政治学等角度出发，而站在商业角度时，多将其视作生产者和消费者。近年来，开始有学者尝试从创业者角度分析如何改变其收入水平和生活状态。Seelos 和 Mair（2005）曾提出通过发挥 BOP群体的创业精神以有效解决贫困问题的观点。但已有研究中多从某一省或几省的调研数据出发，分析外来务工群体创业的影响因素，且焦点多在返乡农民工创业方面。本章结合全国外来务工群体大省的多案例和中山大学社会科学调查中心2014 年连续开展的"中国劳动力动态调查"（China labor-force dynamics survey，CLDS）就业与创业部分的数据，分析外来务工群体异地创业的现状及存在的问题，并据此从创业者角度给出相应的政策建议。

第一节　城市外来务工群体创业相关研究及内涵界定

关于外来务工群体的定义及相关文献很少，且缺乏权威性，现有研究中与之接近的概念是农民工群体，但外来务工群体不是农民工，而只是农民工群体中的一部分，是其中最值得关注的一部分。尽管如此，研究农民工群体创业的相关文献对研究外来务工群体创业仍然有框架性的借鉴意义，对于厘清其定义与内涵也大有裨益。

一、城市外来务工群体创业相关研究

目前，国内学者对"外来务工群体"创业的研究大多采用"农民工"的称谓。由于国外不存在"农民工"这一特殊群体，因此国外学者主要研究的是"农村创

业"或"农民创业"问题，这与我国"农民工"群体创业研究存在一定的差别。总体而言，国内关于外来务工群体创业的研究还比较缺乏，现有研究主要集中在以下几个方面。

第一，农民工创业动机或意向研究。汪三贵等（2010）利用河南省调研数据进行实证分析人力资本和社会资本对农民工创业意愿的影响。黄洁等（2010）运用扎根理论构建出强弱连带对农民工创业机会识别的影响力模型。石智雷等（2010）利用计量经济学的方法，对农民工创业意愿进行研究。段锦云（2012）以江苏南部地区的农民工为样本，利用创业事件模型的理论框架，研究农民工创业意向。任锋等（2012）从就业稳定性差异的角度分析了农民工创业的因果机制，并利用调查数据检验了该结论。墨媛媛等（2012）利用多种统计方法研究甘肃省农民工群体的创业特征，分析了对创业意愿影响较大的因素。朱红根和康兰媛（2013）利用江西省的调查数据分析了创业动机对创业绩效的影响。刘美玉（2013）认为新生代农民工的创业动机、创业资源影响创业模式选择，并运用扎根理论研究了农民工创业机理，认为创业动机是农民工创业的主要影响因素。张秀娥等（2015）构建了社会网络、创业自我效能和创业意向的理论模型研究新生代农民工创业意向的影响因素。

第二，农民工创业影响因素研究。隋艳颖等（2010）分析了金融排斥现象对农民工创业的影响。郑少锋和郭群成（2010）借助可变粗糙集理论模型分析了返乡农民工创业决策的影响因素。韦雪艳（2012）研究了农民工创业成功的机制，主要分析了特质因素、社会资本和行动策略对农民工创业的影响。刘苓玲等（2012）运用回归模型，利用三省市调研数据分析了社会资本和人力资本对农民工创业的影响。唐远雄和才凤伟（2013）利用甘肃省的调查数据，分析农民工创业意愿的影响因素。程广帅和谭宇（2013）建立了返乡农民工创业决策影响因素的理论框架，并利用湖北恩施返乡农民工的调查数据进行检验。陈文超等（2014）利用调查数据，采用统计学的方法研究了农民工返乡创业的影响因素。张广胜和柳延恒（2014）利用回归模型，分析了人力资本、社会资本对新生代农民工创业的影响。王冬和刘养卉（2015）利月回归模型对新生代农民工创业行为的影响因素进行了研究。

第三，鼓励农民工创业政策研究。辜胜阻和武兢（2009）给出了鼓励返乡农民工创业的六方面建议。张秀娥等（2015）从改革二元制度、培训和创业支持体系方面给出了政策建议。张秀娥等（2010）认为各地应该结合当地实际情况来制定相应的创业支持政策，鼓励和支持当地的农民工利用所掌握的技术返乡创业，解决就业。吴易雄（2011）利用湖南省的数据分析了返乡农民工创业的主要困难，并针对这些困难提出了相应的政策建议。黄兆信和曾纪瑞（2012）从个人特征、个人资本和环境三个方面分析了农民创业的影响，并从制度、保障体系、服务体系、培训等方面给出了建议。卢闯和刘万兆（2013）从培训、金融、政策三个方面分析了农民工创业面临的问题，并从创业培训体系、创业基金、服务平台和政策给出了政策建议。徐辉和陈芳（2015）通过对 6 省市新生代农民工的调查分析，建议将农民工创业补贴政策和税费减免政策作为政府支持创业的主要政策手段。

二、城市外来务工群体创业的内涵界定

外来务工群体是在中国特色户籍管理制度及其配套体系下诞生的一个特殊群体，长期以来，这一群体因其庞大的数量和不相称的弱势地位而受到关注。目前外来务工群体还缺乏一个统一的规范定义，一般认为从外地来本地城市打工的人员即为外来务工人员。这就涉及其户口既包括非农户口，又包括农业户口。虽然非农户口出身的外来务工人员相对本地人员在就业创业过程中面临很多挑战，但相比农业户口出身的外来务工人员，他们近乎相似的城市生活背景仍然可以提供一定的经验和资源。为了让研究重点偏向最需要关注的人群，本书主要关注的是农业户口出身的外来务工群体，并设定如下筛选标准：一是户口在本县区外（即居住地与户口登记地所在的市辖区不一致且离开户口登记地半年以上人口为外来人口）；二是目前户口类型为农业户口或者居民户口（之前是农业户口）；三是学历在专科以下。年龄按劳动力标准划定，选取段为 15~64 岁的劳动力，如果 65 岁及以上仍在工作也算在其中。本标准的设定，排除了两类人：一是曾经是农业户口出身的外来务工人员，但目前已经通过努力取得了当地户口；二是农业户口出身的大专及以上学历的毕业生。但本标准不排除农业户口流动外县区农村的个案。

"大众创业、万众创新"目前已经深入人心，但关于创业的定义众说纷纭，至今没有统一标准。《辞海》（1989 年版）认为创业是"创立基业"。联合国劳工组织在小微企业老板培训中认为，创业就是"创办你的企业"。本书认为创业既是一种意识、一种精神，也是一种行动。如果将国人的工作状态分为雇主、雇员、自雇和务农四类的话，我们关注的创业，不仅包含已经成功创办企业的雇主状态，也包含那些处于初级阶段、孕育阶段的自雇状态。雇主是指雇用 1 个人及以上；自雇是指雇主就是自己，同时不雇用他人，不隶属于任何组织。其中创业概念中的自雇不包括建筑工、零散工、保姆及其他非创业情况。

基于以上，本章对外来务工群体创业的内涵界定为：目前持农业户口或之前持农业户口的居民，离开户口登记地的市辖区六个月以上，学历为大专以下，目前工作状态处于雇主或创业自雇阶段的人群。另外，外来务工群体创业是针对外来务工人员在输入地创业而言的说法，换句话，对于输出地，其实就是外出务工群体异乡创业。

第二节　城市外来务工群体创业的现状

一、城市外来务工群体创业绝对数量大，相对比例高

中山大学社会科学调查中心 2014 年开展的 CLDS 获取个案 22 080 个，其中外来务工群体创业个案为 183 个，占总个案的比重为 0.829%，不到 1%。根据 2014 年国家统计局统计的 2013 年全国总劳动力为 100 568 856 人，据此粗略估计，外来务工群体创业总人数达到 832 011 个。

（一）农业户口创业比例高出非农户口

2014 年 CLDS 调查的总劳动力数为 22 080 人，其中非农户口（含之前是非农户口的居民户口，后统称为非农户口）为 5 543 人，占 25.1%；农业户口（含之前是农业户口的居民户口，后统称为农业户口）为 16 496 人，占 74.7%。居住地与户口登记地所在的市辖区不一致且离开户口登记地半年以上人口为外来人口，总调查数为 1 864 人，占总劳动力数的 8.4%，其中非农户口外出人口为 491 人，占 26.3%；农业户口外出人数为 1 364 人，占 73.2%，如表 11-1 所示。

表11-1　不同户口类型的户口所在分布表（单位：人）

项目		目前的户口类型					合计
		农业户口	非农户口	居民户口（之前是农业户口）	居民户口（之前是非农户口）	其他	
户口所在	本村/居委会	13 418	3 092	759	731	31	18 031
	本乡镇（街道）其他村居委会	546	497	101	93	1	1 238
	本县（县级市、区）其他乡镇街道	249	573	59	66	0	947
	本县区以外	1 283	397	81	94	9	1 864
合计		15 496	4 559	1 000	984	41	22 080

注：本节使用数据来自中山大学社会科学调查中心开展的 CLDS

从表 11-2 我们可看出，专科以下的外来人口共有有效个案 1 043 个，目前的职业类型属于雇主和自雇的共有 223 个个案，其中农业户口有 183 个个案，占总数的 82.1%，远高于前述农业劳动力占总劳动力的比重 74.7%；非农户口有 39 个个案，占总数的 17.5%，略低于前述非农业户口占总劳动力比重的 25.1%。因此，专科以下的外来人口中，农业户口创业比例高于非农户口。

表11-2 专科以下的外来人口不同户口类型对应的职业类型分布表（单位：人）

项目		目前的户口类型					合计
		农业户口	非农户口	居民户口（之前是农业户口）	居民户口（之前是非农户口）	其他	
目前的职业类型	雇员	653	81	20	18	2	774
	雇主	30	4	0	3	0	37
	自雇	148	26	5	6	1	186
	务农	37	5	3	0	1	46
合计		868	116	28	27	4	1 043

（二）外来户口创业比例高于本地户口

从表 11-3 中可看出，896 个外来专科以下的农业户口个案中，创业的为 183 个，占 20.4%，其中雇主为 30 个，占总数的 3.3%，自雇为 153 个，占总数的 17.1%。从表 11-4 中可看出，10 145 个本地户口中，创业的为 1 499 个，占 14.8%，其中雇主为 127 个，占总数的 1.3%，自雇为 1 372 个，占总数的 13.5%。因此，专科以下的农业户口中，外来户口的创业比例高于本地户口。

表11-3 外来户口中专科以下的农业户口目前的职业类型

项目		频率	百分比/%
有效	雇员	673	75.1
	雇主	30	3.3
	自雇	153	17.1
	务农	40	4.5
	合计	896	100

表11-4 本地户口中专科以下的农业户口目前的职业类型

项目		频率	百分比/%
有效	雇员	2 498	24.6
	雇主	127	1.3
	自雇	1 372	13.5
	务农	6 148	60.6
	合计	10 145	100

通过以上两个对比发现，外来务工群体创业比例明显高于其他类型群体，因此研究外来务工群体创业有着较强的现实意义。

二、城市外来务工群体创业收入高于其他职业类型

创业能带来财富的倍增效应，外来务工群体中雇主和自雇类型的收入明显高于其他职业类型。外来务工群体在 2013 年收入这一栏的有效数据为 1 363 个，其中，雇员为 942 个，占 69.1%；务农为 112 个，占 8.2%；雇主和自雇共 309 个，占 22.7%（为了计算简便，数据未去除自雇中非创业类数据，但不影响数据对问题的说明）。2013 年各类收入总和最大的为雇主型创业者，平均为 241 913.04 元，远高于雇员和务农类型；排第二的是自雇型创业者，平均为 45 073.50 元，高出雇员类型 33.68%，高出务农类型 118.8%。2013 年经营性收入方面，雇主类型是雇员类型的 88 倍多，是务农类型的 17.5 倍（表 11-5）。

表11-5　不同职业类型各位收入平均数比较

项目	个案数	2013 年各类收入总和(包括农业收入、工资收入、经营收入等）/元	2013 年的工资性收入（包括所有的工资、各种奖金、补贴；扣除个人所得税、社会保险、住房公积金）/元	2013 年经营性收入（这里记录的是税后纯收入）/元
雇员	942	33 716.47	31 918.70	2 332.69
雇主	46	241 913.04	72 782.61	205 695.65
自雇	263	45 073.50	14 217.61	34 832.36
务农	112	20 598.20	3 779.64	11 758.04

全允桓等（2010）指出 BOP 理论是一种解决贫困的新思路，这一思路是利用 BOP 群体虽然单个购买力低，但是整体购买力大的特点，从商业途径去解决 BOP 群体的贫困问题。将 BOP 群体看做"生产者"，让 BOP 群体参与到价值链当中，才能使这一群体摆脱贫困。Seelos 和 Mair（2007）指出 BOP 群体也具有创业精神，需要发挥 BOP 群体的创业精神去解决这一群体的贫困问题。郝秀清等（2013）、张利平等（2011）、田宇等（2016）等众多的学者分别研究了 BOP 群体的商业模式创新的问题，表明通过商业途径解决 BOP 群体的贫困是可行的。上述数据正好证实了这些观点。

第三节　城市外来务工群体创业的影响因素

BOP 群体的特征主要有三个方面：第一，BOP 群体能力特征表现为教育水平较低，技能水平较低，收入低且不稳定；认知特征主要表现为依赖本地组织和社会网络，且受文化、传统等的影响较大。第二，BOP 群体可以作为创新的消费者

和生产者。作为消费者购买力低，但是规模巨大；作为生产者主要从事技能要求比较低的行业，且处于正规经济和非正规经济之间。第三，BOP 群体在外部环境特征上表现为基础设施的不完善及制度环境的恶劣。外来务工人员中的创业群体除了具备一般 BOP 群体的特征外，在创业过程中还受着其他来自自身和外界特殊因素的影响。

一、年龄、性别、受教育程度对创业意愿的影响

第一，性别对外来务工群体创业意愿的影响不显著。由表 11-6 可知，外来务工群体中男性创业者占 59%，女性创业者占 41%，男性创业者比例略高于女性创业者比例。王冬和刘养卉（2015）及唐远雄和才凤伟（2013）的研究都发现，性别对外来务工群体创业没有显著的影响。上述外来务工群体创业者性别的对比证明了两人的观点，表明不管是男性还是女性在具备了创业资源后都会选择创业，通过创业获取更高的收入及融入城市的意愿是一样的。

表11-6　被访者性别

项目		频率	百分比/%	有效百分比/%	累积百分比/%
有效	男	108	59.0	59.0	59.0
	女	75	41.0	41.0	100.0
	合计	183	100.0	100.0	

第二，年龄对外来务工群体的创业具有显著的影响，并且创业者的年龄分布呈现"钟形"。由表 11-7 可知，本次调查中各年龄阶段的创业者比例分别为：青年（14~25 岁）占 6.1%、壮年（26~35 岁）占 30.9%、盛年（36~45 岁）占 36.5%、达年（46~55 岁）占 21.5%，中年（56~65 岁）和老年（66~75 岁）创业者比重分别为 4.4%和 0.6%，都在 10%以下。可以看出，随着年龄增长创业比例在上升，到达一定年龄后创业比例又开始下降，总体呈现"钟形"特点。王冬和刘养卉（2015）、陈文超等（2014）及唐远雄和才凤伟（2013）的研究都指出，外来务工群体创业随着年龄的增加选择创业的比例降低。王冬和刘养卉（2015）指出外来务工群体创业的年龄主要集中在 26~30 岁。陈文超等（2014）认为外来务工群体在 39 岁以前随年龄的增长创业比例不断提高，39 岁以后创业比例不断下降，年龄与创业意愿之间呈现先上升后下降的现象。外来务工群体创业者年龄的分布特征验证了上述观点。原因在于外来务工群体外出务工大约 18 岁，到 36 岁左右已经有了 10 多年的工作经历，积累了一定的资金、经验、技能和人际关系等创业所需资源，在这个年龄段选择创业比较有利于外来务工群体创业意愿的实现。同时在这个年龄的外来务工群体心理相对成熟，风险承受能力相对较强。

表11-7 2014年全国外来务工创业者年龄分布

创业者年龄	频数	频率/%
青年（14~25岁）	1	6.1
壮年（26~35岁）	56	30.9
盛年（36~45岁）	66	36.5
达年（46~55岁）	39	21.5
中年（56~65岁）	8	4.4
老年（66~75岁）	1	0.6
合计	131	100

第三，受教育程度对外来务工群体创业意愿的影响呈倒"U"形。从表11-8最高学历上来看，外出务工中选择创业的，初、高中学历占到 71.1%。分析原因主要有两个：一是小微企业创业重在实践，长期工作经验的累积对于创业更有帮助；二是小微企业比较辛苦，学历高的人更愿意外出找到薪资高的雇员工作，学历太低外出创业面临的挑战比较多。

表11-8 最高学历（所有人）

项目		频率	百分比/%	有效百分比/%	累积百分比/%
有效	未上过学	7	3.8	3.8	3.8
	小学/私塾	37	20.2	20.2	24.0
	初中	98	53.6	53.6	77.6
	普通高中	32	17.5	17.5	95.1
	技校	1	0.5	0.5	95.6
	中专	8	4.4	4.4	100.0
	合计	183	100.0	100.0	

二、工作经历、行业经验对创业行业选择的影响

一般而言，外来务工群体在创业前都经历了或长或短的一段时期的工作，这些工作经历及经验帮助他们积累了一定的创业知识、资源和能力，有利于其在后续创业过程中克服资金、技术、人脉等方面所存在的固有缺陷。与此同时，前期的工作经历及经验对于外来务工群体创业行业的选择也会产生重要的影响。由表 11-9 可以看出，外来务工群体创业主要集中在批发、零售和餐饮行业，其次是电子产品制造业。如果从行业大类来看，批发、零售和餐饮业，制造业，交通运输、仓储及邮电通信业和占比达到 72.2%。国家统计局 2015 年农民工监测调查报告显示，农民工从事制造业的比例为 31.1%，从事批发、零售业和餐饮业的比例为 17.7%，从事居民服务、修理和其他服务业的比例为 10.6%，从事交

通运输、仓储及邮电通信业的比例为 6.4%，这几类行业合计为 65.8%。外来务工群体就业行业和创业行业数据表明，由于外来务工群体学历和技能方面的劣势，就业时更容易从传统行业获得就业机会，因此也更多倾向于在传统行业中寻找创业机会。外来务工群体创业行业的选择与以往研究结论相印证。Bruton 等（2012）指出，过去的行业经验及知识会影响创业者的行业选择；许多其他学者的研究也表明，创业者更愿意选择自己熟悉的行业进行创业（吴彩容和吴声怡，2012；朱华晟和刘兴，2013）。

表11-9　城市外来务工群体创业行业分布

项目	频率	百分比/%
农、林、牧、渔业	2	1.1
制造业	23	12.6
电力、煤气及水的生产和供给业	1	0.5
建筑业	11	6.1
交通运输、仓储及邮电通信业	8	4.4
批发、零售和餐饮业	101	55.2
房地产业	1	0.5
社会服务业	18	9.8
卫生、体育和社会福利业	1	0.5
教育、文化艺术和广播电影电视业	1	0.5
其他行业	16	8.8
合计	183	100.0

三、经济周期、政府行为对创业行为的影响

（1）经济环境正向影响外来务工群体的创业行为。研究表明，经济环境和创业活动的强度高度相关，良好的经济环境可以促进一个国家或地区的创业活跃度（张嵩，2014）。根据哈磊（2010）对我国经济周期的判断，我国第五次经济周期为 2000~2009 年，这期间我国经济总体发展态势良好，很大程度上促进了外来务工群体的创业行为。根据调查数据整理分析得到：外来务工群体选择在 2001~2005 年开始创业的占比为 18.97%，在 2006~2010 年开始创业的占比达到 34.48%，10 年间选择创业的总比例达 53.27%。这与当时全国经济整体良好的发展态势密不可分。

（2）外来务工群体存在非正规创业现象。由表 11-10 可知，外来务工群体创业办理营业执照的有 96 个，没有办理营业执照的有 24 个。数据显示，大部分创业者创业过程中能够按照政府的工商登记制度规定办理营业执照，但是至少有大约五分之一的创业者没有办理营业执照，存在非正规创业的现象。Carter 等（1996）

指出，创业者在发现商机后才考虑注册的问题。Bruton 等（2012）指出，注册与否不是判断正规和非正规的标准，注册也有可能在正式制度外开展非正规创业。根据他们的观点，外来务工群体有办理营业执照的也有可能存在非正规创业，这种情况表明外来务工群体非正规创业现象比较明显。外来务工群体选择非正规创业的原因主要有两点：一是成本原因。Johnson 等（2000）指出，当正规创业的成本高于非正规创业或者收益低于非正规创业，创业者会选择非正规创业。二是规避政府管制。张峰等（2016）认为，非正规部门的发展与过度、模糊、烦琐的政府管理制度相关联。

表11-10　2014年全国外来务工群体创业过程中与政府关系

项目		频数	频率
是否办理营业执照	有执照	96	80.0
	无执照	24	20.0
	合计	120	100.0
每个月在生意上与政府打交道的平均次数	0次	19	70.4
	1~5次	7	25.9
	5次及以上	1	3.7
	合计	27	100.0

（3）创业企业与政府的关联不多。从外来务工创业者每个月在生意上与政府打交道的平均次数看，70.4%的创业者没有与政府打交道。由此可知，外来务工创业者在经营过程中很少与政府打交道。王冬和刘养卉（2015）认为上述情况出现的主要原因在于多数外来务工者对国家及所在城市的相关政策了解不够。也有研究指出，在中国现行体制下，作为弱势群体的外来务工者其创业行为经常与当地政府的管制措施产生抵触，故而使得外来务工创业者不愿意与政府打交道。

第四节　城市外来务工群体创业过程分析

一、城市外来务工群体创业的动机

外来务工群体中机会型创业者多于生存型创业者。机会型创业者利用发现的创业机会主动创业，生存型创业者在没有工作机会的情况下被动创业。由表 11-11 可以看出，外来务工群体被动创业的比例为48.9%，而主动创业的比例为51.1%，二者基本持平。

表11-11　创业动机调查结果

项目		频率	百分比/%
有效	抓住好的创业机会	61	33.5
	没有更好的工作选择	89	48.9
	以上两个都是	29	15.9
	当时有好的工作岗位，但创业机会更加好	3	1.7
	合计	182	100.0

由表 11-12 可知，外来务工群体选择主动创业的原因主要包括具有相关经验（29.3%）、具有良好的创业人际关系（15%）、开业容易（13.8%）、亲朋支持（13.2%）、具有相关技术（12.6%）等。

表11-12　主动创业的原因

项目	具有相关经验	具有相关技术	具有良好的创业人际关系	亲朋支持	地域资源优势	政府支持	家族原有较好的经济实力	开业容易	其他恰巧遇到机会	合计
频率	49	21	25	22	13	2	6	23	6	167
百分比/%	29.3	12.6	15.0	13.2	7.8			13.8		

由表 11-13 也可以发现，外来务工群体之所以被动创业主要受到文化、技能等自身能力低（61.0%）、缺乏适宜工作（15.3%）、自身伤病（8.5%）、年龄大（4.2%）等因素的影响。

表11-13　被动创业的原因

项目	频率	百分比/%
文化、技能等自身能力低	72	61.0
缺乏适宜工作	18	15.3
自身伤病	10	8.5
年纪大	5	4.2
其他	13	11.0
合计	118	100.0

二、城市外来务工群体创业的市场评估

创业是否有市场，市场有多大，直接关系到创业能否成功。评估市场，主要是对顾客和竞争环境的了解与判断。由表 11-14 可知，外来务工群体创业第一年的生意渠道主要以个人为主，选择此选项的比例高达 76%，选择个体经营和私营企业的比例分别为 36.1%和 12.6%，仅次于个人市场，而选择其他类型市场的比

例则很小。截至调查时，以个人、个体经营和私营企业为主要生意渠道和顾客定位的局面依然十分清晰。

表11-14　生意渠道

项目	第一年（183个个案）		2014年（30个个案）	
	频率	百分比/%	频率	百分比/%
个人/顾客	139	76.0	19	63.3
个体经营	66	36.1	14	46.7
私营企业	23	12.6	9	30.0
国有企业	4	2.1	3	10.0
股份制企业	3	1.6	2	6.7
国有事业	3	1.6	0	0.0
集体企业	3	1.6	0	0.0
党政机关	2	1.1	1	3.3
外资/合资企业	2	1.1	1	3.3
境外企业	0	0.0	0	0.0

创业竞争是创业者们需要面对的问题之一。由表 11-15 可以发现，56.0%的外来务工创业者认为创业第一年的竞争非常激烈或者比较激烈。2013 年 7 月以来的调查数据则显示，这一比例有了进一步的提升，达到 73.5%。由此可见，外来务工创业者所从事的行业竞争程度都比较激烈，这在一定程度上会影响其经营绩效。

表11-15　生意竞争激烈程度

项目	第一年		2013 年 7 月以来	
	频率	百分比/%	频率	百分比/%
非常激烈	49	25.9	61	34.5
比较激烈	53	29.1	69	39.0
不太激烈	50	27.5	29	16.4
根本不激烈	9	5.0	1	0.5
没有竞争	10	5.5	6	3.4
不好说	11	6.0	11	6.2
合计	182	100.0	177	100.0

三、城市外来务工群体创业的法律形态与法律责任

法律形态是指一个国家法律规定的企业在市场环境中的合法身份，常见的小微企业法律形态是个体工商户、个人独资企业、合伙企业和有限责任公司。个体

工商户因为其成立条件简单，注册资本无限制，因此受到很多外来务工创业者的欢迎。表 11-16 的数据也显示，被调查的 121 个外来务工创业者中，74.4%选择了个体户作为其法律形态。这一结果与许多研究结论一致，吴彩容和吴声怡（2012）对农民工个人禀赋的研究和许昆鹏和杨蕊（2013）对农民工资源禀赋研究都指出，个人禀赋和资源禀赋对创业者的行为会产生影响。许昆鹏和杨蕊（2013）指出，资源禀赋丰富的创业者具有更高的成长意愿与风险承担能力。综合来看，外来务工群体由于自身所具有的个人禀赋和资源禀赋的劣势，能够承担的风险有限，外来务工群体创业者多选择经营个体工商户或小微企业，经营规模有限。

表11-16　工作机构所登记的执照类型

项目	频率	有效百分比/%
无执照	24	19.8
个体户	90	74.4
私营企业	6	5.0
其他如商场集体管理等	1	0.8
合计	121	100.0

　　法律责任意识淡薄是外来务工群体创业存在的一个重要问题。调查结果显示，60.0%的雇用合同是通过口头协议形式，58.6%雇员每个月平均工作 25 天及以上（表 11-17）。就老板自己而言，医疗保险、养老保险、失业保险和生育保险覆盖率较低，除医疗保险外，其他保险均不足 50%。而员工不仅没有购买相关职工保险，连基本的农村医疗保险和养老保险也没有（表 11-18）。外来务工群体创业中自雇经营比例较高。数据显示，62.5%的创业者没有雇人，说明外来务工群体以自雇经营为主。根据前面对创业出资方式、经营形式和创业资本投入分析可知，外来务工群体创业层次较低，经营规模很小的结论从另外一个方面得到了验证。为了节省成本，创业时与劳动法的要求相去甚远，具体表现在：①雇用方式主要采用口头合同。由于外来务工群体创业经营规模普遍较小，当需要雇人的时候，也大多采用口头合同，没有签订文字合同。这样对于创业者来说可以降低人力成本。也反映了外来务工群体非正规创业的现象。②雇用人数少，且大部分雇员来自亲属。从前面的分析我们已经知道，外来务工群体创业过程中经营规模小，所以较少的雇用人数是一个相符合的现象；而雇员大部分来自亲属，则说明了大部分创业者采用口头合同方式进行雇用的原因。③工作天数普遍较长，加班现象却较少。外来务工群体雇用的人员普遍工作天数在 25 天以上，达到 82.75%，但是无加班的占到了 79.41%。根据我国劳动法规定，一周工作 5 天 40 小时，一个月是 20 天 160 小时。从上述工作天数可以看出每月休息天数没有达到法定天数，但是无加班的比重又很高的不正常现象。出现这一现象的原因可能是由被调查者对

加班的理解不一致引起的。④外来务工群体创业中为雇员支付的工资普遍不高。最高工资普遍在 2 000~3 000 元,占比 50%;最低工资 1 000~2 000 元,占比 46.43%。数据显示,外来务工群体创业过程中由于规模的限制,没有办法提供较高工资给雇员,也反映了所雇用的人员层次比较低,比较符合前面我们对创业者行业选择的分析。

表11-17　雇用方式

项目	频率	百分比/%
文字合同	10	33.3
口头协议	18	60.0
其他	2	6.7
合计	30	100.0

表11-18　五险一金购买统计

医疗保险项目	频率	百分比/%	养老保险项目	频率	百分比/%	其他项目	频率	百分比/%
城镇职工基本医疗保险	8	4.4	城镇职工基本养老保险	2	1.1	失业保险	2	1.1
城镇居民基本医疗保险	25	13.7	城镇居民社会养老保险	14	7.7	工伤保险	5	2.7
新型农村合作医疗	106	57.9	新型农村社会养老保险	37	20.2	生育保险	2	1.1
城乡居民医疗保险	4	2.2	城乡居民养老保险	0	0.0	住房公积金	1	0.5
单位补充医疗保险	1	0.5	企业年金（企业补充养老保险）	0	0.0			
商业医疗保险	11	6.0	商业性养老保险	5	2.7			
其他医疗保险	0	0.0	其他养老保险	1	0.5			
合计	155	84.7		59	32.2		10	5.4

四、城市外来务工群体创业启动资金与投融资方式

启动资金少,筹资渠道以个人、家庭为主是外来务工群体创业的重要特征。由表 11-19 可知,属于自雇的创业者创业之初的启动资金通常不多,在 153 个受访对象中,启动资金超过 10 万元的只有 18 个,仅占总数的 11.8%;其余的启动资金都在 10 万元以内,甚至有高达 30.1% 的受访对象的启动资金在 5 000 元以下。

表11-19　　（自雇）生意开始时的注册资本/投入资金

项目		频率	百分比/%
有效	5 000 元以下	46	30.1
	5 000~1 万元	20	13.1
	1 万~5 万元	53	34.6
	5 万~10 万元	16	10.5
	10 万~50 万元	17	11.1
	50 万~100 万元	1	0.7
	合计	153	100.0

　　外来务工创业者筹资渠道单一，存在金融排斥现象。表 11-20 的调查结果显示，外来务工群体的主要筹资渠道来源于个人储蓄，占比 34.3%，其他亲戚、亲密朋友共占比 36.2%，三项合计 70.5%；筹资渠道来源于银行商业性贷款的占比只有 2.2%。这一结果表明，外来务工创业者的筹资渠道较为单一，多依靠创业者个人储蓄及亲友的资助来获取，属于民间借贷的筹资渠道，而银行等金融机构的筹资渠道很少。

表11-20　　注册资本/投入资金的筹集渠道

项目	频率	百分比/%
个人储蓄	93	34.3
其他亲戚	46	17.0
亲密朋友	52	19.2
一般朋友	6	2.2
生意伙伴	6	2.2
银行商业性贷款	6	2.2
其他	62	22.9
合计	271	100.0

第五节　本章小结

　　本章对外来务工群体创业的概念进行了界定，并对外来务工群体创业的影响因素及其创业过程展开了调查分析，从中得到如下结论与启示。

　　第一，把外来务工群体看做资源。全国外来务工群体人数接近 2 000 万人，数量庞大，我们习惯把外来务工群体仅仅看做廉价劳动力，并没有认识到这一群体也是一种重要的资源。从外来务工群体创业的活动中，我们可以看出，外务工群体不仅仅具有劳动力，而且外来务工群体中有一部分在务工过程中掌握创业需要的技术、经验、信息和资金等资源。Seelos 和 Mair（2007）已经指出发挥 BOP 群体的创业精神，可以有效战胜贫困。如果我们改变过去把外来务工群体仅仅作为劳动力的观念，从资源的角度去看待这一群体，将有利于促进其开展创业活动，提高收入，改善生活状态，逐渐把这一群体城市化、市民化。

第二，非正规创业向正规创业转化。外来务工群体的非正规创业带来的问题主要是不受政府的管制和知识产权问题。根据任荣伟（2013）的研究，非正规的山寨企业涉及知识产权的问题，对于这类山寨企业的合法化问题主要是通过政府的引导和企业自身的活动解决。如果非正规创业的过程中不涉及知识产权的问题，只是没有注册或即使注册了仍然开展非正规活动的企业，要使这些非正规创业者正规化后收益大于非正规化的收益，成本低于非正规化的成本。任荣伟（2013）提到的中山大学学生非正规创业正规化后，由于成本上升倒闭的案例，充分说明了非正规创业正规化后面临的严峻问题。因此，要促使外来务工群体的非正规创业正规化，一方面要提高他们的创业收益，另一个方面就要是降低他们的成本，如可以给他们较长时间的免税期和创业补贴等。

第三，消除外来务工群体创业过程中的金融排斥现象。外来务工群体创业过程中资金问题是影响创业的主要因素，外来务工群体由于户籍、收入等原因，很难从创业地城市获得金融机构的支持，只能通过向亲戚、朋友借款来满足资金的需求，这在很大程度上限制了外来务工群体的创业。隋艳颖等（2010）指出，对于在城市创业的外来务工人员的地理排斥问题可以通过建立异地贷款来缓解；金融机构的评估排斥、条件排斥和营销排斥要通过合理的制度设计来解决；价格排斥可以通过推进非正规金融市场的规范化发展，缓解价格排斥，弥补正规金融服务的不足。只有首先缓解了上述金融排斥现象，外来务工群体的自我排斥才能有效缓解。

第四，改善外来务工群体的资源禀赋。外来务工群体的资源禀赋对创业者选择行业、经营方式、经营规模和风险程度等都有影响。通过改善外来务工群体的资源禀赋，改善这一群体的创业机会的选择和经营活动。对于人力资本禀赋可以通过技能培训、提供更高水平的教育机会等来改善这一群体的技能和知识水平。例如，全国共青团联合众多高校针对外来务工群体的"圆梦计划"，免费或较低费用学习高校网络课程，获得成人教育学历，提高外来务工群体的知识水平。经济资本禀赋的改善可以通过发展正规金融和非正规金融规范化来解决。社会资本禀赋的改善可以通过政府的政策改善外来务工群体的创业政策环境来实现。

第五，扩展外来务工群体的社会网络。社会网络的规模、强度、关系强度和异质性对外来务工群体的创业有正向影响。虽然数据显示外来务工群体的社会网络发生了一定的变化，但是仍然没有质的改变，这对外来务工群体创业绩效带来不利影响。扩展外来务工群体的社会网络需要从以下几个方面做出努力：一是改革传统的户籍制度，积极进行农民工的城市化、市民化；二是通过培训等方式积极改善外来务工创业者的自我效能感，增强其沟通能力；三是构建系统的外来务工群体创业支持体系，增加其同网络成员接触的机会；四是外来务工创业者自身应积极挖掘和拓展自由的社会网络。

第十二章　城市外来务工创业者
社会网络对创业绩效的影响

社会网络是创业活动中重要的媒介，外来务工群体创业过程中，利用社会网络获得创业所需要的各种资源，为创业活动的发展提供的社会网络是由许多节点构成的一种社会结构，节点通常是指个人或组织，代表的是各种社会关系，本质上是互惠共同体，具有信任和规范的机制。社会网络包含网络规模、网络密度和网络质量三项结构要素。

彭华涛（2005，2010）及彭华涛和谢科范（2007）在总结各种学说的基础上，给出了创业社会网络的概念和标准，提出了社会网络图谱的基本原理，描绘了创业企业的层级—功能型创业社会网络图谱和中心—边缘型创业社会网络图谱，设定了创业社会网络图谱的位置强度、关系差异和资源差异三个假设。他通过对原生社会网络与衍生社会网络、瞬态社会网络与终态社会网络、情感型社会网络与工具型网络的比较，给出了创业企业社会网络的内涵。韩朝（2011）研究了农民工、下岗工人、大学生、科研人员四种典型群体的创业社会网络构建。鲁兴启和于秀涓（2014）探讨了科技创业者创业能力构成要素，研究了科技创业者社会网络对创业能力的影响。黄晓勇等（2012）研究了家族或泛家族社会关系网络对返乡农民工创业的作用、农民工创业的社会网络价值和农民工创业的社会网络条件，并在此基础上对返乡农民工创业的社会网络重构提出了对策建议。肖璐和范明（2013）揭示了网络顶端、网络规模和网络差异三个社会网络的构成维度，并从三个维度研究了社会网络对大学生创业的影响。董晓波（2007）分析了农民工创业者社会网络对创业者资源获取的影响，发现不同类型的社会网络在农民创业者获取资源过程中作用各有不同。吴莹和彭华涛（2011）从"关系—规模—结构"维度研究了全民创业社会网络，指出社会网络在生命周期不同阶段的效应合成模式和社会网络的合成演进过程。袁浩（2015）通过对上海新白领移民的社会网络构成的研究，提出了社会网络、相对剥夺感与幸福感之间的多维关系。马光荣和杨恩艳（2011）研究社会网络与农民工创业过程中金融活动的影响。蒋剑勇等

（2013，2014）研究指出社会网络强度影响农民工创业者资源的获取。左晶晶和谢晋宁（2013）比较了一般的创业者和科技型大学生创业者的社会网络，并分析了社会网络对科技型大学生创业者的影响。胡枫和陈玉宇（2012）研究了农户社会网络对借贷行为的影响。林剑（2006）研究指出社会网络通过信息、互惠和文化认同三种机制，对创业者的融资活动的影响。王文彬和赵延东（2012）分析自雇者的社会网络及效用，及社会网络对自雇者经营绩效产生的影响。

Emirbayer 等（1994）认为社会网络由熟人圈中正式的和非正式的连结构成，这种连结在熟人圈子中的主要行动者和其他行动者之间。Granovetter（1973）探讨了社会网络与经济活动的制约关系。林南（2005）认为个人的社会网络是一种能带来其他创业资源的社会资源。

本章外来务工群体创业数据来源于中山大学社会科学调查中心开展的CLDS。它是全国第一个以劳动力为主题的全国性跟踪调查。CLDS 样本覆盖中国29 个省（自治区、直辖市）（香港、澳门、台湾、西藏、海南除外），调查对象为样本家庭户中的全部劳动力（年龄在 15~64 岁的家庭成员）。在抽样方法上，采用多阶段、多层次与劳动力规模成比例的概率抽样方法。本章利用 2014 的调查数据，按照"户籍为农村户口且不在本地""最高收教育程度为大专以下""您是该机构的雇主"等指标共筛选出 215 份外来务工群体创业的有效样本，进而展开相关研究。

本章主要的研究内容如下：第一节是城市外来务工群体社会网络特征；第二节是城市外来务工群体创业中社会网络的使用及效用；第三节是对城市外来务工群体的社会网络与创业绩效关系的探讨；第四节是主要研究结论。

第一节　城市外来务工群体社会网络特征

彭华涛和谢科范（2007）通过对创业社会网络的研究，提出了中心—边缘型社会网络，认为中心—边缘型社会网络是将创业企业定位于环状网络的中心，并以各网络结点距离中心的相对距离及密集程度作为标准来描绘创业社会网络群体分布。根据彭华涛（2007）的研究结果，我们将外来务工群体创业的社会网络根据与创业者的关系相对距离和密集程度可以把外来务工群体的社会网络分为核心层、中心层和边缘层三层。下面分别讨论三个层次社会网络的特征。根据社会网络关系的强度，可以分为强关系和弱关系：强关系是指亲属和关系密切的朋友，弱关系则是指一般的同事或熟人关系。区分强弱关系的指标主要是关系类型和情感紧密性。

一、核心层社会网络是获取创业资源的主要网络

外来务工群体创业的核心层网络主要是以血缘、地缘关系为纽带的情感型社会网络，这一社会网络一般内生于创业者的个体，是创业者的专有型网络。同时这一网络是创业者与生俱来的社会网络，也可以称为原生的社会网络。

第一，创业者家庭的基本特征。从外来务工群体创业者的父母的受教育层次来看，父亲和母亲主要的受教育层次是小学的分别占 41.80% 和 40.20%，父亲初中及以下的占 80.32%，母亲初中及以下的占 91.80%，表明创业者父母的受教育层次都处于比较低的水平，没有接受过良好的教育。从创业者父母的职业状况来看，创业者父母主要职业是从事农、林、牧、渔、水利业生产，父亲和母亲从事该职业的分别占 66.67% 和 74.77%，表明创业者父母的主要职业是从事传统农业生产，而从事其他职业的比重较低。从兄弟姐妹数量来看，创业者兄弟姐妹数量主要集中在 2~5 人的占 68.80%，大部分创业者兄弟姐妹数量多。从婚姻状况来看，创业者中已经结婚的占到 93.3%，绝大多数创业者都处于已婚的状态（表 12-1）。

表12-1　外来务工群体家庭情况表

父母亲受教育情况					
父亲受教育情况			母亲受教育情况		
教育层次	频数	百分比/%	教育层次	频数	百分比/%
未上过学	31	25.41	未上过学	43	35.20
小学/私塾	51	41.80	小学/私塾	49	40.20
初中	16	13.11	初中	20	16.40
普通高中	19	15.57	普通高中	4	3.30
大专	1	0.82	中专	1	0.80
不清楚	4	3.28	不清楚	5	4.10
合计	122	100.00	合计	122	100.00
父母亲职业					
父亲职业			母亲职业		
项目	频数	百分比/%	项目	频数	百分比/%
无业	3	2.86	无业	16	14.95
邮政电信业务人员	4	3.81	安全保卫人员	1	0.93
商业服务人员	1	0.95	个体户	5	4.67
个体户	7	6.67	专业技术人员	1	0.93
建筑工人	1	0.95	社会服务人员	1	0.93
专业技术人员	5	4.76	农、林、牧、渔、水利业生产人员	80	74.77
社会服务人员	1	0.95	制造业工人	3	2.80
农、林、牧、渔、水利业生产人员	70	66.67	合计	107	100.00
生产、运输设备操作人员及有关人员	4	3.81			
制造业工人	5	4.76			

续表

父母亲职业					
父亲职业			母亲职业		
项目	频数	百分比/%	项目	频数	百分比/%
设备操作人员	4	3.81			
合计	105	100.00			

兄弟姐妹数量					
项目	频数	百分比/%	项目	频数	百分比/%
0 人	4	3.30	5 人	17	13.90
1 人	19	15.60	6 人	10	8.20
2 人	22	18.00	7 人	3	2.50
3 人	26	21.30	8 人	2	1.60
4 人	19	15.60	合计	122	100.00

婚姻情况					
项目	频数	百分比/%	项目	频数	百分比/%
未婚	6	4.90	丧偶	1	0.80
初婚	109	89.30	同居	2	1.60
再婚	2	1.60	合计	122	100.00
离异	2	1.60			

第二，核心层网络是外来务工群体创业主要的筹资渠道。从创业的筹资渠道可以看出，创业者主要的筹资渠道是个人储蓄占39.47%，家人资助、其他亲戚和亲密朋友是除个人储蓄之外最主要的筹资渠道，三者占31.58%，上述筹资渠道共占71.05%（表12-2）。说明外来务工群体创业者的主要筹资渠道是核心层网络。彭华涛（2010）研究认为情感型社会网络可以在创业者经济资本较差的情况下，帮助创业者获得经济资本和社会资本，不需要通过等价交换，由于情感型社会网络主要依靠血缘、地缘等为纽带，情感型网络为创业者提供道义和无偿的服务，节省了创业者的经济成本支出。Anderson 等（2005）研究认为创业者获取物质和情感支持的一个重要来源是家庭，家庭中的成员可以提供创业所需的物质资源，并可以帮助创业者寻找外部支持。黄晓勇等（2012）通过对农民工创业社会网络的研究，指出农民工创业过程中外部融资困难，农民工创业融资一般选择通过自身积累利润或依靠关系在社会网络进行内部融资获得。

表12-2　外来务工群体筹资渠道

筹资渠道	频数	频率/%
个人储蓄	30	39.47
家人资助	12	15.79
其他亲戚	8	10.53
亲密朋友	4	5.26
一般朋友	3	3.95
生意伙伴	3	3.95
银行商业性贷款	1	1.32

续表

筹资渠道	项数	频率/%
其他	15	19.74
合计	76	100.00

第三，核心层网络是创业机会的重要来源。从创业者主动创业的原因看，主动创业的原因中亲朋提供资源、地域资源优势和家族原有较好的经济实力是创业者主动创业的机会来源，占24%，在主动创业原因中占33.33%（表12-3）。可以看出核心层网络对于创业者获得创业机会主要来源之一，但不是最主要的创业机会来源。董晓波（2007）研究指出，家庭网络和一般朋友网络对创业者创业念头的形成重要程度比较小，亲戚网络和好朋友网络对创业念头的形成重要性程度比较大。

表12-3　外来务工群体创业的原因

项目	原因	频数	频率/%
主动创业的原因	有类似经验	6	12.00
	有技术背景（如：有相关研究成果或专利）	6	12.00
	相关人际关系积累	7	14.00
	亲朋提供资源	7	14.00
	地域资源优势	2	4.00
	家族原有较好的经济实力	3	6.00
	开业容易	4	8.00
	恰巧遇到机会	1	2.00
	小计	36	72.00
被动创业的原因	文化、技能等自身能力低	8	16.00
	相关工作领域不需要自身具备的技能	4	8.00
	其他	1	2.00
	没有条件	1	2.00
	小计	14	28.00
合计		50	100.00

第四，核心层网络是创业者生意来源的重要来源。在为外来务工创业者介绍生意的人中，家人占10.42%，亲属占4.17%，亲密朋友占14.58%，同乡占8.33%，同学占4.17%，邻里占6.25%，师徒占2.08%，共计达到50%；与提供生意的人的关系是亲属的占30%，与提供生意的人的关系是以前认识的占40%（表12-4）。黄晓勇等（2012）研究认为，农民工创业过程中信息获取主要来源有公开信息和非公开信息，公开信息获取较容易但竞争优势不强；非公开信息更为重要，主要通过私人交往获得。Arregle等（2007）认为由于家庭成员间存在着血缘关系，在创业过程中会无私地投入资源和尽力帮助企业发展。董晓波（2007）指出，在创业念头形成上，家庭网络的重要程度比较小，而亲戚网络、好朋友网络影响比较大。可以看出，外来务工群体创业者主要的生意来源是创业者有紧密关系的血缘、

地缘等私密关系形成的社会网络，由于这一网络关系密切，信任度高，信息的价值也较高。

表12-4 外来务工群体创业者生意来源情况表

第一年生意的来源			介绍生意的人			介绍生意人的来源		
项目	频数	频率/%	项目	频数	频率/%	项目	频数	频率/%
国有企业	1	4.17	家人	5	10.42	党政机关	3	7.69
私营企业	5	20.83	亲属	2	4.17	国有企业	3	7.69
股份制企业	2	8.33	亲密朋友	7	14.58	国有事业	3	7.69
个人/顾客	15	62.50	一般朋友	10	20.83	集体企业	3	7.69
个体经营	1	4.17	同乡	4	8.33	个体经营	15	38.46
合计	24	100.00	同学	2	4.17	私营企业	10	25.64
现有生意来源			邻里	3	6.25	外资/合资企业	1	2.56
党政机关	1	2.22	师徒	1	2.08	股份制企业	1	2.56
国有企业	3	6.67	同事	2	4.17	合计	39	100.00
个体经营	14	31.11	生意/项目伙伴	8	16.67	与提供生意的人的关系		
私营企业	9	20.00	间接关系	1	2.08	以前是否认识	12	40.00
外资/合资企业	1	2.22	顾客	3	6.25	是否亲属	9	30.00
个人/顾客	17	37.78	合计	48	100.00	是否同事	9	30.00
合计	45	100.00				合计	30	100.00

第五，核心层社会网络是外来务工创业群体主要的劳动力来源。在有雇用的创业者中，雇员中亲属（含血缘亲属和婚姻亲属）人数为1人的占18.5%，2人的占29.6%，3人和8人的各占3.7%，共计达到了55.5%，说明亲属成为外来务工群体主要的劳动力来源（表12-5）。Karra等（2006）研究指出家庭成员能成为创业过程的劳动力，并为创业者提供情感支持。黄晓勇等（2012）也研究指出农民工创业者在劳动力资源的获取上，"亲戚网络"和"好朋友网络"发挥着重要的作用。

表12-5 外来务工群体创业者的政府交往和劳动力情况表

每个月在生意上与政府打交道的平均次数			雇员中亲属（含血缘亲属和婚姻亲属）人数		
次数/次	频数	频率/%	人数/人	频数	频率/%
0	19	70.4	0	12	44.4
1	4	14.8	1	5	18.5
2	3	11.1	2	8	29.6
5及以上	1	3.7	3	1	3.7
合计	27	100.0	8	1	3.7
			合计	27	100.0

我们可以看出，以血缘、地缘为纽带的核心层社会网络对外来务工群体创业的筹资渠道、创业机会来源、生意来源和劳动力具有重要的作用。这种情感型的核心社会网络层适合创业者的需要，又不会给创业者带来负担。彭华涛（2010）研究认为情感型社会网络规模既不过大也不过小，不至于造成企业的负担，网络结构疏密适中，能够满足创业者长期经营的目标。

二、中间层社会网络是获取创业资源的重要补充

外来务工群体中间层社会网络既有一些依靠较远的血缘、地缘和亲缘关系为纽带形成的社会关系，也有依靠务工或创业经营过程中通过生意往来形成的社会关系。吴莹和彭华涛（2011）研究指出混合型社会网络是糅合了工具型社会网络特点和情感型社会网络特点的混合网络。工具型网络是以经济利益为手段建立的社会网络，满足创业者短期的需要，但是会忽视长期的利益。情感型网络能为创业者带来长期的利益，但是会加重企业的负担。企业要充分考虑现实和长远的需要，分类建立不同关系的社会网络。

第一，中间层社会网络是创业者筹资渠道的一个重要补充。从创业者筹资渠道看，一般朋友和生意伙伴占3.95%，银行商业性贷款占1.32%，其他占19.74%，共计达到了25.01%。一般朋友可能来源于较远的血缘、地缘和亲缘等关系，也可能来源于创业者在打工过程当中认识的社会关系。生意伙伴是与创业者有经济利益关系的社会关系，个体之间存在的互信和互动与两者的利益互惠程度有关。银行与创业者之间存在资金借贷的利益关系。其他的筹资渠道没有能归类到上述类别中，说明和创业者关系不紧密。黄晓勇等（2012）指出一般朋友网络虽然在规模、差异性和动态性上指数最高，但密度最低，与家庭网络构成了互补型社会网络。一般朋友网络在创业融资中的重要性低于家人、亲戚和紧密朋友网络等核心层的社会网络。

第二，中间层社会网络是创业者创业机会另一个重要的来源。从主动创业的原因看，相关人际关系积累占创业原因的比重达到14%。表明中间层网络对创业者获得创业机会，开展创业活动有重要的影响。董晓波（2007）研究认为在创业意愿形成过程中，一般朋友网络的重要程度比较小，但是他同时指出更为广泛的社会网络和弱关联也许对创业态度和动力产生正向影响。

第三，中间层社会网络是创业者生意的重要组成部分。从第一年生意的来源看，生意/项目伙伴占16.67%，间接关系占2.08%，顾客占6.25%，同事占4.17%，这些生意的来源与创业者在经营活动中有经济利益的关系或者是创业者工作中形成的社会关系，相对于情感型社会网络关系的紧密程度较低，信任程度较低，又存在着利益关系，体现了混合型网络的特点。董晓波（2007）指出由于信任度的

强弱对创业者信息有着重要的作用，因此一般朋友网络在信息资源获取上的作用并没有好朋友网络和亲戚网络的作用大。

上述分析可以看出，中间层社会网络是对核心层网络的扩展，弥补了核心层社会网络在关系、规模和结构的局限，拓展了外来务工群体在创业过程中获取资金、信息等方面的资源，为创业者的创业和经营活动带来更大的空间。Greve 和 Salaff（2003）研究认为，创业者创业过程中除了从家庭获得创业所需资源，还需要从外部社会网络获取信息、资金、物质和人力资源等创业资源。

三、边缘层社会网络是获取创业资源的衍生网络

外来务工群体边缘层网络主要是创业者与其他个体或组织存在经济利益而建立的社会关系，这种社会关系与创业者中心距离较远。边缘层社会网络是创业过程中有意识的活动衍生出的社会关系，属于衍生社会网络。彭华涛和谢科范（2007）指出社会网络的边缘层个体的虽然在资源禀赋或功能属性具有优势，但是由于创业者与该关系衔接不畅，这样的网络个体将位于社会网络的边缘层。彭华涛（2010）认为衍生社会网络形成与创业经营活动的竞争过程中，主要体现的是社会网络个体与创业者之间的间接关系和弱关系，结构形态稀疏，是创业者有意识地选择的社会网络。

第一，创业者与政府之间的关系疏远。这里的政府除了各级政府，还将与政府有紧密关系的国有企业、国有事业和集体企业也归于政府的范畴。从创业者与政府每个月打交道的次数看，70.4%的创业者每个月与政府打交道的次数为 0 次，说明大部分创业者基本不与政府打交道。从第一次的生意来源看，没有来源于政府的，来源于国有企业的仅有4.17%；从现有生意的来源看，来源于党政机关的占2.22%，来源于国有企业的占 6.67%。从介绍生意的人来源看，给外来务工创业者介绍生意的人来源于党政机关、国有企业、国有事业、集体企业的共占30.6%，不是创业者主要的生意来源。我们可以看出，创业者与政府及政府相关机构之间的关系十分疏远，很少和政府有关系产生；在生意经营过程中，政府及政府相关机构也较少与外来务工创业者有关系发生。比较第一年生意的来源和现有生意来源，一个积极的变化是随着创业者经营活动的开展，经营规模的扩大，创业者逐渐与政府、国有企业产生联系，社会网络随着经营活动在扩大，体现了边缘层网络的动态性。

第二，创业者在务工地社会网络有限。从能够提供帮助的朋友或熟人看，16.81%的创业者在务工地没有能够提供帮助朋友或熟人，在务工地能够提供帮助的朋友或熟人在 1~10 人的占 65.45%，10 人以上的占 17.70%。从可以诉说心事的人看，27.43%的外来务工创业者在务工地没有可以诉说心事的人，可以诉说心事

的人在 1~10 人的占 70.79%，10 人以上的占 1.76%。没有人可以讨论重要问题的占 29.20%，可以讨论重要问题的人有 1~3 人的占 42.47%，4~10 人的占 25.66%，10 人以上的占 2.65%。有 28.83%外来务工创业者不能在务工地借款 5 000 元以上，1~5 人能够在务工地借款在 5 000 元以上的占 50.45%，6~10 人的占 13.51%，10 人以上的占 7.2%（表 12-6）。我们可以看出，外来务工创业者在务工地的社会网络十分有限，很少能从务工地获得帮助。

表12-6　外来务工群体创业者与务工地的社会网络情况表

能够提供帮助的朋友或熟人			可以诉说心事的人			可以讨论重要问题的人			可以借钱的人（>5 000 元）		
人数/人	频数	频率/%	人数/人	频数	频率/%	人数/人	频数	频率/%	人数/人	频数	频率/%
0	19	16.81	0	31	27.43	0	33	29.20	0	32	28.83
1	3	2.65	1	8	7.08	1	11	9.73	1	9	8.11
2	7	6.19	2	15	13.27	2	18	15.93	2	23	20.72
3	11	9.73	3	25	22.12	3	19	16.81	3	7	6.31
4	10	8.85	4	4	3.54	4	4	3.54	4	4	3.60
5	13	11.50	5	6	5.31	5	8	7.08	5	13	11.71
6	5	4.42	6	4	3.54	6	4	3.54	6	4	3.60
7	2	1.77	8	2	1.77	7	3	2.65	8	1	0.90
8	3	2.65	10	16	14.16	8	2	1.77	10	10	9.01
9	1	0.88	11	1	0.88	10	8	7.08	11	2	1.80
10	19	16.81	30	1	0.88	11	1	0.88	15	3	2.70
10 人以上	20	17.70	合计	113	100.00	15	2	1.77	20	2	1.80
合计	113	100				合计	113	100.00	29	1	0.90
									合计	111	100.00

第三，外来务工群体创业者与社区融入较差。外来务工群体创业者从家乡来到务工地进行创业，在文化、语言等方面与务工地有区别，较少能融入本地人的生活、工作和创业活动中，与本社区的融入度不高。外来务工创业者与本社区的邻里、街坊及其他居民的熟悉程度中，不太熟悉的占 21.05%，关系一般的占 38.60%，两者合计为 59.65%。与本社区的邻里、街坊及其他居民的信任程度中，非常不信任的占 1.75%，不太信任的占 10.53%，一般的占 55.26%，三项合计为 67.54%。与本社区的邻里、街坊及其他居民互助情况非常少的占 11.40%，比较少的占 32.46%，一般的占 35.09%，三者合计达到了 78.95%。在本社区安全性评价中，认为社区很安全的占 12.28%，较安全的占 62.28%，两项合计达到 74.56%（表 12-7）。从数据我们可以看出，外来务工群体在务工地与社区的居民关系相对疏远，没有比较深入的关系往来；而从外来务工群体与本社区的居民信任程度来

看，外来务工群体创业者与本社区居民信任程度不高，没有建立很好的信任程度；从外来务工群体创业者与社区的互助情况来看，互助频率也处于比较低的水平；但是对社区的安全评价相对较高，说明外来务工创业者对在务工地的生活还是很认可的。上述现象也说明了外来务工群体创业者在筹资渠道、创业机会、生意来源主要依靠核心层社会网络和中间层社会网络的原因。

表12-7　外来务工群体创业者与本社区社会交往情况

熟悉程度			信任程度			互助情况			安全情况		
项目	频数	频率/%	项目	频数	频率/%	项目	频数	频率/%	项目	频数	频率/%
非常不熟悉	1	0.88	非常不信任	2	1.75	非常少	13	11.40	很安全	14	12.28
不太熟悉	24	21.05	不太信任	12	10.53	比较少	37	32.46	较安全	71	62.28
关系一般	44	38.60	一般	63	55.26	一般	40	35.09	不太安全	27	23.68
比较熟悉	36	31.58	比较信任	32	28.07	比较多	22	19.30	很不安全	2	1.75
非常熟悉	9	7.89	非常信任	5	4.39	非常多	2	1.75	合计	114	100.00
合计	114	100.00	合计	114	100.00	合计	114	100.00			

第四，外来务工群体创业者很少参与各类社会组织。外来务工群体创业者加入居委会的仅有1.06%，加入休闲、娱乐、体育俱乐部、沙龙等组织的仅有1.06%，加入学习/培训机构的仅占3.19%，加入同乡会的仅占3.19%，加入公益、社会组织、志愿者团体的仅占1.06%，加入宗教组织的仅占2.13%，绝大多数外来务工创业者没有加入任何社会组织，占88.30%（表12-8）。数据说明，外来务工群体的社会参与度不高，很少参与务工地的各种社会组织，这一现象也反映了外来务工群体的社会网络的异质性、网络规模、网络多样性和网络顶端有限，有限的网络资源限制了外来务工群体创业者从这些网络获取创业资源的能力。

表12-8　外来务工群体创业者参加社会组织情况

社会组织	频数	频率/%
居委会	1	1.06
休闲、娱乐、体育俱乐部、沙龙等组织	1	1.06
学习/培训机构	3	3.19
同乡会	3	3.19
公益、社会组织、志愿者团体	1	1.06
宗教组织	2	2.13
没有加入任何社会组织	83	88.30
合计	94	100.00

四、城市外来务工群体社会网络特征

我们根据外来务工群体创业者的社会网络距离中心的距离将社会网络分为三个层次，分别是以情感为纽带的核心层社会网络，以情感和利益为纽带的中心层社会网络和以利益为纽带的边缘层网络。每一个层次的社会网络与创业者的距离不同，在创业者创业活动中提供的资源也不同，满足了创业者不同的需要。我们从六个方面分析外来务工群体创业者社会网络的特征。

（1）社会网络的关系纽带。核心层社会网络维系的纽带为血缘、地缘和亲缘。通过上述分析我们可以发现，血缘、地缘和亲缘是外来务工群体创业筹资渠道、创业机会的来源、生意的来源和劳动力的来源。彭华涛（2010）研究认为以情感为纽带的社会网络互信机制较强、互动频率高、互嵌范围宽。中间层社会网络的纽带既有一定的血缘、地缘和亲缘关系，也有以经济利益关系为纽带建立的关系，这种社会网络与创业者的互信比核心层社会网络低，互动频率也没有核心层高，互嵌程度也不高。边缘层网络主要依靠经济利益关系为纽带来维系社会网络，这种社会网络的互信、互动频率和互嵌都低于前两类社会网络，但是这一层次的社会网络与前两个层次的社会网络差异大、规模大，对外来务工群体创业者获得异质性资源有非常重要的意义。

（2）社会网络的价值取向。核心层社会网络价值取向为情感关系。核心层的社会网络中成员之间主要是由以情感为纽带的强关系构成的。彭华涛（2010）研究认为以情感型社会网络的价值取向趋于追求稳定的强关系，具有正外部性的网络个体关系。中间层社会网络的价值取向兼有情感和利益，关系强度体现了强弱关系类型，比核心层的关系强度弱，网络也具有正的外部性。边缘层社会网络价值取向为经济利益，外来务工群体创业者与社会网络个体依据经济利益建立联系，关系强度属于弱关系。

（3）社会网络的形成具体途径。核心层社会网络形成具有内生性，以情感为纽带的核心层社会网络来源于创业者的血缘、地缘和亲缘等社会关系，这些社会关系是创业者本身具有专有的网络资源，这种内生的社会网络的关系紧密、规模和结构适中且比较稳定，是创业者创业初期重要的网络资源。中间层网络的形成一部分来自于创业者内生的社会关系，一部分来自于创业者工作、创业活动中外生的社会关系，这一层次的社会网络的关系紧密程度、规模和结构与核心层社会网络已经有比较大的差别。边缘层社会网络主要形成途径是外生的，是创业者经营活动中由于利益关系产生的社会关系，关系的紧密程度较低，规模大，结构复杂，与前两个层次的社会网络比差别很大。

（4）社会网络的稳定性。核心层社会网络稳定性高，血缘、地缘和亲缘的纽带决定了核心层社会网络具有较高的稳定性，较高的社会网络稳定性对创业者获得创业资源有重要的作用。蒋剑勇等（2013）研究认为农民工创业者社会网络的关系强度是影响创业者资源获取效率的主要因素，建立在情感和信任基础上的强关系能够有助于农民创业者快速地获取创业所需的情感支持、信息和物质帮助等资源。中间层社会网络的稳定性比核心层社会网络的稳定性要低，能够帮助创业者获得短期的利益。边缘层社会网络的网络稳定性是弱稳定，与创业者关系比较稀疏。

（5）核心层社会网络准入门槛高。能够与外来务工群体创业者建立紧密关系的血缘、地缘和亲缘关系对社会网络的入门门槛要求高，一般的社会关系无法和创业者构成这种紧密的社会关系。彭华涛（2010）研究指出核心层与创业者个体基本都属于利益关联体，遴选标准和入门门槛高。中间层社会网络的准入门槛低于核心层社会网络，选择标准也低于核心层社会网络。边缘层社会网络的准入门槛更低，以双方的利益往来建立，没有严格的选择标准。

（6）核心层社会网络维系成本低。由于核心层社会网络成员与创业者存在血缘、地缘和亲缘关系，这种关系是以情感为关系纽带，在维系这些关系时成本较低。彭华涛（2010）研究认为情感型社会网络的维系成本较低。中间层社会网络维系成本要高于核心层社会网络的维系成本，主要是由于中间层社会网络有利益因素存在。边缘层社会网络维系成本最高，完全依靠利益因素维系创业者和社会网络个体的关系。

我们通过上面的分析可以看出，外来务工群体创业者在创业过程中对核心层社会网络依赖程度较高，主要的筹资渠道、创业机会、生意来源、劳动力来源来自强关系的核心层网络；其次，对中间层社会网络的依赖度也较高，中间层社会网络是创业者另一个筹资渠道、创业机会、生意来源、劳动力来源的社会网络；创业者对边缘层社会网络依赖程度较低，没有很好利用边缘层网络的资源禀赋，在一定程度上限制了外来务工创业者的经营活动。

第二节　城市外来务工群体创业中社会网络的使用及效用

对外来务工群体创业者来说，创业过程中筹资渠道和生意来源反映了创业者开始创业活动的基本内容；与创业地的社区、居民的关系，反映了外来务工创业者在异地创业过程中与当地的融入程度，对创业者获得更多的资源有重要的意义。下面利用筹资渠道，生意来源与注册资本之间的关系来分析创业者在创业过程中社会网络的使用情况。

一、社会网络与创业者筹资渠道

创业者能否获得创业资金对创业者能否开始创业活动和进行持续的经营活动非常重要，我们利用筹资渠道和注册资本之间的交叉来分析创业者筹集资金过程中社会网络的使用情况。表 12-9 中的数据显示，在资金获得渠道方面我们可以看出，个人储蓄在筹集资金过程中扮演了非常重要的作用，但是随着注册资本的上升，个人储蓄这一渠道的使用比重下降，从 45.45%下降到 23.81%；强关系社会网络是外来务工创业者重要的筹集资金的渠道，尤其是注册资本在 1 万元以上，基本占到筹资渠道的三分之一；弱关系社会网络随着注册资本的上升，成为越来越重要的筹集资金的渠道，从 22.73%上升到 42.86%（表 12-9）。这一现象表明，注册资本越高的创业者，越需要利用资源禀赋较好的弱关系来获得资金，个人储蓄满足资金需要的能力下降。王文彬和赵延东（2012）对自雇者社会网络的研究发现随着自雇者注册资本的增加，资金的获得渠道对个人和家庭的依赖程度越低。外来务工群体创业者筹资渠道与自雇者筹资渠道有相同的现象。

表12-9　外来务工群体创业者社会网络与经营活动（单位：%）

项目	关系	注册资本		
		1 万元以下	1 万~10 万元	10 万元以上
资金获得渠道与注册资本	个人储蓄	41.67	45.45	23.81
	强关系	25.00	31.82	33.33
	弱关系	33.33	22.73	42.86
第一年生意来源与注册资本	强关系	25.00	31.82	22.22
	弱关系	75.00	68.89	77.78
介绍生意的人与注册资本	强关系	33.33	61.11	18.18
	弱关系	66.67	58.82	81.82

二、社会网络与生意来源

对创业者来说，创业的第一年是创业者面临生存和发展的重要阶段，第一年的生意对以后的经营活动意义重大。上表数据显示，不管注册资本的情况如何，强关系社会网络不是主要的第一年生意来源，第一年生意来源中强关系社会网络提供不到三分之一的生意；弱关系社会网络提供了超过 70%的生意，成为创业者最重要的生意来源。表明创业者获得生意来源过程中弱关系作用突出，这与创业者在异地创业强关系社会网络规模小、结构单一有关，只能通过开拓市场，利用经济利益产生的社会关系网络为企业经营提供生意来源。王文彬和赵延东（2012）研究认为自雇者的生意来源对弱关系社会网络的依赖程度随着注册资本的增加而增加，但是强社会关系对首笔生意也有重要意义，这和外来务工群体创业者并不一致。

从介绍生意的人来看，随着注册资本的增加，弱关系社会网络对创业者的重要性越来越高，尤其是注册资本超过 10 万元的创业者，主要依靠弱关系社会网络提供生意。这也表明弱关系社会网络对外来务工创业者在异地创业的重要性，在创业过程中创业者对弱关系社会网络依赖程度的增加。王文彬和赵延东（2012）的研究也发现自雇者注册资本越高对弱关系社会网络依赖程度越高。

三、社会网络与注册资本

外来务工群体创业者从家乡来到城市创业，创业者希望通过创业更好地融入城市的生活，成为城市的市民，我们利用创业者与社区的交往情况分析创业者和社区的关系。

从外来务工群体创业者与社区居民的熟悉程度看，随着注册资本和投入资金的增加，创业者与本社区居民的熟悉程度下降。从信任程度看，注册资本的变化没有提高创业者与本社区居民的信任程度，创业者与本社区居民的信任程度仍然比较低。从与社区居民的互助程度看，注册资本的变化没有提高互助程度，互助程度也比较低（表 12-10）。以上数据说明，外来务工创业者与本社区居民的交往程度低，与本社区居民的融入程度不高，仍然是比较孤立的群体。这也反映了外来务工群体异地创业过程中对弱关系的社会网络依赖程度比较高的现象。

表12-10　外来务工群体创业者社区交往与经营活动（单位：%）

项目	交往程度	本地社区交往情况与注册资本		
		1 万元以下	1 万~10 万元	10 万元以上
熟悉程度	高	92.00	48.19	60.00
	低	8.00	51.81	40.00
信任程度	高	22.22	37.35	28.00
	低	77.78	62.65	72.00
互助程度	多	23.44	19.51	20.00
	少	76.56	80.49	80.00

第三节　城市外来务工群体的社会网络与创业绩效

上述内容主要讨论了城市外来务工群体在创业过程中社会网络的特征及使用情况，下面主要探讨城市外来务工群体在创业过程中与生意联系人或生意联系单位形成的生意网络对其创业绩效的影响。

外来务工群体的生意网络是指外来务工群体在创业过程中获得生意来源的社会网络。本章主要根据社会网络的规模、构成、差异性和关系顶层四个指标对外来务工群体的生意网络进行划分。第一，网络规模，表现为给外来务工创业者介绍生意的人数，采用样本数据中的"到现在为止，介绍过生意的人数"来表达外来务工创业者在生意经营中的网络规模；第二，网络构成，表现为外来务工创业者与生意联系人的关系属性，采用样本数据中的"与提供生意的人的相熟程度""与提供生意的人的亲密程度""与提供生意的人的信任程度"来表达外来务工创业者在生意经营过程中的关系性质；第三，网络差异性，表现为外来务工创业者生意联系人的工作单位，生意联系人的工作单位类别越多，表示网络差异越大，采用样本数据中的"给您介绍过生意的人的工作单位"来表达，当生意联系人的工作单位超过三个的时候为"差异大=1"，否则为"差异小=0"；第四，网络关系顶层，表现为外来务工创业者的生意渠道中有党政机关、国企、事业单位、外企、股份制企业和境外企业等资源多的单位为"等级高=1"，如果生意渠道只有个体、私营或个人和顾客时为"等级低=0"。

外来务工群体创业的绩效采用样本数据中"2013年的全年利润总额（万元）"来表达，全年利润>0表示为"盈利=1"，否则表示为"亏损=0"。本章利用二元逻辑回归模型，对外来务工群体社会网络对创业绩效的影响进行研究，在建立模型时，为避免指标之间的共线性问题，将生意网络的各个指标分别引入回归方程，将"性别""年龄""婚姻""兄弟姐妹数量""最高学历"作为控制变量，分别建立独立的模型来分析各个指标对创业绩效的影响（表12-11）。

表12-11　外来务工群体创业者生意网络对创业绩效的影响

项目		模型1	模型2	模型3	模型4	模型5	模型6
性别		−0.18	−0.14	0.19	0.14	0.36	−0.04
年龄		0.01	0.01	0.00	−0.03	0.05^*	0.01
婚姻		−0.45	−0.87	−19.72	−19.63	−0.55	−0.27
兄弟姐妹数量		0.25^{**}	0.42^{**}	0.40^{**}	0.53^{**}	0.10	0.20^*
最高学历		0.10	0.20	0.19	0.42	0.11	0.10
网络规模		0.05^*					
网络构成	相熟程度		0.59^*				
	亲密程度			0.52^*			
	信任程度				0.97^*		
网络差异性						$−0.857^{**}$	
网络顶层							$−1.06^{***}$
常数项		0.77	0.72	−0.58	−0.98	1.16	0.847
Hosmer和Lemeshow检验		Sig: 0.532	Sig: 0.472	Sig: 0.985	Sig: 0.264	Sig: 0.541	Sig: 0.340
样本量		183	182	183	183	167	163

***、**、*分别表示在1%、5%、10%显著性水平下通过统计检验

表 12-11 的回归结果显示，该模型拟合度较好。在对"性别""年龄""婚姻""兄弟姐妹数量""最高学历"这些变量进行控制后，外来务工创业者的生意网络表现出良好的显著性。

第一，网络规模越大，创业绩效越高，两者之间具有正向关系。外来务工创业者生意网络中介绍生意的人数越多，网络规模越大，创业绩效越好，盈利的可能性越大。在模型中还可以看出，"兄弟姐妹数量"对创业绩效的影响也是显著的，说明"兄弟姐妹数量"会对创业者的生意网络规模产生影响。我们可以认为兄弟姐妹数量越多，为外来务工创业者介绍生意的人数越多，生意网络的规模越大，创业者的盈利可能性越高。

第二，网络构成中的弱关系对创业绩效影响更显著。外来群体与介绍生意的人熟悉程度越低，创业者的创业绩效越高，盈利可能性越大；亲密程度越低，创业者的创业绩效越高，盈利可能性越大；信任程度越低，创业者的创业绩效越高，盈利可能性越大。上述回归结果表明外来务工创业者在创业过程中并不依靠强关系的社会网络，强关系对创业者的创业绩效并不重要，反而弱关系对创业者的创业绩效影响更大。这说明，对于外来务工创业者而言，在创业经营过程中，要更多利用弱关系来获得生意来源，提高盈利的可能性。另外，"兄弟姐妹数量"在模型中仍然有影响，表明"兄弟姐妹数量"对创业者网络构成有影响，兄弟姐妹数量越多，形成的弱关系越多，最终对创业绩效产生影响。

第三，年龄与创业绩效存在正向关系，网络差异性小与创业绩效表现较好。从回归结果可以看出，该模型中"年龄"对创业绩效产生影响，表明年龄大的创业经营者，创业经营的绩效更高，可能的原因是创业者的年龄越大，社会网络差异性越大，从而对创业绩效产生影响。模型表明，网络差异性小，外来务工创业者创业绩效也比较好，盈利的可能性更高；网络差异大，创业绩效比较差，亏损的可能性更大。这一结论与其他学者的研究存在差异，可能在于本书样本中的创业者大部分是由个体经营户或小微企业构成，经营过程中并不需要太多的生意来源有关。

第四，网络顶层中较低的网络等级对创业绩效影响更大。从模型中可以看出，创业者的生意来源等级低，创业者的创业绩效较高，盈利的可能性更高，网络等级高，创业绩效比较差，亏损的可能性更大。这一结论与其他学者的研究结论差异较大，原因也可能在于本书样本中的创业者大部分是由个体经营户或小微企业构成，经营过程中并不需要太多的生意来源有关。

综上所述，外来务工创业者的社会网络的规模、构成、差异性和网络顶层都对创业绩效有显著的影响。表明外来务工创业者的生意网络正向地对创业者的绩效产生影响，因此生意网络对外来务工创业绩效有重要的意义。

第四节 本 章 小 结

本章首先描述了外来务工创业者社会网络的基本状况，然后分析了外来务工创业者的社会网络特征，探讨了外来务工创业者在筹资渠道、生意来源和注册资本等方面对不同类型社会网络的依赖情况。最后实证检验了外来务工创业者社会网络对其创业绩效的影响。研究的主要结论如下。

（1）外来务工群体创业者在创业过程中对核心层社会网络依赖程度较高，主要的筹资渠道、创业机会、生意来源和劳动力来源来自强关系的核心层网络；创业者对中间层网络的依赖度也较高，中间层社会网络是创业者筹资渠道、创业机会和生意来源的重要补充；创业者对远缘层社会网络依赖较低，没有很好利用边缘层网络的资源禀赋，在一定程度上限制了外来务工创业者的经营活动。

（2）外来务工创业者的筹资渠道、生意来源和注册资本使用主要依赖弱社会关系。注册资本越高的创业者，越需要利用资源禀赋较好的弱关系来获得资金，个人储蓄满足资金需要的能力下降。创业者获得生意来源过程中弱关系作用突出，这与创业者在异地创业强关系社会网络规模小、结构单一有关，只能通过开拓市场，利用经济利益产生的社会关系网络为企业经营提供生意来源。外来务工创业者与本社区的居民交往程度低，与本社区居民融入程度不高，仍然是比较孤立的群体，这也解释了外来务工群体异地创业过程中对弱关系的社会网络依赖程度比较高的现象。

（3）外来务工创业者社会网络的规模、构成、差异性和网络顶层都对其创业绩效具有显著的影响。具体来说，外来务工创业者的生意网络规模和构成正向影响其创业绩效，而网络差异性和网络顶层则负向影响其创业绩效。

参 考 文 献

陈艾，李雪萍. 2015. 脆弱性-抗逆力：连片特困地区的可持续生计分析[J]. 社会主义研究，（2）：92-99.

陈聪，庄晋财，程李梅. 2013. 网络能力对农民工创业成长影响的实证研究[J]. 农业经济研究，（7）：17-24，110.

陈凌，王昊. 2013. 家族涉入、政治联系与制度环境——以中国民营企业为例[J]. 管理世界，（10）：130-141.

陈文超，陈雯，江立华. 2014. 农民工返乡创业的影响因素分析[J]. 中国人口科学，（2）：96-128.

陈晓萍，徐淑英，樊景立. 2012. 组织与管理研究的实证方法[M]. 北京：北京大学出版社.

程广帅，谭宇. 2013. 返乡农民工创业决策影响因素研究[J]. 中国人口资源与环境，（1）：119-125.

邓建平，饶妙，曾勇. 2012. 市场化环境、企业家政治特征与企业政治关联[J]. 管理学报，9（6）：936-942.

丁焕峰. 2008. 试析本地知识创造与本地能力[J]. 科技管理研究，（12）：179-182.

董晓波. 2007. 农民创业者获取创业资源中社会网络的利用[J]. 中国农学通报，1（1）：425-428.

杜运周，刘运莲. 2012. 创业网络与新企业绩效：组织合法性的中介作用及其启示[J]. 财贸研究，（5）：121-130.

杜运周，张玉利. 2012. 顾客授权与新企业合法性关系实证研究[J]. 管理学报，9（5）：735-741.

杜运周，张玉利. 2012. 互动导向与新企业绩效：组织合法性中介作用[J]. 管理科学，（8）：22-30.

杜运周，任兵，陈忠卫，等. 2008. 先动性，合法化与中小企业成长——一个中介模型及其启示[J]. 管理世界，（12）：126-138，148.

段锦云. 2012. 基于创业事件模型的农民工创业意向影响因素研究[J]. 数理统计与管理，11（6）：958-964.

樊纲，王小鲁，马光荣. 2011. 中国市场化进程对经济增长的贡献[J]. 经济研究，（9）：4-16.

范良聪，罗卫东. 2008. 基于社会资本视角的创业环境评价体系研究[J]. 科学学研究，（2）：327-334，284.

冯朝睿. 2014. 连片特困地区多中心协同反贫困治理的初步构想[J]. 云南社会科学，（4）：159-161.

高丙中. 2000. 社会团体的合法性问题[J]. 中国社会科学，（2）：100-109，207.

高雅，李孔岳，吴晨. 2013. 企业家政治关系、市场化程度与行政垄断行业进入——基于中国私营企业的实证研究[J]. 经济与管理研究，9：95-104.

辜胜阻，李俊杰. 2007. 区域创业文化与发展模式比较研究——以中关村、深圳和温州为案例[J]. 武汉大学学报（哲学社会科学版），（1）：5-12.

辜胜阻，武兢. 2009. 扶持农民工以创业带动就业的对策研究[J]. 中国人口科学，（3）：2-12.

顾建平，王磊. 2014. 创业企业家真实型领导，组织合法性与创业绩效[J]. 华东经济管理，（10）：115-119.

哈磊. 2010. 关于我国第五次经济周期[J]. 当代经济,（7）: 68-71.

韩朝. 2011. 典型群体创业社会网络的比较研究[J]. 商业时代,（21）: 85-87.

韩婷, 许亚乔. 2015. 河北省林业扶贫策略分析——以燕山-太行山集中连片特困地区为例[J]. 现代经济信息,（14）: 409.

郝秀清, 张利平, 陈晓鹏, 等. 2013. 低收入群本导向的商业模式创新研究[J]. 管理学报, 10（1）: 62-69.

横山宁夫. 1983. 社会学概论[M]. 上海: 上海译文出版社.

胡枫, 陈玉宇. 2012. 社会网络与农户借贷行为——来自中国家庭动态跟踪调查的证据[J]. 金融研究,（12）: 178-192.

黄滨. 2015. 广西石漠化连片特困地区普惠金融发展研究[J]. 区域金融研究,（1）: 22-26.

黄承伟, 刘欣. 2016. 新中国扶贫思想的形成与发展[J]. 国家行政学院学报,（3）: 63-68.

黄洁, 蔡根女, 买忆媛. 2010. 谁对返乡农民工创业机会识别更具影响力: 强连带还是弱连带[J]. 农业技术经济,（4）: 29-35.

黄晓勇, 刘伟, 李忠云, 等. 2013. 基于社会网络的农民工返乡创业研究[J]. 重庆大学学报（社会科学版）, 2（2）: 66-73.

黄兆信, 曾纪瑞. 2012. 新生代农民工创业活动影响因素实证研究[J]. 华中师范大学学报（人文社会科学版）,（9）: 146-152.

贾先文. 2015. 三重失灵: 连片特困地区公共服务供给难题与出路[J]. 学术界,（8）: 231-238.

江苏省财政厅. 2014-10-28. 古代社会日常贫困救济制度研究[EB/OL]. http://www.jscz.gov.cn/pub/jscz/czwh/shzc//t20141025-64167.html.

姜翰, 金占明. 2009. 认知环境不稳定性对合资企业成员机会主义认知影响的实证研究[J]. 管理学报, 6（1）: 102-111.

姜翰, 金占明, 焦捷, 等. 2009. 不稳定环境下的创业企业社会资本与企业"原罪"——基于管理者社会资本视角的创业企业机会主义行为实证分析[J]. 管理世界, 6: 102-114.

蒋剑勇, 钱文荣, 郭红东. 2013. 社会网络、社会技能与农民创业资源获取[J]. 浙江大学学报（人文社会科学版）, 1（1）: 85-98.

蒋剑勇, 钱文荣, 郭红东. 2014. 社会网络、先前经验与农民创业决策[J]. 农业技术经济,（2）: 17-25.

卷烟消费需求研究课题组. 2015. 一类卷烟消费需求特征与影响因素的调研分析[J]. 中国市场,（10）: 65-71.

乐琦. 2012. 并购合法性与并购绩效: 基于制度理论视角的模型[J]. 软科学,（4）: 118-122.

李良师. 2013. 集中连片特困地区农业产业化发展研究: 以新疆南疆三地州为例[J]. 特区经济,（9）: 124-125.

李维安, 邱艾超, 阎大颖. 2013. 企业政治关系研究脉络梳理与未来展望[J]. 外国经济与管理, 32（5）: 48-55.

李伟阳, 肖红军. 2011. 企业社会责任的逻辑[J]. 中国工业经济,（10）: 87-97.

李仙娥, 李倩. 2013. 秦巴集中连片特困地区的贫困特征和生态保护与减贫互动模式探析[J]. 农业现代化研究,（4）: 408-411.

李雪灵, 马文杰, 白晓晓. 2011a. 转型经济背景下的新创企业关系网络研究前沿探析与未来展望[J]. 外国经济与管理, 33（5）: 9-16.

李雪灵, 马文杰, 刘钊. 2011b. 合法性视角下的创业导向与企业成长: 基于中国新企业的实证检验[J]. 中国工业经济，（8）：99-108.

李玉刚，童超. 2015. 企业合法性与竞争优势的关系：分析框架及研究进展[J]. 外国经济与管理，37（3）：65-75.

李长峰，庄晋财. 2014. 农民工创业初期行业选择影响因素的实证研究[J]. 农村经济，（1）：109-113.

廖金萍，陶叡. 2014. 集中连片特困地区农村公共服务供给满意度的实证分析：基于江西省罗霄山区的调研[J]. 嘉应学院学报，（10）：47-52.

林剑. 2006. 社会网络作用于创业融资的机制研究[J]. 南开管理评论，（4）：70-75.

林南. 2005. 社会资本——关于社会结构与行动的理论[M]. 上海：上海人民出版社.

林嵩，谢靖屿，封波. 2014. 创业制度环境的概念适用性及比较研究[J]. 科技进步与对策，（20）：81-87.

零点指标数据. 2013. 2013 中国白酒消费现状及趋势[J]. 销售与市场：商学院，（9）：24-26.

令狐建生，肖义泽，杨永芳，等. 2005. 云南省 3 县（区）居民吸烟状况及相关因素研究[J]. 海峡预防医学杂志，11（6）：27-28.

刘伯恩. 2014. 组织合法性视角下矿业企业社会责任驱动机理研究[D]. 中国地质大学博士学位论文.

刘畅，齐斯源，王博. 2015. 创业环境对农村微型企业创业绩效引致路径的实证分析：基于东北地区实地调研数据[J]. 农业经济问题，（5）：104-109.

刘国聪，戴丽萍，曾维斌，等. 2009. 2005 年广州市东山区城市社区居民吸烟情况分析[J]. 中国公共卫生管理，25（2）：194-196.

刘建平，蓝红星. 2013. 集中连片特困地区的教育改革探析：以人力资本理论为视角[J]. 重庆科技学院学报（社会科学版），（2）：55-57，66.

刘林. 2016. 基于信号理论视角下的企业家政治联系与企业市场绩效的关系研究[J]. 管理评论，28（3）：93-105.

刘苓玲，徐雷，吴海涛. 2012. 中西部地区农民工返乡创业问题研究——基于河南、山西、重庆的调查问卷[J]. 人口与经济，（6）：33-38.

刘美玉. 2013. 创业动机、创业资源与创业模式：基于新生代农民工创业的实证研究[J]. 宏观经济研究，（5）：62-70.

刘筱红，张琳. 2013. 连片特困地区扶贫中的跨域治理路径研究[J]. 中州学刊，（4）：82-87.

刘玉照，田青. 2009. 新制度是如何落实的？——作为制度变迁新机制的"通变"[J]. 社会学研究，（4）：133-156.

刘治金. 2012. 连片特困地区农民素质问题研究[J]. 求索，（4）：95-96.

龙海军. 2016. 转型情境下创业导向对企业绩效的影响：创业行为的中介效应[J]. 系统工程，34（1）：70-76.

卢闯，刘万兆. 2013. 新生代农民工创业问题探讨[J]. 农业经济，7：85-86.

鲁兴启，于秀涓. 2014. 基于社会网络的科技创业者创业能力研究[J]. 科技管理研究管理，（12）：112-115.

陆汉文. 2012. 连片特困地区低碳扶贫道路与政策初探[J]. 广西大学学报（哲学社会科学版），（5）：23-27.

罗党论，唐清泉. 2009. 中国民营上市公司制度环境与绩效问题研究[J]. 经济研究，（2）：106-118.

罗家德. 2010. 社会网分析讲义[M]. 北京：社会科学文献出版社.

马光荣，杨恩艳. 2011. 社会网络、非正规金融与创业[J]. 经济研究，（3）：83-94.

毛基业，李晓燕. 2010. 理论在案例研究中的作用——中国企业管理案例论坛（2009）综述与范文分析[J]. 管理世界，（2）：106-113.

墨媛媛，王振华，唐远雄，等. 2012. 甘肃省农民工创业群体特征分析[J]. 人口与经济，（1）：43-48.

彭华涛. 2005. 创业社会网络的概念界定及拓展分析[J]. 学术论坛，（2）：75-79.

彭华涛. 2010. 创业企业社会网络类型与特点的比较分析[J]. 武汉理工大学学报（信息与管理工程版），6（3）：442-445.

彭华涛，谢科范. 2007. 创业社会网络图谱的特征及形成机理分析[J]. 科学学研究，4（2）：324-327.

彭伟，顾汉杰，符正平. 2013. 联盟网络、组织合法性与新创企业成长关系研究[J]. 管理学报，（12）：1760-1769.

青木昌彦. 2000. 什么是制度?我们如何理解制度?[J]. 周黎安，王珊珊译. 经济社会体制比较，（6）：28-38.

任锋，杜海峰，刘玲睿. 2012. 基于就业稳定性差异的农民工创业影响因素研究[J]. 人口学刊，（2）：80-88.

任荣伟. 2013. 多重视角下的非正规经济组织：前沿理论与趋势[J]. 中山大学学报，（6）：182-191.

任祎君. 2014. 对德宏州连片特困地区金融扶贫工作情况的调查[J]. 时代金融，（29）：243-244.

石智雷，谭宇，吴海涛. 2010. 返乡农民工创业行为与创业意愿分析[J]. 中国农村观察，（5）：25，37-47.

宋丽红，李新春，梁强. 2015. 创业成长意愿的制度约束及缓解机制[J]. 管理学报，（9）：1351-1360.

隋艳颖，马晓河，夏晓平. 2010. 金融排斥对农民工创业意愿的影响分析[J]. 广东金融学院学报，25（3）：83-93.

孙伍琴，朱顺林. 2008. 金融发展促进技术创新的效率研究——基于 Malmuquist 指数的分析[J]. 云南财经大学学报，（3）：46-50.

唐远雄，才凤伟. 2013. 农民工创业意愿及其影响因素研究——基于甘肃省调查数据的实证分析[J]. 宁夏社会科学，（5）：61-66.

田宇，冷志明，龙海军. 2015. 贫困地区创业管理案例研究[M]. 长沙：中南大学出版社.

田宇，卢芬芬，张怀英. 2016. 中国金字塔底层情境下的包容性商业模式构建机制：基于武陵山片区的多案例研究[J]. 管理学报，13（2）：184-194.

田宇，杨艳玲，卢芬芬. 2016. 欠发达地区本地能力、社会嵌入与商业模式构建分析——基于武陵山片区的多案例研究[J]. 南开管理评论，19（1）：108-119.

田志龙，程鹏瑶，杨文. 2014. 企业社区参与过程中的合法性形成与演化：百步亭与万科案例[J]. 管理世界，（12）：134-151.

仝允桓，周江华，邢小强. 2010. 面向低收入群体（BOP）的创新理论——述评和展望[J]. 科学学研究，28（2）：169-175.

童中贤，曾群华，马骏. 2012. 我国连片特困地区增长极培育的战略分析：以武陵山地区为例[J]. 中国软科学，（4）：85-96.

汪三贵，刘湘琳，史识洁，等. 2010. 人力资本和社会资本对返乡农民工创业的影响[J]. 农业技术经济，（12）：4-10.

王昶. 2010. 战略管理：理论与方法[M]. 北京：清华大学出版社.

王冬，刘养卉. 2015. 新生代农民工创业行为影响因素分析——基于兰州市的调查[J]. 中国农学通报，31（5）：278-283.

王建平. 2015. 连片特困地区政府扶贫资金的减贫效果评价——以川西北藏区为例[J]. 决策咨询，（2）：40-42.

王萍萍，徐鑫，郝彦宏. 2015. 中国农村贫困标准问题研究[J]. 调研世界，（8）：3-8.

王文彬，赵延东. 2012. 自雇过程的社会网络[J]. 社会，（3）：78-97.

王雪冬，冯雪飞，董大海. 2014. "价值主张"概念解析与未来展望[J]. 当代经济管理，36（1）：13-19.

王艳子，罗瑾琏，王莉，等. 2014. 社会网络对团队创造力的影响机理研究[M]. 北京：经济科学出版社.

王毅，高文斌. 2010. 2126名电脑型彩票购彩者的基本特征[J]. 中国心理卫生杂志，24（4）：304-308.

王赞新. 2015. 集中连片特困地区的生态补偿式扶贫标准与思路：以大湘西地区为例[J]. 湖湘论坛，（4）：59-63.

王志章，王超. 2014. 印度包容性旅游扶贫与我国连片特困地区的旅游开发研究[J]. 西部发展评论，（00）：180-191.

韦雪艳. 2012. 中国背景下农民工创业成长的过程机制[J]. 心理科学进展，20（2）：197-207.

巫景飞，何大军. 2008. 高层管理者政治网络与企业多元化战略：社会资本视角——基于我国上市公司面板数据的实证分析[J]. 管理世界，（8）：107-118.

吴彩容，吴声怡. 2012. 农村劳动力个人禀赋对其创业行业选择影响的实证分析——基于福建沙县的数据[J]. 技术经济，31（2）：103-107.

吴明隆. 2010. 结构方程模型——AMOS的操作与应用[M]. 第2版. 重庆：重庆大学出版社.

吴一平，王健. 2015. 制度环境、政治网络与创业：来自转型国家的证据[J]. 经济研究，（8）：45-57.

吴易雄. 2011. 农民工返乡创业的困境与对策——基于湖南省24县返乡农民工创业的调查分析[J]. 湖南农业科学，（7）：156-159.

吴莹，彭华涛. 2011. 全民创业社会网络"关系—规模—结构"多维效应的合成机理[J]. 科技进步与对策，8（16）：74-78.

西安晚报. 2011-11-03. 强生婴儿洗发水检出致癌物 被指采取双重标准[EB/OL]. http://epaper.xiancn.com/xawb/html/2011-11/03/content_63035.html.

夏盛杰. 2013. 金融支持湖南省罗霄山片区扶贫攻坚的建议[J]. 金融经济，（12）：180-182.

向德平，陈艾. 2013. 连结生计方式与可行能力：连片特困地区减贫路径研究：以四川省甘孜藏族自治州的两个牧区村庄为个案[J]. 江汉论坛，（3）：114-119.

肖璐，范明. 2015. 家庭社会网络对大学生创业动机的影响机制研究[J]. 中国科技论坛，17（1）：134-146.

肖庆华，毛静. 2014. 贵州省集中连片特困地区教育扶贫的现状、问题及路径[J]. 经济与社会发展，（3）：155-157.

肖泽平. 2015. 连片特困地区高等职业教育发展现状的调查分析——以武陵山区为例[J]. 重庆高教研究，（4）：12-18.

谢鹏，刘春林. 2015. 道德合法性、区域同构与企业慈善捐赠行为研究：基于我国上市公司的实证[J]. 南京社会科学，（3）：50-58.

解学梅. 2010. 中小企业协同创新网络与创新绩效的实证研究[J]. 管理科学学报, 13（8）: 51-64.

新京报. 2011-11-15. 婴幼儿洗护用品尚无专设标准[EB/OL]. http: //www.bjnews.com.cn/lifestyle/ 2011/11/15/164529.html.

邢小强, 葛沪飞, 仝允桓. 2015. 社会嵌入与 BOP 网络演化: 一个纵向案例研究[J]. 管理世界, （10）: 160-173.

邢小强, 仝允桓, 陈晓鹏. 2011b. 金字塔底层市场的商业模式: 一个多案例研究[J]. 管理世界, （10）: 108-124.

邢小强, 周江华, 仝允桓. 2011a. 面向低收入市场的金字塔底层战略研究述评[J]. 财贸经济, （1）: 79-85.

徐辉, 陈芳. 2015. 公共支持政策对新生代农民工创业绩效影响评价及其影响因素分析[J]. 农村经济, （8）: 126-129.

许昆鹏, 杨蕊. 2013. 农民创业决策影响机制研究———基于创业者资源禀赋视角[J]. 技术经济与管理研究, （3）: 40-44.

杨典. 2011. 国家、资本市场与多元化战略在中国的兴衰: 一个新制度主义的公司战略解释框架[J]. 社会学研究, （6）: 102-131, 243-244.

杨玉锋. 2014. 宁夏六盘山集中连片特困地区乡村旅游业发展对策研究[J]. 农业科学研究, （2）: 71-73.

杨中芳, 彭泗清. 1999. 中国人人际信任的概念化: 一个人际关系的观点[J]. 社会学研究, （2）: 3-23.

叶文平, 邝先慧. 2014. 企业家政治关联、政治网络与企业创新绩效———基于上市公司面板数据的实证分析[J]. 科技与经济, 27（3）: 16-20.

英格尔斯 A. 1981. 社会学是什么? [M]. 陈观胜, 李培荣译. 北京: 中国社会科学出版社.

俞园园, 梅强. 2014. 基于组织合法性视角的产业集群嵌入创业研究[J]. 科学性与科学技术管理, （5）: 91-99.

袁浩. 2015. 上海新白领移民的社会网络构成、相对剥夺感与主观幸福感———以上海市为例[J]. 福建论坛（人文社会科学版）, （4）: 186-192.

曾萍, 邓腾智, 宋铁波. 2013. 制度环境、核心能力与中国民营企业成长[J]. 管理学报, （5）: 663-670.

张宝建, 孙国强, 裴梦丹, 等. 2015. 网络能力、网络结构与创业绩效———基于中国孵化产业的实证研究[J]. 南开管理评论, 18（2）: 39-50.

张峰, 黄玖立, 王睿. 2016. 政府管理、非正规部门与企业创新: 来自制造业的实证依据[J]. 管理世界, （2）: 95-109.

张广胜, 柳延恒. 2014. 人力资本、社会资本对新生代农民工创业型就业的影响研究———基于辽宁省三类城市的考察[J]. 农业技术经济, （5）: 4-13.

张利平, 高旭东, 仝允桓. 2011. 社会嵌入与企业面向 BOP 的商业模式创新———个多案例研究[J]. 科学学研究, 29（11）: 1744-1752.

张嵩. 2014. 创业与经济增长关系研究[D]. 吉林大学硕士学位论文.

张维迎. 2005. 中国企业成长中制度环境的局限及改善[J]. 上海企业, （3）: 8-10.

张骁, 胡丽娜. 2013. 创业导向对企业绩效影响关系的边界条件研究———基于元分析技术的探索[J]. 管理世界, （6）: 99-110, 188.

张秀娥, 张峥, 刘洋. 2010. 基于 GEM 修正模型的返乡农民工创业活动影响因素分析[J]. 社会科学战线, (7): 65-71.

张秀娥, 张梦琪, 王丽洋. 2015. 返乡农民工创业企业成长路径选择及其启示[J]. 山东社会科学, (4): 143-147.

张秀娥, 张梦琪, 王丽洋. 2015. 社会网络对新生代农民工创业意向的影响机理研究[J]. 华东经济管理, 6 (6): 5-16.

张玉利, 李乾文. 2009. 公司创业导向、双元能力与组织绩效[J]. 管理科学学报, 12 (1): 137-152.

赵博. 2012. 政府干预与企业过度投资行为[J]. 现代企业, (4): 35-38.

赵浩兴, 张巧文. 2013. 返乡创业农民工人力资本与创业企业成长关系研究: 基于江西、贵州两省的实证分析[J]. 华东经济管理, (1): 130-133.

赵晶, 关鑫, 仝允桓. 2007. 面向低收入群体的商业模式创新[J]. 中国工业经济, 10: 5-11.

赵孟营. 2005. 组织合法性: 在组织理性与事实的社会组织之间[J]. 北京师范大学学报 (社会科学版), (2): 119-125.

郑少锋, 郭群成. 2010. 返乡农民工创业决策的影响因素———基于重庆市 6 个镇 204 个调查样本数据的分析[J]. 华南农业大学学报 (社会科学版), (3): 9-15.

中华人民共和国国家旅游局. 2014-10-17. 国家旅游局对广西壮族自治区巴马瑶族自治县旅游扶贫纪实[EB/OL]. http://dj.cnta.gov.cn/html/2014-10/1595.shtml.

中华人民共和国民政部. 2001-04-03. 2000 年民政事业发展统计报告[EB/OL]. http://www.mca.gov.cn/article/sj/tjgb/200801/200801000093959.shtml.

中华人民共和国民政部. 2016-07-11. 2015 年社会服务发展统计公报[EB/OL]. http://www.mca.gov.cn/article/sj/tjgb/201607/20160700001136.shtml.

周其仁. 1996. 市场里的企业: 一个人力资本与非人力资本的特别合约[J]. 经济研究, (6): 71-80.

朱红根, 康兰媛. 2013. 农民工创业动机及对创业绩效影响的实证分析——基于江西省 15 个县市的 438 个返乡创业农民工样本[J]. 南京农业大学学报 (社会科学版), 13 (5): 59-66.

朱华晟, 刘兴. 2013. 城市边缘区外来农民工非正规创业动力与地方嵌入——基于苏州市胥口镇的小样本调查[J]. 经济地理, 33 (12): 135-153.

朱秀梅, 费宇鹏. 2010. 关系特征、资源获取与初创企业绩效关系实证研究[J]. 南开管理评论, (3): 125-135.

朱秀梅, 李明芳. 2011. 创业网络特征对资源获取的动态影响——基于中国转型经济的证据[J]. 管理世界, (6): 105-115.

庄晋财, 陈威. 2013. 农民工创业的双重网络偏离困境及其对策研究[J]. 求实, (4): 50-53.

庄晋财, 吴培. 2014. 农民工创业成长中的双重网络嵌入路径研究[J]. 广西大学学报 (哲学社会科学版), (6): 77-83.

左晶晶, 谢晋宇. 2013. 社会网络结构与创业绩效——基于 270 名科技型大学生创业者的问卷调查[J]. 研究与发展管理, 6 (3): 64-73.

Huntinton S P. 1989. 变化社会中的政治秩序[M]. 王冠华, 刘为译. 上海: 上海人民出版社.

Acemoglu D, Johnson S, Robinson J, et al. 2003. Institutional causes, macroeconomic symptoms: volatility, crises and growth[J]. Journal of Monetary Economics, 50 (1): 49-123.

Ahuja G. 2000. Collaboration networks, structural holes, and innovation: a longitudinal study[J]. Administrative Science Quarterly, 45 (3): 425-455.

Aldrich H E, Fiol C M. 1994. Fools rush in? The institutional context of industry creation[J]. Academy of Management Review, 19 (4): 645-670.

Ali I, Son H H. 2007. Measuring inclusive growth[J]. Asian Development Review, 24 (1): 11-31.

Ali I, Zhuang J. 2007. Inclusive growth toward a prosperous Asia: policy implications[R]. ERD Working Paper No.97, Economic and Research Department, Asian Development Bank, Manila: 1-10.

Amit R, Zott C. 2001. Value creation in e-business[J]. Strategic Management Journal, 22 (6~7): 493-520.

Ancona D G, Caldwell D F. 1992. Bridging the boundary: external activity and performance in organizational teams[J]. Administrative Science Quarterly, 37 (4): 634-665.

Anderson A R, Jack S L, Dodd S D. 2005. The role of family members in entrepreneurial networks: beyond the boundaries of the family firm[J]. Family Business Review, 18 (2): 135-154.

Anderson J, Markides C. 2007. Strategic innovation at the base of the pyramid[J]. MIT Sloan Management Review, 49 (1): 83-88.

Ansari S, Munir K, Gregg T. 2012. Impact at the 'bottom of the pyramid': the role of social capital in capability development and community empowerment. Journal of Management Studies, 49(4): 813-842.

Arnould E J, Mohr J J. 2005. Dynamic transformations for base-of-the-pyramid market clusters [J]. Journal of the Academy of Marketing Science, 33 (3): 254-274.

Arregle J L, Hitt M A, Sirmon D G, et al. 2007. The development of organizational social capital: attributes of family firms[J]. Journal of Management Studies, 44 (1): 73-95.

Auerswald P. 2009. Creating social value[J]. Stanford Social Innovation Review, 7 (2): 50-55.

Ayyagari M, Demirguc-Kunt A, Maksimovic V. 2007. Firm Innovation in Emerging Markets[R]. World Bank Policy Research Working Paper.

Baden-Fuller C, Morgan M S. 2010. Business models as models[J]. Long Range Planning, 43 (2): 156-171.

Ball R, Robin A, Wu J. 2003. Incentives VS standards properties of accounting income in four east Asian countries[J]. Journal of Accounting & Economics, 36: 235-270.

Banerjee A V, Duflo E. 2006. The economic lives of the poor[J]. Journal of Economic Perspectives, 21 (1): 131-151.

Baum J A C, Calabrese T, Silverman B S. 2000. Don't go it alone: alliance network composition and startups' performance in Canadian biotechnology[J]. Strategic Management Journal, 21 (3): 267-294.

Baumol W J. 1990. Enterpreneurship: productive, unproductive and destructive[J]. The Journal of Political Econoruy, 98 (5): 893-921.

Beck J, Kunt A D, Maksimovic V. 2005. Financial and legal constraints to growth: does firm size matter?[J]. Journal of Finance, 60 (1): 137-177.

Beck T, Demirgüc-Kunt A, Maksimovic V. 2005. Financial and legal constraints to growth: does firm size matter?[J]. Journal of Finance, 60 (1): 137-177.

Bénabou R, Tirole J. 2006. Belief in a just world and redistributive politics[J]. The Quarterly Journal of Economics, 121 (2): 699-746.

Boisot M, Child J. 1996. From fiefs to clans and network capitalism: explaining China's emerging economic order [J]. Administrative Science Quarterly, 41 (4): 600-628.

Bourguignon F. 2003. The growth elasticity of poverty reduction: explaining heterogeneity across countries and time periods[A]//Eicher T S, Turnovsky S J. Inequality and Growth: Theory and Policy Implications[C]. Cambridge: MIT Press.

Brousseau E, Penard T. 2006. The economics of digital business models: a framework for analyzing the economics of platforms[J]. Review of Network Economics, 6 (2): 81-110.

Browne M W, Cudeck R. 1992. Alternative ways of assessing[J]. Model Fit Sociological Methods

Research, 21 (2): 230-258.

Bruton G D, Ketchen D J. 2012. Toward a research agenda on the informal economy[J]. Academy of Management Perspective, 26 (3): 1-11.

Bruton G D, Ketchen D J, Ireland R D. 2013. Entrepreneurship as a solution to poverty[J]. Journal of Business Venturing, 28 (6): 683-689.

Burgers W P, Hill C W L, Kim W C. 1993. A theory of global strategic alliances: the case of the global auto industry[J]. Strategic Management Journal, 14 (6): 419-432.

Burt R S, Kilduff M, Tasselli S. 2013. Social network analysis: foundations and frontiers on advantage[J]. Annual Review of Psychology, 64 (1): 527-547.

Burt R S. 1995. Structural Holes: The Social Structure of Competition[M]. Cambridge: Harvard University Press.

Burt R S. 2004. Structural holes and good ideas[J]. American Journal of Sociology, 110 (2): 349-399.

Busenitz L W, Gomez C, Spencer J W. 2000. Country institutional profiles: unlocking entrepreneurial phenomena[J]. Academy of Management Journal, 43 (5): 994-1003.

Bushman R, Piotroski J. 2006. Financial reporting incentives for conservative counting the influence of legal and political institutional[J]. Journal of Accounting and Economics, 42: 107-148.

Carlisle E, Flynn D. 2005. Small business survival in China: guanxi, legitimacy, and social capital [J]. Journal of Developmental Entrepreneurship, 10 (1): 79-96.

Carter N M, Gartner W B, Reyndds P D. 1996. Exploring start-up event sequences[J]. Journal of Business Venturing, 11 (3): 151-166.

Certo S T, Hodge F. 2007. Top management team prestige and organizational legitimacy: an examination of investor perceptions [J]. Journal of Managerial Issues, 19 (4): 461-477.

Chai S K, Rhee M. 2010. Confucian capitalism and the paradox of closure and structural holes in East Asian firms[J]. Management and Organization Review, 6 (1): 5-29.

Chaskis R J, Brown P, Venkatesh S. 2001. Building Community Capacity[M]. Libingston: Transaction Publishers.

Chen C C, Chen X P, Huang S. 2013. Chinese guanxi: an integrative review and new directions for future research[J]. Management and Organization Review, 9 (1): 167-207.

Chen S H, Martin R. 2012. More relatively-poor people in a less absolutely-poor world[J]. Social Science Electronic Publishing, 59 (1): 1-28.

Chesbrough H W. 2003. Open Innovation: The New Imperative for Creating and Profiting from Technology[M]. Boston: Harvard Business Press.

Chesbrough H. 2002. The role of the business model in capturing value from innovation: evidence from Xerox Corporation's technology spin-off companies[J]. Industrial and Corporate Change, 11 (3): 529-555.

Chesbrough H, Ahern S, Finn M, et al. 2006. Business models for technology in the developing world: the role of non-governmental organizations[J]. California Management Review, 48 (3): 47-62.

Corbin J M, Strauss A. 1990. Grounded theory research: procedures, canons, and evaluative criteria[J]. Qualitative Sociology, 13 (1): 3-21.

Dacin M T, Oliver C, Roy J P. 2007. The legitimacy of strategic alliances: an institutional perspective [J]. Strategic Management Journal, 28 (2): 169-187.

Dahan N M, Doh J P, Oetzel J, et al. 2010. Corporate-NGO collaboration: co-creating new business models for developing markets [J]. Long Range Planning, 43 (2): 326-342.

Danar N N, Chattopadhyay A. 2002. Rethinking marketing programs for emerging markets[J]. Long Range Planning, 35 (5): 457-474.

Davidson K. 2009. Ethical concerns at the bottom of the pyramid: where CSR meets BOP[J]. Journal of International Business Ethics, 2 (1): 22-33.

Dawar N N, Chattopadhyay A. 2002. Rethinking marketing programs for emerging markets[J]. Long Range Planning, 35 (5): 457-474.

de Reuver M, Bouwman H, MacInnes I. 2009. Business model dynamics: a case survey[J]. Journal of Theoretical and Applied Electronic Commerce Research, 4 (1): 1-11.

de Soto H. 2000. The mystery of capital: why capitalism triumphs in the west and fails everywhere else[J]. Archives of Environmental Health an International Journal, 61 (100): 455-456.

Deephouse D L, Suchman M. 2008. Legitimacy in Organizational Institutionalism [M]. London: Sage Publications.

Deephouse D. 1996. Does isomorphism legitimate?[J]. Academy of Management Journal, 39 (4): 1024-1039.

Delios A, Henisz J W. 2003. Political hazards, experience and sequential entry strategies: the international expansion of Japanese firms, 1980-1998[J]. Strategic Management Journal, 24 (11): 1153-1164.

DiMaggio R J, Powell W W. 1983. The iron cage revisited: institutional isomorphism and collective rationality in organizational fields[J]. American Sociological Review, 48 (2): 147-160.

Dollar D, Kraay A. 2002. Growth is good for the poor [J]. Journal of Economic Growth, 7 (3): 195-225.

Douglas O. 1995. Corporate Political Activity as a Competive Strategy: Influcing Public Policy to Increase Firm Performance[D]. PhD. Thesis, Texas A & M University.

Dowling J, Pfeffer J. 1975. Organizational legitimacy: social vhtqes and organizational behavior[J]. The Pacific Sociological Review, 18 (1): 122-136.

Du S, Vieira Jr E T. 2012. Striving for legitimacy through corporate social responsibility: insights from oil companies [J]. Journal of Business Ethics, 110 (4): 413-427.

Dubosson-Torbay M, Osterwalder A, Pigneur Y. 2002. E-business model design, classification, and measurements[J]. Thunderbird International Business Review, 44 (1): 5-23.

Dunfee T W, Warren D E. 2001. Is guanxi ethical? A normative analysis of doing business in China[J]. Journal of Business Ethics, 32 (3): 191-204.

Duschek S. 2004. Inter-firm resources and sustained competitive advantage[J]. Management Revue, 15 (1): 53-73.

Dyer J H, Singh H. 1998. The relational view: cooperative strategy and sources of inter-organizational competitive advantage[J]. Academy of Management Review, 23 (4): 660-679.

Eisenhardt K M. 1989. Building theories from case study research[J]. Academy of Management Review, 14 (4): 532-550.

Eisenhardt K M, Graebner M E. 2007. Theory building from cases: opportunities and challenges[J]. Academy of Management Journal, 50 (1): 25-32.

Eitan G, Jorg R, So J. 2008. Political connections and the allocation of procurement contracts[R]. working paper. Unpublished Paper.

Emirbayer M, Goodwin J. 1994. Network analysis, culture, and the problem of agency[J]. American Journal of Sociology, 99 (6): 1411-1454.

Esposito M, Kapoor A, Goyal S. 2012. Enabling healthcare services for the rural and semi-urban segments in India: when shared value meets the bottom of the pyramid[J]. Corporate Governance: The International Journal of Business in Society, 12 (4): 514-533.

Farh J L, Tsui A S, Xin K, et al. 1998. The influence of relational demography and guanxi: the Chinese case[J]. Organization Science, 9 (4): 471-488.

Feld S L. 1981. The focused organization of social ties[J]. American Journal of Sociology, 86 (5): 1015-1035.

Fernando N A. 2008. Rural Development Outcomes and Drivers: An Overview and Some Lessons[M]. Manila: Asian Development Bank.

Fløysand A, Sjøholt P. 2007. Rural development and embeddedness: the importance of human relations for industrial restructuring in rural areas[J]. Sociologiaruralis, 47 (3): 205-227.

Fontes A, Fan J X. 2006. The effects of ethnic identity on household budget allocation to status conveying goods[J]. Journal of Family and Economic Issues, 27 (27): 643-663.

Fontes A, Fan J X. 2006. The effects of ethnic identity on household budget allocation to status conveying goods[J]. Journal of Family & Economic Issues, 27 (27): 643-663.

Gatti R, Love I. 2008. Does Access to Credit Improve Productivity? Evidence from Bulgarian Firms[R]. CEPR Discussion Paper, 6676.

George G, Bock A J. 2011. The business model in practice and its implications for entrepreneurship research [J]. Entrepreneurship Theory and Practice, 35 (1): 83-111.

George G, Mcgahan A M, Prabhu J. 2012. Innovation for inclusive growth: towards a theoretical framework and a research agenda[J]. Journal of Management Studies, 49 (4): 661-683.

Ghezzi A, Cortimiglia M N, Frank A G. 2015. Strategy and business model design in dynamic telecommunications industries: a study on Italian mobile network operators[J]. Technological Forecasting and Social Change, 90 (6): 346-354.

Goldman E. 2006. Do politically connected boards affect firm value? [J]. The review of Financial Studies, 22 (6): 2331-2360.

Goldsmith A A. 2011. Profits and alms: cross-sector partnerships for global poverty reduction[J]. Public Administration and Development, 31 (1): 15-24.

Granovetter M. 1973. The strength of weak ties: a network theory revisited[J]. American Journal of Sociology, 78 (6): 1360-1380.

Granovetter M. 1985. Economic action and social structure: the problem of embeddedness[J]. American Journal of Sociology, (91): 481- 510.

Greve A, Salaff J W.2003. Social networks and entrepreneurship[J]. Entrepreneurship: Theory & Practice, Fall: 1-22.

Gronroos C. 2008. Service logical revisited: who creates value? And who co-creates?[J]. European Business Review, 20 (4): 298-314.

Gu F F, Hung K, Tse D K. 2008. When does guanxi matter? Issues of capitalization and its dark sides[J]. Journal of Marketing, 72 (4): 12-28.

Gulati R. 1998. Alliances and networks[J]. Strategic Management Journal, 19 (4): 293-317.

Gulati R, Sytch M. 2008. Does familiarity breed trust? revisiting the antecedents of trust[J]. Managerial and Decision Economics, 29 (2): 165-190.

Gummesson V. 1999. Qualitative Methods in Management Research[M]. New York: Sage Publications.

Hahn R, Gold S. 2014. Resources and governance in "base of the pyramid" -partnerships: assessing collaborations between businesses and non-business actors[J]. Journal of Business Research, 67 (7): 1321-1333.

Hair Jr H F, Anderson R E, Tatham R L, et al. 1998. Multivariate Data Analysis[M]. London: Prentice-Hall.

Hall J, Matos S, Sheehan L, et al. 2012. Entrepreneurship and innovation at the base of the pyramid: a recipe for inclusive growth or social exclusion?[J]. Journal of Management Studies, 49 (4): 785-812.

Halme M, Lindeman S, Linna P. 2012. Innovation for inclusive business: intrapreneurial bricolage in multinational corporations[J]. Journal of Management Studies, 49 (4): 743-784.

Hammond A L, Kramer W J, Katz R S, et al. 2007. The next 4 billion[J]. Innovations, 2 (1~2): 147-158.

Hammond A L, Kramer W J, Katz R S. 2007. The next 4 billion[J]. Innovations, 2 (1~2): 147-158.

Hammond A L, Prahalad C K. 2004. Selling to the poor[J]. Foreign Policy, 142 (142): 30-37.

Hansen M T. 1999. The search-transfer problem: the role of weak ties in sharing knowledge across organization subunits[J]. Administrative Science Quarterly, 44 (1): 82-111.

Hansen M T, Løvås B. 2005. Knowledge sharing in organization: multiple networks, multiple phases[J]. Academy of Management Journal, 48 (5): 776-793.

Hansen W L, Mitchell N J. 2000. Disaggregating and explaining corporate political activity: domestic and foreign corporations in national politics[J]. American Political Science Association, 94 (4): 891-903.

Hargadon A B, Douglas Y. 2001. When innovations meet institutions: edison and the design of the electric light[J]. Administrative of Science Quarterly, 46 (3): 476-501.

Hart S L, Sharma S. 2004. Engaging fringe stakeholders for competitive imagination[J]. IEEE Engineering Management Review, 32 (3): 28.

Hart S. 2007. Opportunities for the Majority[M]. Jamaica: IDB Publications.

Hite J M, Hesterly W S. 2001. The evolution of firm networks: from emergence to early growth of the firm[J]. Strategic Management Journal, 22 (3): 275-286.

Hu L, Bender P M. 1998. Fit indices in covariance structure modeling: sensitivity to underparameterized model misspecification[J]. Psychological Methods, 3 (4): 424-453.

Hunt C S, Aldrich H E. 1996. Why even rodney dangerfield has a home page: legitimizing the world wide web as a medium for commercial endeavors[C]. The 1996 Annual Meeting of the Academy of Management, Cincinnati.

Hutzschenreuter T, Voll J C, Verbeke A. 2011. The impact of added cultural distance and cultural diversity on international expansion patterns: a penrosean perspective[J]. Journal of Management Studies, 48 (2): 305-329.

Jack S L. 2005. The role, use and activation of strong and weak network ties: a qualitative analysis[J]. Journal of Management Studies, 42 (3): 1233-1259.

Johnson S. 2007. SC Johnson builds business at the base of the pyramid[J]. Global Business and Organizational Excellence, 26 (6): 6-17.

Johnsona S, Kaufmannb D, McMillanc J, et al. 2000. Why do firms hide? bribes and unofficial activity after communism[J]. Journal of Public Economics, 76 (3): 495-520.

Kakwani N, Son H H, Qureshi S K, et al. 2003. Pro-poor growth: concepts and measurement with country case studies[J]. The Pakistan Development Review, 42 (4): 417-444.

Karnani A G. 2007a. Romanticizing the poor harms the poor[J]. Social Science Electronic Publishing, 21 (1): 76-86.

Karnani A. 2007b. The mirage of marketing to the bottom of the pyramid: how the private sector can help alleviate poverty[J]. California Management Review, 49 (4): 90-111.

Karnani A G. 2011. Fighting Poverty Together: Rethinking Strategies for Business, Governments, and Civil Society to Reduce Poverty[M]. London: Palgrave Macmillan.

Karra N, Tracey P, Phillips N. 2006. Altruism and agency in the family firm: exploring the role of family, kinship, and ethnicity[J]. Entrepreneurship Theory and Practice, 30 (6): 861-877.

Kasper W, Streit M E, Institute L. 1998. Institutional Economics: Social Order and Public Policy[M]. Edward Elgar Pub.

Khwaja A, Mian A. 2005. Do lenders favor politically connected firms? Rent provision in an emerging financial market[J]. Quarterly Journal of Economics, 120（4）: 401-411.

Kistruck G M, Beamish P W. 2010. The interplay of form, structure, and embeddedness in social intrapreneurship[J]. Entrepreneurship Theory and Practice, 34（4）: 735-761.

Kistruck G M, Sutter C J, Lount R B, et al. 2013. Mitigating principal-agent problems in base-of-the-pyramid markets: an identity spillover perspective[J]. Academy of Management Journal, 56（3）: 659-682.

Kogut B, Zander U. 1992. Knowledge of the firm, combinative capabilities and the replication of technology[J]. Organization Science, （3）: 383-397.

Kolk A, Levy D, Pinkse J. 2008. Corporate responses in an emerging climate regime: the institutionalization and commensuration of carbon disclosure[J]. European Accounting Review, 17（4）: 719-745.

Kostova T, Zaheer S. 1999. Organizational legitimacy under conditions of complexity: the case of the multinational enterprise [J]. Academy of Management Review, 24（1）: 64-81.

Kostova T. 1997. Country institutional profile[J]. Concept and Measurement, （1）: 180-184.

Krackhardt D. 1997. Organizational viscosity and the diffusion of controversial innovations[J]. Journal of Mathematical Sociology, 22（2）: 177-199.

Kurtzberg T R, Amabile T M. 2001. From guilford to creative synergy: opening the black box of team-level creativity[J]. Creativity Research Journal, 13（3）: 285-294.

Larcker D F, So E C, Wang C C Y. 2013. Boardroom centrality and firm performance[J]. Journal of Accounting and Economics, 55（2~3）: 225-250.

Lee S H, Oh K K. 2007. Corruption in Asia: pervasiveness and arbitrariness[J]. Asia Pacific Journal of Management, 24（1）: 97-114.

Lee T W. 1999. Using Qualitative Methods in Organizational Research[M]. Beverly Hills: Sage Publications.

Leeders R T A J, Engden J M L V, Kratzer J. 2003. Virtuality, communication, and new product team creativity: a social network perspective[J]. Journal of Engineering and Technology Management, 20（1）: 69-92.

Leeders R T A J, Engden J M L V, Kratzer J. 2007. Systematic design methods and the creative performance of new product teams: do they contradict or complement each other?[J]. Journal of Product Innovation Management, 24（2）: 166-179.

Li H, Zhang Y. 2007. The role of managers' political networking and functional experience in new venture performance: evidence from China's transition economy[J]. Strategic Management Journal, 28（8）: 791-804.

Lmmelt J R, Govindarajan V, Trimble C. 2009. How GE is disrupting itself[J]. Harvard Business Review, 87（10）: 56-65.

London T, Anupindi R, Sheth S. 2010. Creating mutual value: lessons learned from ventures serving base of the pyramid producers[J]. Journal of Business Research, 63（6）: 582-594.

London T, Hart S L. 2004. Reinventing strategies for emerging markets: beyond the transnational model[J]. Journal of International Business Studies, 35（5）: 350-370.

London T, Hart S L. 2010. Next Generation Business Strategies for the Base of the Pyramid: New Approaches for Building Mutual Value[M]. Upper Saddle River: FT Press.

Long B S, Driscoll C. 2008. Codes of ethics and the pursuit of organizational legitimacy: theoretical and empirical contributions[J]. Journal of Business Ethics, 77（2）: 173-189.

Lorenzoni G, Lipparini A. 1999. The leveraging of interfirm relationships as a distinctive organizational capability: a longitudinal study[J]. Strategic Management Journal, 20（4）:

317-338.

Luk C L, Yau O H M, Sin L Y M, et al. 2008. The effects of social capital and organizational inno-vativeness in different institutional contexts[J]. Journal of International Business Studies, 39 (4): 589-612.

Luo X, Chung C N. 2005. Keeping it all in the family: the role of particularistic relationships in busi-ness group performance during institutional ransition[J]. Administrative Science Quarterly, 50 (3): 404-439.

Luo Y, Huang Y, Wang S L. 2012. Guanxi and organizational performance: a meta-analysis[J]. Management and Organization Review, 8 (1): 139-172.

Luo Y. 2003. Industrial dynamics and managerial networking in an emerging market: the case of China [J]. Strategic Management Journal, 24 (13): 1315-1327.

Magretta J. 2002. Why business models matter[J]. Harvard Business Review, (80): 86-92.

Mair J, Marti I. 2009. Entrepreneurship in and around institutional voids: a case study from Bangladesh[J]. Journal of Business Venturing, 24 (5): 419-435.

Manolova T S, Eunni R V, Gyoshev B S. 2008. Institutional environments for entrepreneurship: evidence from emerging economies in eastern europe[J]. Entrepreneurship Theory and Practice, 32 (32): 203-218.

March J G. 1991. Exploration and exploitation in organizational learning[J]. Organization Science, 2 (1): 71-87.

Maskell P. 1998. Competitiveness, Localised Learning and Regional Development: Specialisation and Prosperity in Small Open Economies[M]. London: Psychology Press.

Maxwell J A. 2004. Causal explanation, qualitative research, and scientific inquiry in education[J]. Educational Researcher, 33 (2): 3-11.

Mcguire J, Dow S. 2003. The persistence and implications of Japanese keiretsu organization[J]. Journal of International Business Studies, 34 (4): 374-388.

Mcmillan J, Woodruff C. 2002. The central role of entrepreneurs in transition economies[J]. Journal of Economic Perspectives, 16 (3): 153-170.

Meyer J W, Rowan B. 1977. Institutional organizations: formal structure as myth and ceremony[J]. Social Science Electronic Publishing, 83 (2): 340-363.

Mian S A, Hattab H W. 2013. How individual competencies shape the entrepreneur's social network structure: evidence from the MENA region[J]. International Journal of Business and Globalisa-tion, 11 (4): 399-412.

Michelini L, Fiorentino D. 2012. New business models for creating shared value[J]. Social Responsi-bility Journal, 8 (4): 561-577.

Miles M B, Huberman A M. 1994. Qualitative Data Analysis: An Expanded Sourcebook[M]. Thousand Oaks: Sage Publications.

Mohr J J, Sengupta S, Slater S F. 2012. Serving base-of-the-pyramid markets: meeting real needs through a customized approach[J]. Journal of Business Strategy, 33 (6): 4-14.

Morris M, Schindehutte M, Allen J. 2005. The entrepreneur's business model: toward a unified perspective[J]. Journal of Business Research, 58 (6): 726-735.

Mueller M, Santos V G D, Seuring S. 2009. The contribution of environmental and social standards towards ensuring legitimacy in supply chain governance [J]. Journal of Business Ethics, 89 (4): 509-523.

Muhia N, Hart S, Simanis E. 2008. The base of the pyramid protocol: toward next generation BOP strategy[J]. Innovations Technology Governance Globalization, 3 (1): 57-84.

Nahapiet J, Ghoshal S. 1998. Social capital, intellectual capital, and the organizational advantage[J].

Academy of Management Review, 23 (2): 242-266.

Nan L. 1982. Social Resources and instrumental action[A]//Marsden P V, Nan L. Social Structure and Network Analysis[C]. Thousand Oaks, Sage Publications, 131-145.

Nan L. 1990. Social resources and social mobility: a structure theory of status Attainment[A]//Social Mobility and Social Structure[C]. Oxford: Cambridge University Press, 247-271.

Nan L. 2001. Social Capital: A theory of Social Structure and Action[M]. Oxford: Cambridge University Press.

North D C. 1990. Institutions, Institutional Change, and Economic Performance[M]. New York: Cambridge University Press.

Nunnally J C. 1978. Psychometric Theory[M]. 2nd ed. New York: Mc Graw-Hill.

Olavarrieta S, Ellinger A E. 1997. Resource-based theory and strategic logistics research[J]. International Journal of Physical Distribution and Logistics Management, 27 (9~10): 559-587.

Park S H, Luo Y. 2001. Guanxi and organizational dynamics: organizational networking in Chinese firms[J]. Strategic Management Journal, 22 (5): 455-477.

Parsons T. 1960. Structure and Process in Modern Societies[M]. Glencoe: Free Press.

Patrashkova R R, Mccomb S A. 2004. Exploring why more communication is not better: insights from a computational model of cross-functional teams[J]. Journal of Engineering and Technology Management, 21 (1-2): 83-114.

Peng M W, Luo Y. 2000. Managerial ties and firm performance in a transition economy: the nature of a micro-macro link[J]. Academy of Management Journal, 43 (3): 486-501.

Peng M W, Wang D Y L, Jiang Y. 2008. An institution-based view of international business strategy: a focus on emerging economies[J]. Journal of International Business Studies, 39 (5): 920-936.

Peng M W, Wang D Y L, Yi J. 2008. An institution-based view of international business strategy: a focus on emerging economies[J]. Journal of International Business Studies, 39 (5): 920-936.

Peng M W. 2002. Towards an institution-based view of business strategy[J]. Asia Pacific Journal of Management, 19 (2): 251-267.

Perkmann M, Spicer A. 2010. What are business models? Developing a theory of performative representations[J]. Research in the Sociology of Organizations, 29 (2010): 269-279.

Pfeffer J, Salancik G R. 1978. The External Control of Organizations: A Resource Dependence Perspective[M]. NewYork: Harper & Row.

Philippe D, Durand R. 2011. The impact of norm-conforming behaviors on firm reputation[J]. Strategic Management Journal, 32 (9): 969-993.

Pitta D A, Guesalaga R, Marshall P. 2008. The quest for the fortune at the bottom of the pyramid: potential and challenges[J]. Journal of Consumer Marketing, 25 (7): 393-401.

Porter M E, Kramer M R. 2011. Creating shared value[J]. Harvard Business Review, 89 (1/2): 62-77.

Porter M E. 1980. Competitive strategy: techniques for analyzing industries and competitors[J]. Social Science Electronic Publishing, (2): 86-87.

Prahalad C K. 2012. Bottom of the pyramid as a source of breakthrough innovations[J]. Journal of Product Innovation Management, 29 (1): 6-12.

Prahalad C K, Hammond A. 2002. Serving the world's poor, profitably[J]. Harvard Business Review, 80 (9): 48-57.

Prahalad C K, Hart S L. 2002. The fortune at the bottom of the pyramid[J]. Strategy and Business, 26 (1): 54-67.

Provan K G, Fish A, Sydow J. 2007. Interorganizational networks at the network level: a review of the empirical literature on whole networks[J]. Journal of Management, 3 (6): 479-516.

Ravallion M, Chen S, Sangraula P. 2008. Dollar a day revisited[J]. World Bank Economic Review,

23（2）：163-184.

Reagans R, Zuckerman E W. 2001. Networks, diversity, and productivity: the social capital of corporate R&D teams[J]. Organization Science, 12（4）：502-517.

Reed A M, Reed D. 2009. Partnerships for development: four models of business involvement[J]. Journal of Business Ethics, 90（1）：3-37.

Ricart J E, Khanna T. 2004. New frontiers in international strategy[J]. Journal of International Business Studies, 35（3）：175-200.

Rivera-Santos M, Rufín C. 2010. Global village vs. small town: understanding networks at the base of the pyramid[J]. International Business Review, 19（2）：126-139.

Rivera-Santos M, Rufín C, Kolk A. 2012. Bridging the institutional divide: partnerships in subsistence markets [J]. Journal of Business Research, 65（12）：1721-1727.

Roos I. 2002. Methods of investigating critical incidents a comparative review[J]. Journal of Service Research, 4（3）：193-204.

Rosa J A, Viswanathan M. 2007. Understanding product and market interactions in subsistence marketplaces: a study in South India[J]. Advances in International Management, 20：21-57.

Ruef M, Scott W R. 1998. A multidimensional model of organizational legitimacy: hospital survival in changing institutional environments[J]. Administrative Science Quarterly, 43（4）：877-904.

Salimath M S, Cullen J B. 2010. Formal and informal institutional effects on entrepreneurship: a synthesis of nation-level research[J]. International Journal of Organizational Analysis, 18（3）：358-385.

Sauka A, Welter F. 2007. Productive, unproductive and destructive entrepreneurship in an advanced transition setting: the example of Latvinian small enterprises[A]//Dowling M, Schmude J. Empirical Entrepreneurship in Europe[C]. Cheltenham: Edward Elgar, 87-111.

Schrader C, Freimann J, Seuring S. 2012. Business strategy at the base of the pyramid[J]. Business Strategy and the Environment, 21（5）：281-298.

Schuster T, Holtbrügge D. 2012. Market entry of multinational companies in markets at the bottom of the pyramid: a learning perspective[J]. International Business Review, 21（5）：817-830.

Scott W R, Meyer J W. 1983. Organization Environments: Ritual and Rationality[M]. Stanford CA: Stanford University Press.

Scott W R. 1995. Institutions and Organizations[M]. Thousand Oaks: Sage Publications.

Seelos C, Mair J. 2005. Social entrepreneurship: creating new business models to serve the poor[J]. Business Horizons, 48（3）：241-246.

Seelos C, Mair J. 2007. Profitable business models and market creation in the context of deep poverty: a strategic view[J]. Academy of Management Executive, 21（4）：49-63.

Shafer S M, Smith H J, Linder J C. 2005. The power of business models [J]. Business Horizons, 48（3）：199-207.

Shepherd D A, Zacharkis A. 2003. A new venture's cognitive legitimacy: a assessment by customer[J]. Journal of Small Business Management, 41（2）：148-167.

Siggelkow N. 2007. Persuasion with case studies [J]. Academy of Management Journal, 50（1）：20-24.

Simanis E, Hart S, Duke D. 2008. The base of the pyramid protocol: beyond "basic needs" business strategies[J]. Innovations Technology Governance Globalization, 3（1）：57-84.

Simanis E, Hart S, Enk G, et al. 2005. Strategic initiatives at the base of the pyramid: a protocol for mutual value creation[C]. Base of the Pyramid Protocol Workshop Group, Wingspread Conference Center.

Singh J V, Tucker D J, House R J. 1986. Organizational legitimacy and the liability of newness [J].

Administrative Science Quarterly, 31（2）: 171-193.

Sirmon D G, Hitt M A, Ireland R D. 2007. Managing firm resources in dynamic environments to create value: looking inside the black box[J]. Academy of Management Review,（32）: 273-292.

Smallbone D, Welter F. 2001. The distinctiveness of entrepreneurship transition economies[J]. Small Business Economics, 16（4）: 249-262.

Smith B, Stevens C. 2010. Different types of social entrepreneurship: the role of embeddedness on the measurement and scaling of social value[J]. Entrepreneurship and Regional Development, 6: 575-598.

Starr A S, MacMillan I C. 1990. Resource cooptation via social contracting resource acquisition strategies for new resources[J]. Strategic Management Journal,（4）: 79-92.

Stewart D W, Zhao Q. 2000. Internet marketing, business models, and public policy[J]. Journal of Public Policy and Marketing, 9（3）: 287-296.

Stinchcombe A L. 1965. Social structure and organizations[A]// March J G. Handbook of organi zations[M]. Chicago: Rand McNally.

Strauss A L. 1987. Qualitative Analysis for Social Scientists[M]. Cambridge: Cambridge University Press.

Strauss A L, Corbin J M. 1990. Basics of Qualitative Research[M]. Newbury Park: Sage Publications.

Strauss A L, Corbin J M. 1998. Basics of Qualitative Research: Techniques and Procedures for Developing Grounded Theory[M]. New York: Sage Publications.

Subrahmanyan S, Arias J T G. 2008. Integrated approach to understanding consumer behavior at bottom of pyramid[J]. Journal of Consumer Marketing, 25（7）: 402-412.

Suchman M C. 1995. Managing legitimacy: strategic and institutional approaches[J]. Academy of Management Review, 20（3）: 571-610.

Teece D J. 2010. Business models, business strategy and innovation[J]. Long Range Planning, 43（2）: 172-194.

Terreberry S. 1968. The evolution of organizational environments[J]. Administrative Science Quarterly, 12: 590-613.

Thompson J D, MacMillan I C. 2010. Business models: creating new markets and societal wealth[J]. Long Range Planning, 43（2）: 291-307.

Tigges L M, Green G P. 1997. Social isolation of the urban poor: race, class, and neighborhood effects on social resources[J]. Sociological Quarterly, 39（1）: 53-77.

Timmers P. 1998. Business models for electronic markets[J]. Electronic Markets,（8）: 135-146.

Toledo-López A, Díaz-Pichardo R, Jiménez-Castañeda J C, et al. 2012. Defining success in subsistence businesses[J]. Journal of Business Research, 65（12）: 1658-1664.

Tomikoski E T, Newbert S L. 2007. Exploring the determinants of organizational emergence: a legitimacy perspective[J]. Journal of Business Venturing, 22: 311-335.

Tonelli M, Cristoni N F. 2013. BOP and MNCs: where is the market and where the source of innovation?[J]. Academic Journal of Interdisciplinary Studies, 2（8）: 184-193.

Tmikoski E T, Newbert S L. 2007. Exploring the determinants of organizational emergence: a legitimacy perspective [J]. Journal of Business Venturing, 22: 311-335.

Transparency International. 2007. Report on the Transparency International Global Corruption Barometer 2007[R]. Berlin.

Tsai W, Ghoshal S. 1998. Social capital and value creation: the role of intrafirm networks[J]. Academy of Management Journal, 41（4）: 464-476.

UNCTAD. 2006. The least developed countries report 2006 [M]. Geneva: United Nations.

Uzzi B, Gillespie J J. 2002. Knowledge spillover in corporate financing networks: embeddedness and the firm's debt performance[J]. Strategic Management Journal, 23（7）: 595-618.

Uzzi B. 1996. The sources and consequences of embeddedness for economic performance of organizations: the network effect[J]. American Sociological Review, 61（4）: 674-698.

Uzzi B. 1997. Errata: social structure and competition in interfirm networks: the paradox of embeddedness[J]. Administrative Science Quarterly, 42（2）: 35-67.

Vachani S, Smith N C. 2008. Socially responsible distribution: distribution strategies for reaching the bottom of the pyramid[J]. California Management Review, 50（2）: 52-54.

Vargo S L, Maglio P P, Akaka M A. 2008. On value and value co-creation: a service systems and service logic perspective[J]. European Management Journal, 26（3）: 145-152.

Vergne J P. 2011. Toward a new measure of organizational legitimacy: method, validation, and illustration[J]. Organizational Research Methods, 14（3）: 484-502.

ViswanathanI M, Seth A, Gau R, et al. 2007. Doing well by doing good: pursuing commercial success by internalizing social good in subsistence markets[J]. Academy of Management Annual Meeting Proceedings, 2007（1）: 1-6.

Wasserman S, Faust K. 1994. Social network analysis: methods and applications[J]. Contemporary Sociology, 91（435）: 219-220.

Webb J W, Kistruck G M, Ireland R D, et al. 2010. The entrepreneurship process in base of the pyramid markets: the case of multinational enterprise/nongovernment organization alliances[J]. Entrepreneurship Theory and Practice, 34（3）: 555-581.

Weill P, Vitale M. 2001. Place to Space: Migrating to E-business Models [M]. Boston: Harvard Business Press.

Wellman B. 1982. Studying personal communities[A]//Marsden P, Lin N. Social Structure and Network Analysis[C]. New York: Sage Publications, 31-147.

Wheeler D, McKague K, Thomson J, et al. 2005. Creating sustainable local enterprise networks[J]. MIT Sloan Management Review, 47（1）: 33-40

Wheeler D, Thomson J, Prada M, et al. 2005. Creating sustainable local enterprise networks[J]. MIT Sloan Management Review, 47（1）: 33-40

Whetten D A. 2002. Constructing cross-context scholarly conversations[A]//Tsui A S, Lau C M. The Management of Enterprises in the People's Republic of China[C]. Boston: Kluwer.

Wiklund J, Shepherd K. 2003. Knowledge-based resources, entrepreneurial orientation, and the performance of small and medium-sized businesses[J]. Strategic Management Journal, 24: 1307-1314.

Wiklund J, Shepherd K. 2005. Entrepreneurial orientation, and small business performance: a configurational approach[J]. Journal of Business Venturing, 20: 71-91.

World Business Council for Sustainable Development and SNV Netherlands Development Organization. 2008. Inclusive business: profitable business for successful development [R]. New York.

Yin R K. 2000. Case Study Research: Design and Methods[M]. New York: Sage Publications.

Yin R K. 2002. Case Study Research: Design and Methods[M]. 3rd ed. London: Sage Publications.

Yin R K. 2008. Case Study Research: Design and Methods（Applied Social Research Methods）[M]. London: Sage Publications.

Yin R K. 2011. Applications of Case Study Research[M]. New York: Sage Publications.

Yin R K. 2013. Case Study Research: Design and Methods[M]. Thousand Oaks: Sage Publications.

Zahra S. 1996. Technology strategy and new venture performance: a study of corporate-sponsored and independent biotechnology ventures[J]. Journal of Business Venturing, 11（4）: 289-321.

Zhang J, Keh H T. 2010. Inter-organizational exchanges in China: organizational forms and governance mechanisms[J]. Management and Organization Review, 6（1）: 123-147.

Zheng Q, Luo Y, Maksimov V. 2015. Achieving legitimacy through corporate social responsibility: the case of emerging economy firms [J]. Journal of World Business, 50（6）: 389-403.

Zhou X, LI Q, Zhao W, et al. 2003. Embeddedness and contractual relationships in China's transitional economy[J]. American Sociological Review, 68（1）: 210-217.

Zimmerman M A, Zeitz G J. 2002. Beyond survival: achieving new venture growth by building legitimacy [J]. Academy of Management Review, 27（3）: 414-431.

Zott C, Amit R. 2010. Business model design: an activity system perspective[J]. Long Range Planning, 43（2）: 216-226.

Zott C, Amit R, Massa L. 2011. The business model: recent developments and future research[J]. Journal of Management, 37（4）: 1019-1042.